全球最美的地方特辑

德国

The Most Beautiful Places of The World
GERMANY

《图行世界》编辑部 编著

中国旅游出版社

目录 Contents

德国四季最佳旅行地

德国情报快递　Chapter ❶

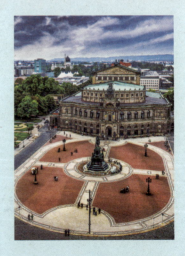

读懂德国的25个文化符号 Chapter ❷

德国最著名的城市 Chapter ❸

德国最美丽的城堡宫殿　Chapter ④

德国最迷人的古老城镇　Chapter ⑤

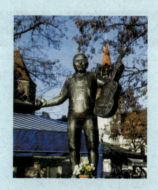

南部德国 Chapter ⑨

西部德国 Chapter ⑩

北部德国 Chapter ⑪

德国
四季最佳
旅行地

四季推荐
春季
Spring

TOP1 黑森林

TOP 1 | 黑森林

春天的黑森林有着出奇好的天气。温暖和煦的阳光，生机勃勃的气息，鲜花和果树含苞待放，芬芳满林间。溪水轻快跳跃，叮咚作响，绿到发黑的冷杉树油亮欲滴。河谷山坡上，散落着风格独特的黑色木屋，屋前屋后，百花盛开。徒步在开满鲜花的小径，很是惬意。

TOP 2 | 哈茨山

哈茨山虽然没有雄奇壮丽的磅礴之气，却不乏隽秀雅致的清丽之景。山脉周边的古村古镇在一片春意盎然中更显清丽。乍暖还寒时，找一个古老的温泉小镇住上一阵，在花香和泥土的芬芳中安然入睡。

TOP 3 | 美因茨

美因茨是莱茵河最美的一段，而春天，莱茵河畔的美因茨也因为莱茵河的烂漫春光而多彩炫目。更何况还有 3 月份的狂欢节。春日里的美因茨慵懒悠闲，是最惬意的悠游时刻。那些典型的中世纪木架建筑，白墙红瓦，在春光下分外好看。

TOP 4 | 图林根林山

5 月的图林根林山一片苍翠，风景如画，森林周边的小镇在青山绿水掩映下，宛若田园诗歌般美好动人，美不胜收。从 1973 年开始，每年的 5 月份，图林根林山都会举行雷恩施泰克马拉松赛，吸引着如织的游人和徒步爱好者，只为在绿荫下的林间小路感受春的气息。

TOP 5 | 康斯坦茨

春天的康斯坦茨，冰雪已经融化，四处绿意盎然，繁花盛开。远处白雪皑皑的是瑞士山峰，近处宝蓝宁静的是博登湖（康斯坦茨湖），还有红瓦屋顶的特色建筑、花木繁茂的小岛、古老迷人的教堂，在蓝天白云下、在春日和煦的阳光中美如画卷。

TOP2 哈茨山

TOP3 美因茨

TOP4 图林根林山

TOP5 康斯坦茨

四季推荐
夏季
Summer

TOP1 莱茵河谷

TOP 1 | 莱茵河谷

科布伦茨与宾根之间的莱茵河谷是最美丽的。奇迹、童话与历史、自然交织出的梦幻景致已经成为德国的标志性景点。悬崖峭壁上几近垂直的葡萄园梯田随着季节的变化而变换着光影颜色。8月葡萄收获的季节，莱茵河谷两岸到处是丰收的喜悦，以及葡萄酒的醇香。

TOP 2 | 基姆湖

夏季，美丽的湖光山色、精彩纷呈的水上运动项目、悠闲轻松的氛围是基姆湖的招牌。租条电动船，任它轻轻漂荡，远处白雪覆盖的阿尔卑斯山峰若隐若现。风轻动，湖面上白帆点点，帆船爱好者在湖中驾船游弋，一切都是那么宁静而闲适。

TOP 3 | 摩泽尔河谷

摩泽尔河谷被认为是德国风景最美的地方之一，河流两岸古朴浪漫的城堡塔楼高耸于一望无垠的葡萄园之上。这里是世界著名的葡萄酒产地，拥有醇正而又果味浓郁的雷司令葡萄酒。8月，葡萄成熟的季节，摩泽尔河谷的葡萄酒节也开幕了。

TOP 4 | 汉诺威

6月末到7月初，一年一度的汉诺威射手节是全世界神枪手们最盛大的狂欢节。从马戏表演、射击比赛到摩天轮，精彩纷呈。节日的最高潮就是传统的"射手之王"的宣誓仪式和接下来的盛大的神枪手游行，这是欧洲最大的节日游行活动。

TOP 5 | 林道

夏季，鲜花怒放的林道美丽如画。岛上的老藤玫瑰相伴着色调明快的老房子，美得让人晃眼。每年6月，这里都会举办诺贝尔奖得主年度聚会。当年的诺贝尔化学、物理和医药奖得主将和许多科学界人士齐聚林道，为这座风光旖旎的小岛平添了不少人文气息。

TOP2 基姆湖

TOP3 摩泽尔河谷

TOP4 汉诺威

TOP5 林道

四季推荐
秋季
Autumn

TOP1 柏林

TOP 1 | 柏林

9月的柏林沉浸在音乐的海洋中。整个9月柏林都在享受柏林音乐节的华美乐章，世界各地的顶级交响乐演奏家和表演家都会齐聚柏林。同样也是在9月，欧洲最大的音乐节之一的柏林国际流行音乐节也会在这座城市上演。音乐，是9月柏林的唯一交流形式。

TOP 2 | 慕尼黑

秋天，慕尼黑啤酒节，全世界的啤酒爱好者齐聚于此，特雷茜草坪的露天广场成了啤酒、歌舞的世界，能容纳全体小镇居民的巨型啤酒馆里人头攒动。当然，除了啤酒，这里还有高贵典雅的皇宫区、洛可可华丽风格的教堂，这里被称为"欧洲建筑博物馆"。

TOP 3 | 法兰克福

10月的法兰克福举办一年一度的世界书展。法兰克福书展已经成为世界上最大，也是最成功的版权型书展。每年，有100多个国家7000多家出版商和书商、30多万个新品种参展。法兰克福也因此成为世界最大和最重要的图书贸易中心。

TOP 4 | 魏玛

秋天的魏玛在树木花丛中一派沉静恬淡，"包裹着适合休养的意大利式的轻松氛围和德国式的田园生活"。清静的广场、弯曲的小巷、布满历史痕迹的铺石路面、不经意撞见的名人故居，魏玛总是让来到这里的游人惊叹、着迷。

TOP 5 | 德累斯顿

秋天，易北河边的德累斯顿正进入一年当中日照时间最长、气温最舒适的时间。阳光下、清风里，游荡在中世纪华丽的巴洛克宫殿或教堂间，或参观一座贵族城堡，这座城市数百年的繁华与辉煌灿烂的文化艺术尽在眼前，震撼心灵。

TOP2 慕尼黑

TOP3 法兰克福

TOP4 魏玛

TOP5 德累斯顿

四季推荐
冬季
Winter

TOP1 加米施—帕滕基兴

TOP 1 ｜加米施—帕滕基兴

这片被阿尔卑斯山脉环绕的地区远离尘世的喧嚣，如世外桃源般美好。每当冬季到来的时候，加米施—帕滕基兴的旅游旺季便来临了。来自世界各地的滑雪爱好者们汇集在这里，只为滑雪板滑过洁白的雪面，风在耳旁呼啸而过，森林迅速后退时的畅快淋漓。

TOP 2 ｜斯图加特

斯图加特有 300 多年历史的斯图加特圣诞广场现在已经成为欧洲最古老、最出色和最大型的圣诞广场，每年有逾 200 个摊位。设在席勒广场的这些拥有别致屋顶的木质摊位，伴着香气四溢的葡萄酒和肉桂格子饼的香甜，吸引众多的游人光临。

TOP 3 ｜科隆

每年 11 月 11 日，科隆狂欢节就会在老广场盛大开幕，这是德国最盛大的狂欢节，也是世界上仅次于巴西狂欢节的狂欢节，节日的主角是小丑和狂人，到处都是奇装异服的人们，而化妆游行则是节日的重头戏。狂欢节将一直持续到来年的 2 月才结束。

TOP 4 ｜贝希特斯加登地区

这是德国乃至整个欧洲最美丽的地区之一。四季美景不断。只是冬季到来的时候，阿尔卑斯山脉的滑雪季正式拉开序幕，美丽的国王湖在冰雪覆盖下万籁俱寂。宁静的村庄、浓密的森林在厚厚的白雪中仿佛来到了纳尼亚王国，一切如在童话里。

TOP 5 ｜纽伦堡

从 11 月下旬一直到圣诞节前夜，纽伦堡的中心集市广场都会举办德国最有名的纽伦堡圣诞集市。届时，售卖葡萄酒、啤酒、著名的纽伦堡小香肠和姜饼，以及各种小饰品的商贩都聚集在这里，热闹非凡。

TOP2 斯图加特

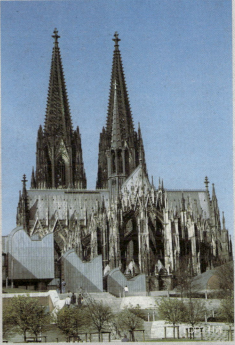

TOP4 贝希特斯加登地区

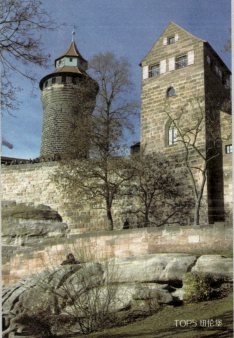

TOP5 纽伦堡

德国情报快递　　Chapter ❶

　　复杂多变的地理环境赋予了德国丰富多样的地域文化，严谨自律的处世性格则赋予了德国辉煌的历史和引以为傲的经济发展，无论是自然风景、人文景点还是民俗风情，这里处处有惊喜。

概况 01

德累斯顿

德国，即德意志联邦共和国，是位于中欧的联邦议会共和制国家，由 16 个联邦州组成，首都是柏林。位于欧洲中部的德国从中世纪开始，其历史就是由一些著名的自由城市、王国、大公国以及公爵领地所构成，1806 年，由巴伐利亚、符腾堡和巴登在内的莱茵河两岸的德意志南部、中西部邦国建立了"莱茵联邦"，18 世纪初普鲁士崛起，并组成德意志联邦，并在 1866 年击败奥地利，次年建立北德意志邦联，1871 年德意志帝国建立，德国正式统一。1914 年，德国挑起第一次世界大战，1918 年因战败而宣告崩溃。1933 年，希特勒上台实行独裁统治，1939 年发动第二次世界大战。1945 年 5 月 8 日，德国战败投降，战后，德国分裂为两个主权国家，一直到 1990 年，东德和西德才重新统一。

纵横交错、风云变幻的历史岁月，复杂多变的地理环境赋予了德国多样化的地域文化，也为德国带来了缤纷多彩的旅游资源。汉萨同盟城市的厚重历史、莱茵河畔的葡萄庄园、巴伐利亚州的精美城堡、黑森林地区的丰美自然、波罗的海沿岸的优美海滨、慕尼黑的啤酒以及柏林的博物馆、散发着浪漫气息的海德堡大学城、时尚前卫的汉堡、梦幻般的新天鹅堡，还有不限速的高速公路，发达的汽车工业和顶级的汽车博物馆，以及那些让人高山仰止的大哲学家：康德、黑格尔、费尔巴哈、叔本华、尼采……

这里不仅诞生了如马克思、恩格斯一般严谨理性的伟人，也养育了如贝多芬一般浪漫激情的音乐家，同时也有将现实融入童话的格林兄弟。在德国的每一站旅程都有不同的发现，都有不同的惊喜。

地理 02

巴伐利亚阿尔卑斯山脉与村庄的贝希特斯加登山地

德国位于欧洲中部，国土面积为 35.7 万平方公里。北邻丹麦，西部与荷兰、比利时、卢森堡和法国为邻，南边是瑞士和奥地利，东部与捷克共和国和波兰接壤，是欧洲邻国最多的国家。它是东西欧之间、斯堪的纳维亚半岛与地中海之间的交通枢纽，被称为"欧洲的走廊"。德国具有异常多样的地貌特征，从连绵起伏的山峦、源远流长的河流、高原台地、山地湖泊直至辽阔宽广的平原，丰富多彩。整体来说：北德低，南德高。北德平原，平均海拔不到 100 米，中德为山地，由东西走向的高地构成；西南部莱茵断裂谷地区，两旁是山地，南部是巴伐利亚高原和阿尔卑斯山区，其中拜恩阿尔卑斯山脉的主峰祖格峰海拔 2963 米，为德国最高峰。

去德国旅行，四季皆宜，其中 5~9 月天气晴朗，气候宜人，是户外旅行的最佳时节，11 月～次年 3 月，气温逐渐降落再回升，且冬季多雪，这一时期比较适合游览柏林、汉堡、法兰克福、斯图加特这样的城市。滑雪季节通常开始于 12 月中旬，新年前后进入高峰期。

气候 03

黑森林

　　德国处于温带地区，温度相对比较平稳，降雨量分布也比较均衡。靠近大西洋的西北部主要是海洋性气候，夏季不太热，冬季不太冷。东部和东南部属于大陆性季风气候，气候差异加大，冬冷夏热。夏季北部德国的平均温度在18℃左右，南部山地为20℃左右，冬季北德的平均温度在1.5℃左右，南部山地则为-6℃左右。不过，上莱茵河谷地区四季气候温润，而上巴伐利亚地区则夏季凉爽，冬季多雪，属于独特的气候区。

区划

04

宾根如画的自然景象

　　德国的行政区划分为联邦、州、市镇三级，共有 16 个州，东部为柏林市、勃兰登堡州、萨克森－安哈尔特州、萨克森州、图林根州；南部为拜恩州（巴伐利亚州）、巴登－符腾堡州；西部为莱茵兰－普法尔茨州、萨尔兰州、黑森州、北莱茵－威斯特法伦州；北部为下萨克森州、不来梅市、汉堡市、石勒苏益格－荷尔斯泰因州、梅克伦堡－前波美拉尼亚州。其中柏林、不来梅和汉堡是市州，巴伐利亚州则是德国最大的州。

民族、语言 05

科隆狂欢节

　　德国人口有 8211 万，是欧盟人口最多的国家，每平方公里人口密度为 226 人，也是欧洲人口最稠密的国家之一。其中 90% 以上是德意志族，只有少数丹麦族和索布族。今天的德意志民族统称日耳曼人，他们是由法兰克人、撒克逊人、施瓦本人和巴伐利亚人等古老的日耳曼部族经过数千年的不断融合而形成的。

　　德国目前还有 721.4 万外籍人，占人口总数的 8.9%，其中最多的是土耳其人。

　　德语是德国的官方语言。居民中有 29.2% 信奉新教，30.2% 信奉罗马天主教。

交通 06

欧洲之星

德国有着非常发达的交通网络，其四通八达的铁路、闻名世界的高速公路以及服务优良的公交线路为人们的出行提供了保障。

现在，中国前往德国已开通了北京、上海、广州到柏林、法兰克福和慕尼黑的航班。法兰克福是欧洲的交通枢纽，从中国飞德国一般以法兰克福机场为终点站，如要飞往德国其他城市，可以从法兰克福乘机中转。

德国的火车以准时、方便、舒适、安全而著称。不仅如此，更多高效的火车车次也为德国人的出行提供了便捷。在德国，人们都是按时赶到车站乘坐。短途的旅程甚至是随到随买票，然后上车。所以德国的火车站都很小，也没有中国火车站那种成千上万人候车的壮观场景。

德国的火车票除了一次性单程票和往返票之外，还有周票、月票、多次票。能多次使用的车票也会有不同程度的优惠。所以在德国乘火车旅行，购买能多次使用的周票、月票之类的比较实惠。在火车站旁的快相亭拍张快照，即可办理旅游周票或者旅游月票。除此之外，德国还有专门针对老人、学生和小孩的环行旅游车票，能在德国境内任何地方使用。

德国还有非常发达的公路交通，其高速公路全长 1.1 万多公里，仅次于美国、中国和加拿大。如果要在德国租车旅行的话，必须持有国际驾照。德国车辆靠右行驶。城镇里的最高时速为 50 公里，高速公路一般无时速限制，特殊路段分段限速，标志明显。需要注意的是，德国人在高速公路上开车很少并线，最左边是快行线，在这个车道行驶必须快速。如果后面有车需要超车，前面的车必须让道。而且如果行人正在过斑马线时，车辆必须礼让。车辆拐弯时，如果车辆和行人都是绿灯，也必须让行人先过。

在德国，在每个城市的游客服务中心里，都会提供许多关于市内交通工具的资料（地图、车次、路线等）。依停留天数、同行人数或搭乘范围，都有不同的票，可以详细咨询服务中心的工作人员。而用来连接城市和偏远地区的公共巴士，一般车站都设在火车总站附近，可以去往近郊甚至远郊各地。不过同样的距离，乘坐公共巴士的费用要高过火车。

德国的火车站称为 Bahnhof，大城市的中央火车站叫 Hauptbahnhof（简称 Hbf.）。EC 和 IC 列车只在 6：00 ～ 10：00 运营，每小时一班，运行于各大主要城市之间。ICE 为城际特快列车，时速可达 280 公里。火车总站内告示牌用黄色标志标示出发站（Abfahrt），白色标志标示到达站（Ankunft）。

德国有非常发达的公路交通

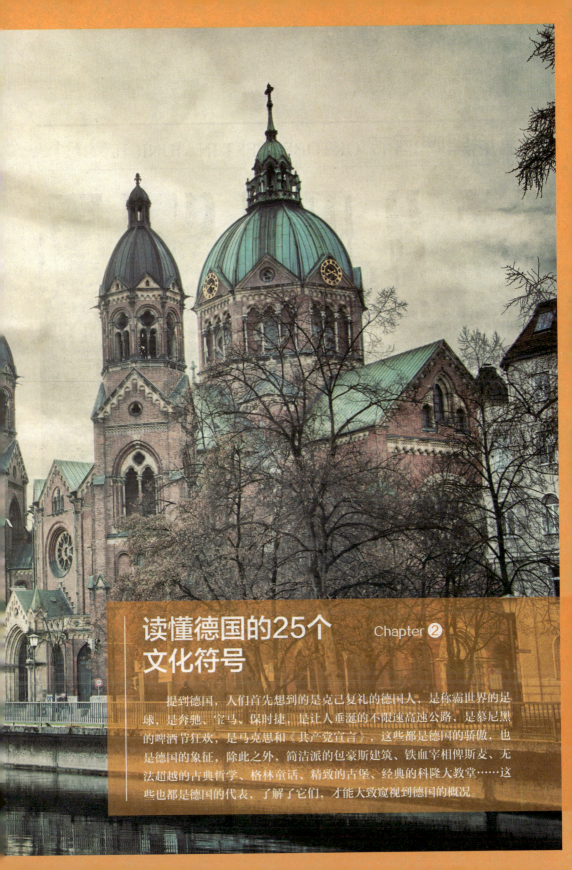

读懂德国的25个
文化符号

Chapter ②

提到德国，人们首先想到的是克己复礼的德国人，是称霸世界的足球，是奔驰、宝马、保时捷，是让人垂涎的不限速高速公路，是慕尼黑的啤酒节狂欢，是马克思和《共产党宣言》，这些都是德国的骄傲，也是德国的象征，除此之外，简洁派的包豪斯建筑、铁血宰相俾斯麦、无法超越的古典哲学、格林童话、精致的古堡、经典的科隆大教堂……这些也都是德国的代表，了解了它们，才能大致窥视到德国的概况。

慕尼黑啤酒节 OKTOBERFEST IN MUNICH　01

在慕尼黑啤酒节的巨大啤酒大篷中畅饮的人们

　　每年 9 月末到 10 月初，盛大的啤酒节在德国的慕尼黑举行，持续两周。因为节日期间主要的饮料是啤酒，且消耗量惊人，所以我们喜欢把这个节日简称为啤酒节。在德国则称为"十月节"（Oktoberfest），是慕尼黑一年中最盛大的活动。

　　从 1810 年到目前为止，慕尼黑的十月节有 200 多年的历史，已成为德国传统的民间节日。为了招徕本国国民和外国游客，慕尼黑的八大啤酒厂会于节前在特蕾西娅草坪广场上搭起巨大的啤酒大篷。每顶帐篷里放有长条木桌和板凳。大帐篷的一端还有一个临时舞台，由民间乐队演奏欢乐的民间乐曲。帐篷一般可容纳三四千人。最大的有 7000 个座位。十月节的啤酒名叫 Wiesenbier，特为节日专门酿制。此酒比一般的啤酒颜色更深，酒劲儿也更大，上酒时用的是容量一升的大酒杯，只有慕尼黑当地的酒商才被允许在里边提供这种酒。酒客们也消耗掉大量的食物，大多是传统的家常小吃如香肠、烤小鸡、泡菜和烤牛尾等。

节日的第一天，身穿艳丽多彩服装的游行队伍浩浩荡荡、威武雄壮地拥向广场。随着午时的 12 响礼炮，市长用一柄木槌把黄铜龙头敲进一大啤酒桶内，并饮下第一杯啤酒，节日即揭开序幕。身穿传统服装的啤酒女郎将新鲜啤酒不断地送到迫不及待的饮客面前。许多身穿鹿皮短裤、背心等民族服装的巴伐利亚人手举啤酒杯穿行在大街上，逢人便高喊"干杯"，气氛十分热烈。

如今，慕尼黑啤酒节的影响已远远超出慕尼黑，而成为一个世界闻名的节日。节日期间，啤酒和肉鸡的销售量数目惊人，往往消耗数百万升啤酒。在增添喜庆欢乐气氛的同时，人们也充分表现出自己民族的热情、豪放、充满活力的性格。节日期间的一系列丰富多彩的娱乐活动，如赛马、射击、杂耍、各种游艺活动及戏剧演出、民族音乐会等，至今仍多保留古风。

慕尼黑啤酒节的第一天会有身穿艳丽多彩服装的人们在街上游行

包豪斯 BAUHAUS

02

包豪斯博物馆

最具有争议的艺术院校，它创建了现代设计的教育理念，并在 20 世纪初期形成了现代建筑中的重要派别——现代主义建筑。包豪斯响应了 1907 年建于慕尼黑的"德国工业同盟的信条"——通过艺术家、工业家和手工业者的合作而改进工业制品——主张适应现代大工业生产和生活需要，讲求建筑功能、技术和经济效益。《包豪斯宣言》这样写道：一切创造活动的终极目标就是建筑。包豪斯建筑的设计理念有技术和艺术需和谐统一；视觉敏感性达到理性的水平；对材料、结构、肌理、色彩有科学的、技术的理解；集体工作是设计的核心……

包豪斯提倡和实践的功能化、理性化和单纯、简洁、以几何造型为主的工业化设计风格，把工艺技术提高到与视觉艺术平等的位置。"建筑是各种美感共同组合的实体，只有这样，作品才可能注入建筑的精神，免于沦为可悲的'沙龙艺术'"，进而削弱了传统的等级划分。在中国，798 可能是北京最成功的包豪斯风格作品。而国际上，法格斯制鞋厂、美国伊利诺伊工学院建筑及设计系馆、纽约西格拉姆大厦、"巴塞罗那"、瓦西里扶手椅等则是风格鲜明的代表。无论是在建筑学、美术学，还是工业设计上，包豪斯建造都占有重要的地位，它真正将艺术和机械技术贯通融合，给现代建筑打下了一个划时代的印记。

包豪斯（Bauhaus），由德语 bau（建造）和 Haus（房屋）两词合成。1919 年 4 月 1 日在德国成立的包豪斯设计学院为培养现代设计人才而建立，虽然仅存 14 年，但对德国乃至世界的现代设计及其教育的影响不可估量。包豪斯设计学院被称为 20 世纪最具影响力也

哥特式大教堂 GOTHIC CATHEDRAL   03

科隆大教堂高耸的尖顶、高大的体积、华丽的装饰、明亮的彩色长窗是世界哥特式教堂中的代表之一

　　高耸入云的哥特式大教堂是德国一道亮丽的风景，遍布在河谷、山冈以及城市、乡村，彰显着这片土地的美与历史。

　　哥特式建筑是一种兴盛于中世纪中期与末期的建筑风格，发源于12世纪的法国，一直持续至16世纪。12世纪的法国工商业已经相当发达了，生活富足以后的市民开始以极高的热情建造教堂来争相表现自己城市的美丽繁荣。高耸入云的尖顶、高大雄壮的体积、繁复华丽的装饰，再结合镶着彩绘玻璃的长窗，哥特式教堂既有一种浓郁的宗教气氛，满足人们对教堂神圣氛围的追求，又有一种华美壮丽的艺术感，满足了人们以建筑表达自己城市风采的心理，于是迅速地在欧洲各国流行开来。

　　相对于之前流行的罗马式建筑风格来说，哥特式建筑将圆筒拱顶改为尖券拱顶，将罗马式建筑中原本实心的、被屋顶遮盖起来的扶壁都露在外面，称为飞扶壁，并装饰雕刻，使教堂可以建得又大又高，高耸峭拔。同时，

吕贝克的玛利亚教堂是德国哥特式大教堂中的典型代表

马式建筑光线昏暗、沉闷压抑的感觉。在内部空间上，哥特式教堂高旷、统一，使整个建筑看上去线条简洁、宏伟开阔。

1248 年，德国邀请建造过法国亚眠主教堂的法国人设计建造德国最早的哥特式教堂之一的科隆大教堂。哥特式建筑风格正式传入。科隆大教堂在建筑风格上和亚眠大教堂十分相似，外观宏伟壮丽，内部明亮开阔，它的中厅内部高达 46 米，仅次于法国博韦主教堂。西面双塔高 152 米，极为壮观。

不过，德国的哥特式教堂在建造中也逐渐形成了自己的特色。相对于法国的哥特式教堂，它的中厅和侧厅高度相同，既无高侧窗，也无飞扶壁，完全靠侧厅外墙瘦高的窗户采光。拱顶上面再加一层整体的陡坡屋面，内部是一个多柱大厅。马尔堡的圣伊丽莎白教堂西边有两座高塔，外观比较素雅，是这种教堂的代表。有的教堂则只在正面建一座有很高钟塔的哥特式教堂。乌尔姆主教堂就是其典型代表。它的钟塔高达 161 米，控制着整个建筑构图，可谓中世纪教堂建筑中的奇观。

在中世纪的德国北部，人们还将北欧流行的砖砌建筑与哥特式建筑风格相结合，建造了独特的哥特式砖结构教堂。这种教堂穹顶使用撑墙来代替支撑拱，用色彩斑斓的陶瓷、釉面砖，以及精致的雕刻将教堂装饰得精致华美、玲珑剔透。德国北部吕贝克的玛利亚教堂、什未林大教堂、维斯马的尼古拉大教堂都是其中的典型代表。

哥特式教堂还采用大面积排窗，并用以红、蓝为主的彩绘玻璃拼组成一幅幅五颜六色的宗教故事，让教堂看上去明亮灿烂，一改罗

科隆大教堂 THE CATHEDRAL OF COLOGNE 04

莱茵河河畔的科隆大教堂被誉为"世界上最完美的哥特式教堂"

　　没见过科隆大教堂，就等于没有来过德国。世界遗产科隆大教堂与巴黎圣母院、罗马圣彼得大教堂并称为"欧洲三大宗教建筑"，它是欧洲北部最大的教堂，德国第一座完全按照法国哥特盛期样式建造的教堂。教堂外观雄伟，内部轻盈雅致，被誉为世界上最完美的哥特式教堂。整个教堂由石头堆砌而成，如石笋林立。教堂的双尖塔高161米，堪称欧洲最高。跨度15.5米的中厅部是目前尚存

的最高的中厅。那口重2.4吨的圣彼得钟，被誉为"欧洲中世纪建筑艺术的精粹"。

　　科隆大教堂无论是从建筑规模，还是从装饰艺术质量上看，在哥特式建筑中都是世界上最著名的教堂之一。它始建于1248年，建筑期长达632年。整个占地8000平方米，高157.38米，东西长144.55米，南北宽86.25米，面积相当于一个足球场。当初建筑图纸就有上万张，耗去石材40万吨，可见工

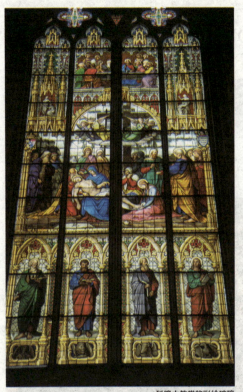

科隆大教堂的彩绘玻璃

帝预留了座位。当游人爬上 509 级台阶，可以见到世界上最大的圣彼得钟。两侧垂挂着一排排金黄色的圆柱，从穹顶侧边悬垂至地面，乍看以为是拱廊的柱子，其实那是管风琴的巨大管子。

三王龛

西方最重要的祭坛。它因存放了被认为是属于东方三博士的遗骨而闻名。三王龛由黄金、宝石和珍稀饰品组合而成，讲述了耶稣降生时，东方三博士来朝圣；耶稣受洗时，圣灵鸽子落在他头上；耶稣参加一次婚宴把水变成酒的三个故事。

教堂珍藏

保存着第一位建筑师哈德设计教堂时用的羊皮图纸，这是研究 13 世纪建筑和装饰艺术的宝贵资料。唱诗班回廊的宗教画，是 15 世纪科隆画派杰出画家蒂芬·洛赫纳 1440 年的作品。雕像圣体匣和福音书等，这些都是教堂的古老珍藏，具有很高的宗教和艺术价值。木雕《十字架上的基督》，建于 11 世纪德国奥托王朝时期，对后世的哥特雕刻艺术产生了重大影响。

科隆大教堂夜景

每当夜幕降临，四周建筑物上的聚光灯向教堂射出一道道青蓝色的冷光，使它显得荧光耀眼，灿烂夺目。这些幻彩的灯光为教堂蒙上了绮丽的色彩，中央的双尖顶以及陡峭的屋顶，使整座教堂显得冷峻清冽，充满神圣感，它倒映在莱茵河中的倩影，更是美丽异常。

程之浩大。教堂外部除两座高塔外，还有 1.1 万座小尖塔烘托。尖塔顶端各有一座十字架（十字花），教堂前面的广场边有一个"十字花模型"，此十字花高 9.5 米，宽 4.6 米。当十字花安装好后，即标志其最终完工。

教堂有 10 个礼拜堂，中央大礼堂穹顶高 43.35 米，四壁共有 1 万多平方米的窗户，全部镶嵌着绘有《圣经》人物的彩绘玻璃，精巧繁复。高大的拱廊，高悬头顶的穹顶，近大远小，近疏远密，构成了曼妙无比的图案。教堂内的中世纪晚期风格的唱诗台是德国之最。堂内有 104 个座位，还特别给教皇和皇

音乐之乡 HOMETOWN OF MUSIC 05

德国是古典音乐的故乡，音乐在德国人的文化生活中占有非常重要的地位

　　德国与奥地利一样是世界音乐的故乡，举世瞩目的古典音乐更被认为是德国文化的

精华。世界上几乎没有哪个国家能像德国一样培养出如此之多的音乐大家。巴赫和亨德

波恩贝多芬纪念馆

尔是德国 17 世纪最杰出的作曲家，海顿、贝多芬是世界上最杰出的古典音乐大师，被称为"德国歌曲之王"的舒伯特与舒曼则是 19 世纪德国浪漫派音乐的杰出代表。到 19 世纪下半叶，瓦格纳成为决定德国乃至欧洲音乐发展的中心人物。除此之外，还有像勃拉姆斯、勋伯格、米德米特等音乐大师。如今，德国有很多艺术节和音乐团体都是为了纪念这些艺术大师而专门设立的。如波恩国际贝多芬节、拜罗伊特瓦格纳文化节、献身巴赫音乐的盖兴教堂唱诗班和国际巴赫协会，以及不定期举行的巴赫文化节等。

音乐在德国人的文化生活中占有非常重要的地位。他们也非常重视对下一代音乐素质的培养。所有的中小学生几乎都会学习一种乐器。德国的年轻人，每两个人中就有一个人会弹奏一种乐器。对于德国人来说，音乐是一种基本的文化素养，是生活中的必需品。

德国现在有 139 个乐团，其中包含了专职的交响乐团、剧院乐团，专门的现代音乐合奏团、爵士乐队和古乐团等。柏林爱乐大厅、德国国家歌剧院、德意志国家歌剧院、慕尼黑巴伐利亚国家歌剧院都是欣赏音乐的好去处。慕尼黑爱乐乐团、班贝格交响乐团、莱比锡音乐厅交响乐团、德累斯顿国家小乐队、巴伐利亚广播交响乐团等，都是德国蜚声四海的乐队，任何一个都能带给人们超品质的视听享受。甚至走在德国的街头，随时都有可能碰到在闹市中虔诚投入演奏《卡农》的街头音乐家，用音乐带给人们温暖。

所以，来到德国，一定要听一场音乐会或看一场歌剧，才对得起来此一游。仅柏林这个地方，音乐会便是俯拾皆是。夏洛滕堡宫天天有古装音乐会；想听歌剧，大歌剧院就有国家歌剧院、德意志国家歌剧院、喜歌剧院三大家族。交响乐更不必说了，几乎每天都在柏林的某个地方轮番上演。

城堡与古堡之路 THE CASTLE AND THE CASTLE ROAD 06

美如童话世界的新天鹅堡是德国最经典的古堡之一

在德国的很多地方都能看到城堡的身影，它们或耸立于悬崖峭壁之上，或矗立于美丽的河谷湖畔，或巍峨壮观，或美如童话，成为德国一道亮丽别致的风景。

中世纪早期，德国境内为了争夺领土和势力范围，各个王室之间、王室与地方贵族之间，以及地方贵族相互之间的战争不断。加之北欧、匈奴人的大举进攻，居住在莱茵河下游到易北河之间的撒克逊人也不断向南扩张，整个德国境内烽烟四起。为了保护整个家族的生命财产安全，各地的王公贵族大兴土木，建造高大坚固的城堡。作为典型的防御工事，城堡通常建在垂直陡峭的山顶，或者矗立在有湖泊、池塘、江河或者护城河环绕的平原，并建有厚厚的城墙和角楼。

如今的德国境内仍有14000多座风格各异的城堡，尤其以摩泽尔河和莱茵河流域的要塞群、明斯特地区的各色城堡最为有名。其中，如童话世界般美丽的新天鹅堡、被歌德曾赞美为"把心遗忘的地方"的海德堡以及图林根的霍亨索伦古堡都是德国最经典的古堡代表。而从曼海姆到布拉格长约1000公里的著名的古堡之路，被称为德国最富传统特色的旅游度假线路，沿途皆为各式如诗如画的古堡、富丽堂皇的历史建筑、丰富多彩的自然景观。每逢节日，当地的人们都会穿着传统的节日服装在古老的城堡里按历史传统举行欢宴，迎接远道而来的客人。大约70座城堡、城堡遗迹、王宫和宫殿如同古堡之路上一颗颗璀璨的文化珍宝，将德意志民族的优雅与深沉呈现在人们面前。

俾斯麦 BISMARCK　　07

俾斯麦

　　这位被称为"铁血宰相"的普鲁士宰相兼外交大臣是19世纪德国乃至欧洲最卓越的政治家和外交家，是德国近代史上一位举足轻重的人物，是他用自上而下的方式统一了当时四分五裂的德国，使德国以一个富饶统一、工业强大的国家傲立于世界之林。

　　1815年，奥托·冯·俾斯麦出生于普鲁士勃兰登堡阿尔特马克雪恩豪森林庄园的一家大容克贵族世家。1847年成为普鲁士议会议员，后被任命为普鲁士邦驻德意志联邦代表会的代表。当时的德国刚结束四分五裂的状态，由力量较强的奥地利、普鲁士和其他32个小国、4个自由城市组成"德意志联邦"。只是这个联邦并不是一个统一的国家，各个成员国依然各自为政，严重阻碍了德国经济的发展。奥地利和普鲁士都想由自己来领导德国的统一，并为此相互争斗。

　　1862年，俾斯麦出任普鲁士宰相兼外交大臣，极力推行"铁血政策"，主张通过战争，由普鲁士统一德国。他对内大力发展军事力量，崇尚武力征服。在宰相任上的首次演说中，他曾说道："当代的重大政治问题不是用说空话和多数派决定所能决定的，而必须用铁和血来解决。德国所指望的不是普鲁士的自由主义，而是他的武力。"这就是"铁血宰相"的由来。对外，他先与奥地利联盟打败丹麦，获得石勒苏益格，而后联合意大利打败奥地利，兼并荷尔施泰因以及北部和中部的几个德意志联邦诸侯国，迫使奥地利退出联邦。最后，在1870年，通过著名的普法战争赢得南德意志地区以至被法国操控的各个邦国，使德国获得真正意义上的统一。

　　只是他的"铁血政策"在使德国实现统一的同时，也深深地影响了德国人的心理，造就了德国崇尚"强权即是真理"的信条，埋下了德国军国主义的根基。所以有人说，俾斯麦不仅统一了德国，还创造了日耳曼人的独特性格。他把德意志变大，却把日耳曼人变小。从此以后，日耳曼人不再浪漫。

汉萨同盟 HANSEATIC LEAGUE 08

汉萨同盟之一的汉堡的水上宫殿保护得很好，是德国最迷人的风景之一

　　12世纪，北德意志商人为了在同英国和佛兰德斯进行贸易的时候保护其贸易利益，联合起来组成商业同盟"科隆汉萨"和"汉堡汉萨"。"汉萨"在日耳曼语里的意思是"集团"。到13世纪中叶，德意志莱茵河流域的贸易活跃，对外贸易扩大到波罗的海地区。为了维护共同的商业利益，同时防御劫匪和海盗，莱茵地区的商人与吕贝克及其他控制波罗的海贸易的北德意志城市结成同盟。

　　1356年，汉萨的主体由商人发展为城市，加入者包括吕贝克、汉堡、不来梅等北德意志沿海城市，后来又有科隆、但泽、柯尼斯堡以及波罗的海沿岸维斯马、里加、塔林等城市，形成汉萨同盟。同盟不仅是一个行业

协会，还拥有北欧政治同盟的性质。它设有最高议会和最高法院，入盟城市必须遵守同盟权力机关的决定。各城市有公共的财政和

汉萨同盟的城市建筑都有着《格林童话》中常出现的尖尖的屋顶

海军，有权对外进行外交、宣战缔约等，最鼎盛的时候，汉萨同盟拥有超过 150 个同盟城市，它们都是欧洲最富有，也是手工业及文化艺术最繁荣的城市。同盟垄断了东欧、北欧同西欧的中介贸易，一直是北欧的商业中心。直到 15 世纪，随着来自荷兰和英国海运公司的竞争，以及内部矛盾和世界贸易中心从北欧转移到大西洋，汉萨同盟开始逐渐衰落。但是德国的汉堡、不来梅、罗斯托克、吕贝克和施特拉尔松德等城市如今仍然被人们称为"汉萨城市"。

作为中世纪最著名的经济政治团体，汉萨同盟的大部分城市在历史、风俗以及建筑风格上都有很多相似之处。例如，当时出于防御外敌入侵的考虑，汉萨同盟的城市通常都筑有厚厚的城墙。城市的建筑都有着《格林童话》中经常出现的尖尖的屋顶，比较突出的建筑物一般都建在集市广场四周，或者通往港口的街道两旁。城市最重要的权力中心——市政厅通常也建在集市广场上，不仅作为议政议事的地方，还是这座城市最重要的宴会厅。而城市主要的教堂或者被命名为圣玛利亚，或者被命名为圣尼古拉斯。大部分汉萨城市都保护得很好，成为德国最迷人的俄式风景之一，在文艺复兴风格的城堡和哥特式砖结构建筑中展现出历史的厚重，岁月的美好。

柏林墙 BERLIN WALL 09

如今的柏林墙已经成为西方绘画艺术的一个亮点，成为"世界上最长的画布"

第二次世界大战以后，德国被苏、美、英、法四国分为四区，其中苏战区包括东柏林在内成立了德意志民主共和国，也就是东德，首都定在东柏林；美英法占领区包括西柏林，成立了德意志联邦共和国，即西德，首都设在波恩。东西柏林的分裂不仅标志着德国的分裂，也成为当时社会主义世界和资本主义世界的分离。柏林成了冷战时期，东西两大阵营的直接对立场地。

最初，柏林市民还能在各区之间自由活动。只是后来随着冷战的升级，为了防止东德人逃到西德，造成东德工人的严重短缺，1952年，东西柏林边界开始关闭。1961年8月，面对越来越多市民逃往西柏林的现实，东德开始修建柏林墙，刚开始只是铁丝网，后来被大量换成真正的墙，并被东德人称为"反法西斯防卫墙"。

随着时间的推移，经过4次加固的柏林墙已经变得越来越难以逾越。在1979年到1980年间，柏林墙最终变成我们所熟悉的形式，一个现代的"长城"。第4代柏林墙由45000块新式墙体构成。

1989年，新的东德政府原本是计划放松对东德人民的旅游限制，但是由于当时东德的中央政治局委员君特·沙伯夫斯基对上级命令的误解，错误地宣布柏林围墙即将开放，导致上千名欣喜万分的东柏林人像潮水一样涌向了柏林墙。在伯恩霍莫大街，人们激烈地要求开放边界，并动手拆除柏林墙。到了晚上10点半，横亘在东西柏林间长达29年的这道现代"长城"被凿出了一个大洞，柏林墙就此倒塌。11个月以后，两德在经历了40年的分裂后终于统一。东西柏林的道路、铁路和桥梁迅速连接起来。

20世纪80年代，"界墙75"的第4代柏林墙成为西方绘画艺术的一个亮点，"世界上最长的画布"。今天，在柏林仍保留有一小段围墙的遗迹作为那段历史的见证，也成为柏林的一个旅游亮点。在柏林墙的查哨站，原来是东西柏林的通道，现在则建有一座围墙博物馆。

黑格尔、康德和德国古典哲学 HEGEL, KANT, GERMAN CLASSICAL PHILOSOPHY　**10**

德国是一个盛产思想家的国家，黑格尔更是德国古典哲学集大成者

德国是一个盛产思想家的地方，黑格尔、费尔巴哈、康德、叔本华、尼采……每一个都是哲学界的泰斗级人物，而德国的哲学更是世界哲学的精华。18世纪末19世纪上半叶的德国古典哲学，以康德为创始人，黑格尔为集大成者，费尔巴哈则是其最后的代表，对后来的西方哲学思想产生了非常大的影响。

康德是德国古典主义哲学的始祖。康德在《自然通史和天体论》中提出"关于潮汐延缓地球自转的假说"（第一假说）和"关于天体起源的星云假说"（第二假说），不仅推动了理论自然科学的发展，而且打破了长久以来形而上学的思维方式。随后，康德又在他的著作《纯粹理性批判》《实践理性批判》和《判断力批判》中对人类理性的知识、意志和情感能力做了批判性论述，从而确立了他在德国古典主义哲学始祖的地位，也使他成为世界哲学史上一颗闪耀的巨星。

黑格尔则是继康德之后最著名的德国古典唯心主义哲学家。他创立了一套完整的唯心主义哲学体系，并将辩证原则贯穿其中，达到唯心主义哲学的顶峰，成为后来马克思主义哲学的重要来源之一。《精神现象学》是黑格尔哲学体系的成形之作。在这部作品中，他对唯心主义辩证法作了最初的论述。之后，黑格尔通过《逻辑学》和《哲学全书》首次论证了存在与思维现象与本质的辩证统一，表明整个宇宙事物都处在变化发展中，对唯心主义辩证法作了全面系统的论述。其具有开创性和革命性的辩证法原理为世界哲学开辟了另一番全新的境界。除此之外，黑格尔还在法哲学、历史哲学、宗教哲学、心理学、美学领域有杰出成就，著有《法哲学原理》《美学》等著作。

贝多芬 BEETHOVEN　**11**

贝多芬

　　莱茵河畔美丽的小城波恩已经有 2000 多年的历史。这座城市也是贝多芬的出生地。1770 年，贝多芬出生在波恩市政厅北侧不远处的一座三层小楼里。这是一个音乐世家，贝多芬的父亲是一位宫廷乐师。因此，从 4 岁起，贝多芬就在父亲的要求下开始了严格且专业的钢琴和提琴训练，并表现出了惊人的音乐天赋。到 13 岁的时候，贝多芬创作出了自己最早的三首奏鸣曲。14 岁，贝多芬已经加入了波恩宫廷乐队，成为乐队最年轻的成员之一。贝多芬曾说，他一生中最幸福的时光是在波恩度过的。"我在这块美丽的土地上，第一次见到世界之光，如今它的美丽还常常浮现在我的眼前。"

　　直到 22 岁，贝多芬一直生活在波恩。并在这里深受启蒙运动和狂飙突进运动的影响，这些影响一直反映在他的作品中。1792 年，贝多芬前往维也纳，在那里，他达到了自己事业的巅峰，也成就了世界音乐史上最著名的交响曲《命运交响曲》和《田园交响曲》。

　　贝多芬的一生备受贫困折磨，孤苦伶仃，以致 20 多岁就开始逐渐丧失听力。但是，他对音乐的热情从未消散，在创作中始终饱含激情。贝多芬一生当中创作了 200 多部音乐作品。他继承了海顿、莫扎特以及其他音乐家和戏剧的经验，将奏鸣曲发展成为交响曲，让其包含了更多的含义。贝多芬先后完成了《悲怆奏鸣曲》、《第一交响曲》、升 C 小调《月光奏鸣曲》、《第二交响曲》、《第三交响曲》和《热情奏鸣曲》。《第三交响曲》原本是为了献给波拿巴·拿破仑，表达自己对拿破仑的崇拜。只是拿破仑称帝以后，贝多芬非常失望，于 1805 年将这部作品改名为《英雄交响曲》出版。接着，1808 年，他又完成了自己最著名的交响曲《命运交响曲》和《田园交响曲》，以及根据席勒的颂诗《欢乐颂》而创作的《第九交响曲》。《第九交响曲》在 1824 年维也纳的首演获得空前成功。今天《欢乐颂》合唱已经成为欧洲的洲歌。

　　现在的波恩市中心的明斯特广场上竖立着一座贝多芬手拿五线谱和笔的雕像。

马克思与恩格斯 KARL MARX AND ENGELS 12

特里尔马克思纪念碑

　　以种植葡萄而闻名遐迩的特里尔位于美丽的摩泽尔河畔，有着田园诗般的美景。马克思主义的创始人，第一国际的组织者和领导者——卡尔·马克思就出生在特里尔的一个犹太人家庭。这是一座灰白色的三层楼房，淡黄的粉墙、棕色的门楣和乳白色的窗扉，是当时德国莱茵地区的典型建筑。目前已被改建为马克思博物馆。在这里马克思度过了幸福快乐的童年和少年时代，直到1835年前往波恩大学就学。几个学期后，他转入柏林大学学习法律。也就是在这里，马克思受到德国古典哲学大师黑格尔和费尔巴哈思想的影响，成为柏林青年黑格尔派的坚定成员。

顺利获得哲学博士学位后，马克思前往科隆《莱茵报》任职，因为工作出色，不久就被任命为主编。因为批判普鲁士专制制度，立场坚定地站在民众一边，《莱茵报》被查封。正是这段时间，马克思的思想开始从唯心主义向唯物主义，革命民主主义向共产主义转变。也是在这段时间，他认识了一生的挚友——恩格斯。恩格斯不仅经常出钱赞助马克思的活动和生活费，还推荐一些经济学著作给马克思，对于马克思主义的形成起到重要的作用。恩格斯也被誉为"第二提琴手"。

1843 年，新婚后的马克思夫妇前往巴黎，在这里马克思写了《经济学哲学手稿》。1845 年，因对德国专制主义进行了尖锐的批判，法国政府驱逐了马克思。马克思被迫来到布鲁塞尔，并在此和恩格斯一起完成了《德意志意识形态》，第一次系统地阐述了历史唯物主义观点，为社会主义由空想到科学奠定了理论基础。并在随后的 1848 年，马克思与恩格斯合著的《共产党宣言》在伦敦第一次出版，成为科学共产主义诞生的标志。之后，马克思和恩格斯投身于 1848 年爆发的欧洲革命。当德国革命爆发后，他们返回德国，先后到达美因茨和科隆。在科隆成立了工人协会，创办了当时民主运动中唯一代表无产阶级观点的《新莱茵报》。一年后，《新莱茵报》遭到政府当局的查封，马克思也被驱逐出境，流亡英国。

在伦敦，马克思度过了一生中最困难的时光。5 年时间里，马克思因为经济和债务问题，精神焦虑，四个孩子中的三个死亡。但也是在这期间，马克思写出了他最重要的著作——《资本论》（第一卷）。1864 年，马克思参加了第一国际成立大会，被选入领导委员会。他为第一国际起草《成立宣言》《临时章程》和其他重要文件。1867 年 9 月，《资本论》第一卷出版。在他继续修改第二卷、第三卷时，1883 年 3 月 14 日，马克思在伦敦寓所辞世，与妻子合葬于伦敦北郊的海格特公墓内。《资本论》后面两卷由恩格斯和马克思的女儿爱琳娜整理出版。

马克思和恩格斯

马丁・路德 MARTIN LUTHER   13

马丁・路德故居

　　1517年10月31日，万圣节前夕，一场惊天动地的宗教改革运动在德国发生。这场运动的结果就是产生了一个新的基督教教派，即新教。新教的兴起，使得原本于1054年分裂成罗马公教（亦称天主教）和东正教的基督教世界再次分裂。自此，基督教世界三教鼎立，延续至今。这场欧洲宗教改革运动的发起者就是德国威丁堡大学圣经科教授马丁·路德。

马丁·路德1483年生于德国艾斯莱本城。家中不富裕，而且父母经常打他，让路德在生怕父母发怒的环境下成长。1505年5月，路德遵从父命去攻读法律，后却不顾父亲的反对，进入爱尔福特圣奥古斯丁修道院当修士。当时的西欧，社会危机和教会危机激化，神职人员的专横和腐败让一些民族王侯和市民阶层对现状不满，教廷和神圣罗马帝国的威信明显下降，教会内部的改革派已多次发难。在修道院，路德对神职人员腐败感到很失望，转而进入维滕堡攻读神学博士。

1517年，教皇利奥十世借口修缮罗马圣彼得大教堂，再度颁发赎罪券，搜刮民脂民膏，路德对此表示极大的愤慨。在一次激烈的讲道之后，马丁·路德在维滕堡城堡教堂大门上，按照大学的习惯，对许多神学问题，尤其是对大赦和一般善工的价值问题提出挑战，提出了著名的《论纲要95条》，即《关于赎罪券效能的辩论》一文。路德确定了"因信称义"的宗教学说，认为人的获救只需依靠个人的信仰，否定了教会和僧侣阶层对社会的统治。他的这些主张反映了当时欧洲各民族要求摆脱罗马教廷宗教统治，形成独立统一国家的愿望，第一次点燃了资产阶级要求宗教改革的火焰，也开始了他宗教改革的一生。

利奥十世为平息这场大火，采用了各种手段：利诱、恐吓、审判……企图迫使路德低头。1521年到1522年，罗马教皇宣判他为异教徒和不受法律保护的人，他的著作也成为禁品，并将其驱逐。路德来到瓦尔特堡隐居。也就是这段时间，他将《圣经》翻译成希腊文和德文。这一工作不仅有重大的宗教改革意义，也对德国的语言史和文学史产生了重要影响。如今，我们依然可以参观路德曾经工作的书房，那里收藏有著名的马丁·路德像和来自整个德国的重要基督教作品。哈雷大教堂仍然可以看到当时笼罩在死亡阴影下的路德的故事。

1522年，路德回到维滕堡继续当改革运动的领袖核心，最后出现了今天所谓的基督新教。这场轰轰烈烈的宗教改革使许多国家接受了宗教自由的思想，却也激化了宗教问题，导致对欧洲历史影响深远的"三十年战争"，以及18世纪法国自由思想的形成，间接促成了欧洲现代民族主义国家的形成。

马丁·路德领导的宗教改革运动对欧洲历史产生了深远的影响

格林童话 GREEN FAIRY TALE　　14

几乎每个孩子都能说出几个《格林童话》中的故事

有人说，只有读过《格林童话》的童年才算是完整的。这话一点儿都不夸张。雅各布·格林和威廉·格林兄弟笔下的白雪公主、青蛙王子、小红帽、灰姑娘……的故事几乎是和着全世界每个人童年的梦一起入睡的。

格林兄弟生活于 18 世纪末到 19 世纪中，两兄弟热衷于从大量民间童话中鉴别真伪，他们收集、整理的童话既保持了民间文学原有的特色和风格，又进行了提炼和润色，被赋予简朴、明快、风趣的形式。《格林童话》包含了 220 多则幻想丰富的故事，堪称世界童话的经典之作。童话故事大多表达了人们朴素美好的愿望：贪婪的富有者得不到好下场；被压迫的人经历重重灾难，终得到幸福；下层百姓在受人轻视或凌辱时显示出惊人的智慧，而暴君、地主自以为有权有势，实际上却愚蠢无知；忠诚老实、被"聪明人"嘲笑的"傻瓜"总是得到同情和赞扬……带有浓厚的地域特色、民族特色的故事富于趣味性和娱乐性，对培养儿童养成真、善、美的良好品质有积极意义，而所有的幻想、希望和信仰都源于德国古老的文化传统和审美观念。

《格林童话》里的故事情节曲折但不离奇，叙述朴素却不单调。奇妙美丽的意境、曲折迷离的故事情节，让人久久难以忘怀。还有一些睿智隽永的民间故事好像正透过书页告诉我们，如何分清善良和邪恶，如何与坏人斗智斗勇，如何保持一颗快乐的童心。《格林童话》在世界各地影响十分广泛，也创造了一个世界性的奇迹：它的实际阅读群体无以计数，在每一个有书的家庭中，几乎必有一本《格林童话》或根据它改编的故事，因为它不但给孩子带来快乐，更给无数的成年人甚至民俗研究学者展示出丰富无尽的智慧财富。

歌德与德国文学 GOETHE,GERMANY LITERATURE 15

莱比锡歌德纪念馆

17～18世纪，当启蒙运动在法国、英国等地风起云涌的时候，封建专制的德国还处在四分五裂的状态，德国的资产阶级只能从思想和文化领域寻求心灵的慰藉。也正是在这种情况下，德国产生了众多的文化巨星。而歌德、席勒和海涅则是其中最光彩夺目的。

1749年，歌德出生于法兰克福一个名门望族，父亲是皇室参事，母亲是法兰克福市长之女。歌德自幼就接受了良好的家庭教育。莱比锡大学毕业以后的歌德来到韦茨拉尔，结识了德国狂飙运动的领导人物之一——赫尔德，从而投身反对封建专制和反宗教的狂飙突进运动之中，并迅速成长为狂飙运动的代表人物。也就是在这段时间，歌德创作了他的成名之作《葛兹·封·柏列欣根》和书信体小说《少年维特之烦恼》。《少年维特之烦恼》一经推出，迅速传遍整个欧洲，并成为德国新文学出现的标志，歌德也因此名震文坛。

1775年，歌德在魏玛结识了同为狂飙运动杰出代表的席勒，开始了两人长达10年的友谊，直到席勒去世。歌德和席勒等人成为"魏玛古典主义"的中坚力量，造就了德国文学史上最辉煌的时期。也是在这段时间，歌德达到了他一生中的顶峰，于1831年完成了传世巨著《浮士德》的写作，将德国文学推入一个新的高度。马克思曾说过"席勒是德国的莎士比亚"，而歌德是"最伟大的德国人"。

莱茵河 RHINE   16

科隆段莱茵河成就了科隆的美景与传奇

从瑞士境内的阿尔卑斯山奔腾而下的莱茵河流经列支敦士登、奥地利、法国、德国和荷兰，最后在鹿特丹结束自己的旅程，投入北海的怀抱。惠泽多国的莱茵河对德国情有独钟，将一半的身姿留在了这里，塑造了莱茵河最美丽也最富有传奇色彩的一段风姿，成就了德国境内无数的美景和美丽的城镇。美因茨、科布伦茨、波恩、诺伊斯、科隆……随便一个名字后面都是令人惊艳的历史和风景。

最美丽的莱茵河谷从德国的美因茨到科布伦茨间50公里长的莱茵河中游，河道曲折逶迤，河水清净澄澈。坐在游艇之上极目远眺，葡萄园层层有序地排列两岸，一座座小城以桁架建筑引人注目，此外尚有50多座古堡、宫殿遗址点缀在青山绿水之中。古老的传说不时将人们的思绪带回过去，深深地陶醉在多姿多彩的莱茵河美景之中。为了保护自然风景的原貌，莱茵河河谷段没有架设桥梁，往来两岸都靠轮渡。欧洲没有哪一段大河流域风光能像此处荟萃了如此密集的、有几百年历史的自然与人文浑然一体的景观。

吕德斯海姆是莱茵河畔一座古色古香的小城，因其拥有一条中古时代的德洛塞尔小巷而闻名。小巷巷宽不足5米，两旁排列着一座座黑色桁架小楼，楼层向街心突出，既险又富建筑艺术美感。处处有鲜花点缀，铺面精细而高雅。用小石子铺成的路面与这里的气氛一样，愉快而轻松。

法兰克福书展 FRANKFURT BOOK FAIR　　**17**

一年一次的法兰克福书展早已成为"世界文化的风向标"，是世界上规模最大的版权型书展

　　美因河畔的法兰克福是德国乃至欧洲的金融中心，摩天大楼鳞次栉比。这里拥有欧洲最大的证券交易所，是德国中央银行以及欧洲中央银行的所在地，拥有欧洲第二大机场，拥有数量仅次于柏林的博物馆，有长盛不衰的电子音乐，还有世界上最大的图书消费品和乐器交易会。其中的法兰克福书展早已成为"世界文化的风向标"。

　　德国并不是世界最大的出版国，德语也不是世界使用最广泛的语言，却在法兰克福建有世界上规模最大、最重要的图书贸易中心。只因为15世纪中期，住在离法兰克福几十分钟车程的美因茨的约翰·古登堡发明了金属活版印刷术，并第一次出版了印刷本的《圣经》。印刷术的兴起，使得16世纪至17世纪时的法兰克福，成为德国以及其他拉丁语系欧洲国家最重要的图书贸易场所。那时的法兰克福常年都会有来自世界各地的书商

将挑中的书籍成箱成箱地运往各地。后来一段时间，由于法兰克福的图书受到皇室严格审查，德国的图书贸易中心转到风气更为自由开放的莱比锡城。第二次世界大战后，法兰克福再一次成为图书贸易中心。1949年，第一次现代意义上的图书博览会在法兰克福圣保罗教堂举办。从1988年开始，书展每年都会邀请一个国家作为主宾国。主宾国成为每届博览会的焦点，也是书展最大的亮点。一旦成为主宾国，书展便会花一年的时间在德国及书展上全力推广该国的文化和历史，以增强其在德国以及欧洲的影响力。

　　目前的法兰克福书展已经成为世界上最大，也是最成功的版权型书展。每年，有100多个国家7000多家出版商和书商、30多万个新品种参展。法兰克福也因此成为世界最大和最重要的图书贸易中心。

贝塔斯曼 BERTELSMANN 18

纽约时报广场的贝塔斯曼书屋

　　创建于 1835 年的贝塔斯曼集团是世界上四大传媒巨头之一，包括在全球拥有 5500 万会员的贝塔斯曼直接集团、欧洲最大的电视广播集团——RTL 集团、全球最大的图书出版集团——兰登书屋、欧洲最大的杂志出版公司——古纳雅尔、世界音乐和行业信息市场领袖——贝塔斯曼音乐集团以及欧洲最大传媒服务供应商——欧唯特服务集团。业务涵盖广播电视、图书出版、杂志报纸出版、音乐唱片及发行、印刷媒体服务、图书和音乐俱乐部。其中最为中国人熟知的就是图书和音乐俱乐部，也就是贝塔斯曼书友会。贝塔斯曼书友会是全球最大的书友会，采用国际流行的"读书俱乐部"形式，由资深编辑为会员挑选和推荐好书。专业的书友会覆盖了全球 56 个国家数千万会员。

　　十几年前，贝塔斯曼将风靡全球的书友会模式引入中国。20 世纪 90 年代末，在以北京西单图书大厦为代表的各大新华书店门前，到处都是热情洋溢的贝塔斯曼工作人员。只要填写一份简单的基本资料，再支付 18 元的入会费，就可以每月收到一本会员刊物，享受购书 8 折的优惠。它让中国人第一次从信箱里找到自己的图书商品目录，将独立于传统新华书店的另类图书直销模式带到了中国。这种在当时中国尚属新鲜事物的图书销售模式为贝塔斯曼赢得了 150 万名之多的会员。只是这种成功没有能够得到延续。2009 年，销售业绩严重下滑的贝塔斯曼开始关闭分布在中国的 38 家 21 世纪连锁书店，负责书友会业务的直接集团也解散。不过，却让很多中国人记住了这个来自德国的传媒巨头的名字。

不限速的高速公路 FEDRAL MOTORWAY 19

作为拥有世界上唯一不限速的高速公路的国家，常常有世界各地的人慕名来到德国，只为体验极速驰骋的快感

作为汽车创始国的德国是世界上最早修建高速公路的国家，于1932年修建了世界上第一条从波恩到科隆的高速公路，拥有目前仅次于美国、中国和加拿大的世界最发达的高速公路网络。德国也拥有世界上唯一不限速的高速公路。许多世界各地的人常常慕名来到德国，只为在世界上最好的高速公路上体验极速驰骋的快感。

德国第一条正式的高速公路诞生于 1932 年 8 月 6 日，也就是现在连通德国西部城市科隆和波恩的 A555 高速公路。当时的设想是，建设一条双向四车道、全部立体交叉、可供汽车高速行驶的汽车专用公路，取名 Autobahn，英译为 Freeway 或 Motorway。1933 年后，德国大规模规划、设计和建设高速公路，到 1939 年，已形成以柏林为中心向四周辐射的高速公路网。第二次世界大战结束后，联邦德国为振兴经济，以境内存留的 2128 公里高速公路为基础，进行整修扩建。到 1985 年德国全境的高速公路网基本建成。从第一条 A555 高速公路开始，德国的高速公路就是完全免费的。

不过，从税费的角度来说，德国高速并非完全免费——在汽油和柴油价格中，超过六成的钱包括矿物税、累加的增值税、环境税等税款，用于补贴高速公路建设、维护和保护环境，导致了德国油价持续处于相对高位。

尽管如此，不限速的德国高速公路仍然是世界上最著名的高速公路，是世界上最先进的工程系统之一，路面平均厚度 75 厘米，即使大型波音客机在此起落，路面也丝毫不受损坏。德国高速公路为速度而兴建，1.2 万公里中有 2/3 不限速，是世界上速度最快的地区，而且也是世界上最安全的道路之一。德国为这条极速之路配备有众多的新式设备。德国警车都是专门改装的没有限速器的奔驰、宝马、奥迪，摩托警开的是时速超过 200 公里的宝马超级摩托。在这条穿越德国全境的高速公路上，任何一个地点发生事故，救护人员都能在 15 分钟以内赶到。无限速的自由与精确的工程相结合，使这里成为驾车爱好者的天堂。

不限速的自由与精确的工程相结合，
使德国高速公路成为驾车爱好者的天堂

汽车王国MOTORDOM 20

斯图加特奔驰博物馆

　　100多年前，当德国机械工程师卡尔·奔驰发明第一辆汽车获得汽车制造专利的时候，大家都嘲笑他，说他的发明是"没有马拉的马车"。甚至连当时的德国皇帝威廉二世也表示："我相信马。汽车只是昙花一现。"也就是这项被人们轻视的发明改变了世界。汽车的历史也和它的诞生地的历史紧密交织在一起。1885年，卡尔·奔驰设计制造了世界上第一辆三轮汽油汽车。1886年，德国人把奔驰取得了专利权的这一年称为汽车诞生年。也就是在这一年，戈特利布·戴姆勒发明了一部四轮汽油汽车。1899年，欧宝汽车公司开始生产汽车；1916 年，宝马公司在巴伐利亚成立；1920 年，奥迪汽车公司成立；1926 年，戴姆勒—奔驰汽车公司成立；1934 年，世界上第一辆甲壳虫横空出世；1937 年，大众汽车公司成立；1948 年，第一辆保时捷问世……现如今，已经走过了 130 年汽车发展历程的德国不仅是现代汽车的发祥地，也是目前世界第四大汽车生产国。

沉稳耐用、高档豪华、功能齐全是德国汽车的特点。造世界一流的汽车已经成为德国人的精神追求。汽车在给德国带来巨大物质财富的同时，也成为德国科技实力的主要载体，为德国保持创新型高科技国家的地位立下了汗马功劳。精致一流的汽车已经成为德国的名片。德国人从来都坚信自己的汽车

是世界上最好的。舒马赫就曾说，世界上最好的汽车都产自阿尔卑斯山方圆 300 公里内。

参观各地的汽车博物馆是德国旅游的一大特色。位于斯图加特的奔驰博物馆陈列着奔驰公司的汽车、卡车和公共汽车等。其中有一层专门用来展示公司特定年代的赛车车型。而位于斯图加特北部的保时捷博物馆是所有博物馆中最好的一座。向人们展示了 80 个完全可操作的特定年代的汽车。沃尔夫斯堡的大众汽车城就像一个美式风格的主题公园。其内部的时间之屋汽车历史博物馆展出了大约 100 辆汽车，以及特定年代的标致和福特、第一百万台大众汽车，还有镶满宝石的甲壳虫。还有一个就是慕尼黑的宝马世界，这是一个已经和新天鹅堡同等知名度的景点了。

保时捷博物馆是德国最好的汽车博物馆

西门子 SIEMENS

21

总部位于柏林和慕尼黑的西门子集团公司是世界上最大的电气工程和电子公司之一

当西门子的家电开始在中国市场流行的时候，很多人都以为西门子只是一个家电生产企业。而实际上，总部位于柏林和慕尼黑的西门子集团公司是世界上最大的电气工程和电子公司之一。

1847 年，维尔纳·冯·西门子成立了西门子公司。这位出生于贫困农民家庭的孩子，从小就对数学极为感兴趣。甚至念完中学后去参军，只为了部队能免费学习同样的课程。也正是这段渊源，使西门子与部队结缘，也与军工企业结下了不解之缘。在服役期间，西门子对电报技术产生了很大的兴趣，并发明了在 19 世纪流行一时的指南针式电报机。

1847 年，西门子和机械工程师约翰·乔治·哈尔斯克一起建立了西门子—哈尔斯克电报机制造公司，主要生产西门子发明的指南针式电报机。这就是后来西门子公司的前身。作为工程学家的西门子对技术的喜爱直接影响到西门子公司的发展。除了依靠电报

业务，西门子还以发展和推广新技术为主要业务。直流发电机、有轨电车、无轨电车、电梯、电气火车、电动汽车……都是西门子公司利用其创始人的发明最先投入市场的。现在，西门子已经成为一家业务遍及全球 190 多个国家，在全球拥有大约 600 家工厂、研发中心和销售办事处，业务涉及信息和通信、自动化和控制、电力、交通、医疗系统和照明的大型国际公司。

值得一提的是，在 1937 年至 1938 年南京大屠杀期间，西门子公司驻中国公司员工约翰·拉贝和十几位外国传教士、教授、医生、商人等以外国人的特权身份，在中国南京建立了南京战时安全区，保护了约 25 万中国平民。并用日记和其他文字记录了侵华日军的暴行，成为近年发现的研究南京大屠杀事件中数量最多、保存最完整的史料。这也就是电影《拉贝日记》的原型。

足球 FOOTBALL

22

德国球迷

几乎所有的德国男人都爱两个话题：足球和政治。只要话题牵扯到这两样，内敛的德国男人就会变得滔滔不绝、激动不已。对于德国人来说，足球是一项运动，也是威信、权力和影响力的象征。

作为欧洲历史最悠久的足球队之一，作为第一个从大不列颠岛引进足球的欧洲内陆国家，德国在 19 世纪 70 年代按照 1863 年在英格兰通过的比赛规则，使足球运动迅速地在全国境内发展起来。1860 年，慕尼黑 1860 足球俱乐部的成立，标志着世界足坛举足轻重的日耳曼战车正式出发了。德国人将自身坚韧严谨、团结一致、一丝不苟的性格充分

地展现在球场上，坚强的意志、良好的足球战术素养、永不放弃的精神，让德国足球在世界足坛大放异彩，被人们称为"德国战车"。

德国参加世界杯的次数比其他任何一个国家都要多，并分别获得 1954 年、1974 年、1990 年和 2014 年四届世界杯冠军，同时也是世界上唯一一个曾经包揽男、女足世界杯冠军的国家。同时它也是三届欧锦赛冠军，还两度举办足球世界杯。这些成绩都足以证明德国队的伟大以及德国人对足球的热情。尤其是 1954 年，德国人还未走出"二战"的阴影，消极迷惘的情绪蔓延全国。当德国队第一次夺得世界杯冠军的时候，对整个德意志民族产生的震撼和影响是无法估量的。在德国国内有一种普遍的看法，后来德国的经济奇迹和再度崛起，与 1954 年的夺冠之战有至关重要的关系。那支德国队的团结、信念、纪律在全世界球迷心中被定义为"德国精神"。

每到周五晚上、周六和周日，遍布德国各地的体育酒吧的付费电视就会现场直播足球比赛。而主要在周末举行的球赛也会通过德国国家电视联盟的 Sportschau 栏目在周六、周日 18:30 左右转播。于是周末去酒吧喝啤酒、看球赛成为很多德国人的固定节目。在德国的每个城市都有钟情于本地球队的球迷组织。德国人对足球的喜爱没有职业、年龄、性别上的划分，可以说是全民爱足球。

德国牧羊犬 GERMAN SHEPHERD DOG   23

德国牧羊是世界上最受青睐的警犬之一

外表高大凶悍、性情温良服从的德国牧羊犬被人们称为"世界犬中之王""自尊忠诚的全能者",也是最受青睐的警犬之一。

1890年，德国育犬专家史蒂芬尼斯与马艾尔开始改良德国古老的牧羊犬——艾尔莎奇亚犬，希望能培育出一种既不咄咄逼人，但又不胆怯怕生的犬类。1902年，德国牧羊犬在德国西部的卡尔斯鲁厄诞生。由于德国牧羊犬的感觉极为敏锐、警惕性高，行动时胆大凶猛、机警灵活，对人类口令和意图有着超常的领悟能力，在保卫主人、攻击来犯者的时候，又能准确分辨出对象，所以深受人们的喜爱。德国牧羊犬迅速成为当时极受人们欢迎的最优秀的军、警犬和牧羊犬。许多国家都用它来帮助军警搜查毒品、缉捕逃犯以及边防巡逻。此外，它还是极优秀的护院犬。第二次世界大战后，大量的德国牧羊犬被引进到英国，而后又迅速风靡世界各地，成为分布最广、最受欢迎的犬类品种之一，也是世界公认的最优秀的工作犬之一。

一条优秀的德国牧羊犬敏捷警惕、充满活力，同时也心高气傲。对于它认为对它不怎么构成威胁的对象，它可能只用眼角来扫视。但是如果感到威胁，它也会毫不犹豫地变成一个勇敢猛烈的攻击者。而一旦与人建立友谊，德国牧羊犬将是最忠诚的朋友。

麦德龙 METRO

24

仓储式超市运营模式使麦德龙发展成为世界第三的零售批发超市集团

1964年，一种全新的针对专业顾客的现购自运的商场运营模式在德国诞生了。它的名字叫麦德龙。"现购自运"是让专业顾客在仓储式商场内自选商品，以现金支付并取走商品。与传统的送货批发相比，这种新型模式有更好的性价比、食品和非食品分类范围更广，能即时获取商品，并有更长的营业时间。这种崭新的经营理念为麦德龙赢得了空前的成功，让其在全球32个国家中经营现购自运制商场、大型百货商场、超大型超市、折扣连锁店、专卖店等，是德国最大、欧洲第二、世界第三的零售批发超市集团。

麦德龙仓储式超市将超市和仓储合二为一，所以超市一般都建得像一个现代化的大仓库，内部结构相对于其他超市更为简单。通常采用高4米左右的工业用大型货架。货架下半部分用于商品的陈列展示，上半部分则用于相应商品的存放，起到仓库的作用。摆放的绝大部分商品都采取捆绑式或整箱销售。麦德龙的客户也是专指性的。只针对工商领域的经营者、群体消费层实行会员制，会员必须是具有法人资格的企事业单位。

自1996年，在上海普陀区开设第一家商场以后，麦德龙在中国的发展取得了惊人的成功。它为中国的零售业带来全新的概念，填补了中国在仓储业态上的空白。目前，麦德龙在中国的34个城市已经建立了43家分店。

阿迪达斯 ADIDAS　　　　　　　25

阿迪达斯是全球最受年轻人喜欢的运动品牌之一

作为全球仅次于耐克的运动用品生产商的 Adidas 来自德国，是 Adidas AG 的成员公司。阿迪达斯的创办人阿道夫·阿迪·达斯勒是一位拥有运动员身份和鞋匠技术的德国人。也正是因为他的双重身份，使他发明了700多种与运动有关的专利产品，从而造就了阿迪达斯运动用品王国。1920 年，达斯勒在接近纽伦堡的黑措根奥拉赫开始手工制作运动鞋。1949 年 8 月 18 日以 Adidas AG 名字登记。由于达斯勒的不断研发，他所设计的运动鞋获得许多顶尖运动选手的喜爱，经常有世界各国的运动员穿着他制造的运动鞋在奥运会赛场上夺冠，为阿迪达斯获得了金牌口碑。1972 年，三叶草成为阿迪达斯的标志，象征着三条纹延伸至全世界。当时所有阿迪达斯的产品都使用这一标志。由于越来越多的运动员穿着阿迪达斯的运动产品获得出色

成绩，阿迪达斯成为一种特别地位的象征，被人称为"胜利的三条线"。但是从 1996 年开始，三叶草标志改为仅供阿迪达斯经典系列 Original 使用。

自 1970 年世界杯开始，阿迪达斯成为国际足联官方用球指定赞助商，并为其后每一届世界杯提供比赛用球。但是，进入 20 世纪 90 年代，原本专注于篮球等用品的耐克开始强势介入足球领域，并将篮球场上的成功经验复制到足球上，超越阿迪达斯成为全球第一大的体育用品集团。

不过，阿迪达斯仍然是全球年轻人最喜欢的运动品牌之一，它不仅专注于体育用品功能性的不断突破和创新，同时将时尚化引入其中，成为引领运动时尚的品牌，深受年轻人的喜爱。

德国最著名的城市

Chapter ❸

柏林、慕尼黑、法兰克福、科隆、汉堡、波茨坦……这些耳熟能详的名字都属于德国，时尚热闹的柏林、古朴现代的慕尼黑、被誉为"欧洲文化中心"的法兰克福、欧洲最富丽堂皇的皇家城市波茨坦、欧洲最大的港口城市汉堡……每座城市都有自己独特的气质，都有自己独有的风景。

柏林 BERLIN   01

最美理由/ 柏林是一座传奇的城市，它经历了分裂与衰落，而如今又一次崛起，成为"文雅"的代名词，吸引了全欧洲的青年才俊。在柏林可以欣赏到最前卫的建筑物，浏览富丽堂皇的宫殿，探索新奇的博物馆，逛最时尚的精品屋。日落后，这个城市又换上了无拘无束的夜生活礼服，时髦别致的会所、适合各种心情的酒吧，以及高雅的柏林音乐厅演出等，让城市中每一个人都可以找到自己的兴趣点。柏林全年几乎都有文化节，瞬间，街道变成了舞台，行人变成了观众，城市变成了欢乐的海洋。

最美季节/ 秋季（9月柏林国际音乐节）

最美看点/ 勃兰登堡门 菩提树下大街 波茨坦广场 国会大厦

最美搜索/ 柏林州

勃兰登堡门

德国首都、最大城市柏林，有750年历史。柏林的建筑可谓丰富多彩，蔚为大观。随处可见一座座古老的大教堂、各式各样的博物馆和耸立云天的高楼。这座城市极具包容性地接受了巴洛克风格的广场，新古典主义风格的剧院，富丽堂皇的宫殿，以及现代派建筑作品，使人强烈感受到古典与现代撞击下的柏林风采。

勃兰登堡门

位于巴黎广场侧面，是 18 世纪柏林 18 个城门中最美丽的一座。展开双翼的胜利女神立在四马战车上，以胜利的姿态立于高处。如今的勃兰登堡门由使馆和银行大楼构成，重现了 19 世纪全盛时期"君主接待厅"的景况。门北翼是沉默之屋，心绪不佳的人可以在那里坐坐；门南侧是被害欧洲犹太人纪念馆，这是用高低不同的水泥柱构成的巨大栅格，象征风中的麦田。游客可从任何一点进入，在其中自行穿梭。

菩提树下大街

勃兰登堡门向西即柏林最繁华的林荫大道菩提树下大街。大街上的俄罗斯大使馆是一幢斯大林时代的"结婚蛋糕"式的白色大理石建筑。街上的画廊老国家图书馆自 1661 年建成以来，收集了大量的藏品，包括贝多芬《第九交响曲》的活页乐谱原稿。旁边的洪堡大学是马克思、恩格斯曾学习过的地方，也是爱因斯坦和格林兄弟任教过的学校。

波茨坦广场

柏林最有魅力的场所。这里在战后沦为没有人烟的隔离区。柏林墙倒塌之后，波茨坦广场成了欧洲最大的建筑工地。在 1993 年至 1998 年间，这里建起了戴姆勒—克莱斯勒区、Stella- 音乐剧院、卡西诺赌场、德比斯大楼等著名建筑，这些建筑集餐馆、购物、影剧院于一身，成了吸引游客观光的一块磁铁区域。

TIPS

◎ **地址**　位于德国东北部，四面被勃兰登堡州环绕。

◎ **贴士**　1.德国菜以酸、咸口味为主，推荐小牛肉香肠、醋焖牛肉、斯图加特美食等。2.柏林每个区都有自己的购物中心，大型购物中心在库而非司大街和菩提树下大街。

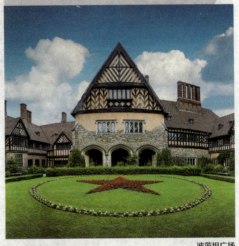

波茨坦广场

国会大厦

是德国统一的象征，联邦议会的所在地。它建于 1884 年，拥有古典式、哥特式、文艺复兴式和巴洛克式多种建筑风格，它不断更新的建筑风格，也折射出 19 世纪以来德国历史的风貌。大厦外部如同一座城堡，而内部结构却是开放通透。玻璃与钢铁掺杂在了这座建筑物中，体现了历史与现代化都市的融合。大厦曾拥有 22 个会议厅和 200 多间办公室。天花板上那巨大的玻璃穹形，为大厅提供了充足的光线，也标志着包括政治在内一切都是透明化的。

慕尼黑 MUNICH

02

最美理由 /
　　慕尼黑既保留着原巴伐利亚王国都城的古朴风情，又是一座现代文明的城市。它是欧洲最繁荣的城市之一。这里有许多颇负盛名的大教堂：圣彼得教堂是慕尼黑最古老的教堂，圣母教堂的圆顶是城市的标志，还有号称"德国的秘密首都"的阿桑教堂等。新市政厅的木偶报时钟每天上演的固定节目

不容错过。而每年一度的啤酒节更是世界上最盛大的民间节日，届时500多万游人蜂拥而来，享受慕尼黑的美好生活。

最美季节 / 春夏秋（10月有慕尼黑啤酒节）

最美看点 / 圣母教堂的圆顶 新市政厅的木偶报时钟 慕尼黑啤酒节

最美搜索 / 拜恩州（巴伐利亚州）

慕尼黑圣母教堂的圆顶是整座城市的标志

　　慕尼黑是德国第三大城市。城中可眺望阿尔卑斯山，多瑙河支流伊萨尔河穿城而过，周围是宽达10~20公里的森林带。城内以慕尼黑皇宫区以南的玛丽安广场为中心，集中了慕尼黑许多著名景点。啤酒节每年10月一连两个星期在特蕾西娅草坪广场举行。它源

于1810年为庆贺巴伐利亚的储君德亲王与黛丽丝公主共结百年之好而举行的一系列庆祝活动。每逢九十月间，全城洋溢着啤酒节气氛，一片欢腾场面：人们坐在街头啤酒小吃摊的长条椅上，手捧盛满一升啤酒的大瓷杯，开怀畅饮。节日期间将有几百万升啤酒，几

十万支香肠被一扫而光。

圣母教堂

位于玛丽安广场的东部。它是慕尼黑的标志性建筑。教堂高 109 米，宽 40 米。最特别之处是橘红色的屋顶，外形壮硕，色泽鲜明。两座绿色圆顶双塔高 99 米和 100 米，是人们目光的聚焦点。这个圆顶在 1525 年建成，"诺曼的帽子"后被当作巴伐利亚塔楼的蓝本。教堂大而简单。地窖里有许多公爵墓。

圣彼得教堂

位于玛丽安广场东南角，始建于 1050 年，完成于 1294 年。教堂塔高 92 米，是市内最佳眺望点，还可以看见阿尔卑斯山脉。教堂内部的装饰风格以白色和金色为基调，还有珠宝饰品和带发骸骨的典藏室。安放在主祭坛的中央处的是圣佩特罗像，下方的四位圣人像非常漂亮。

新市政厅

位于玛丽安广场北侧，建于 19 世纪末。它是棕黑色哥特式建筑，正面装饰有巴伐利亚国王以及寓言、传说的英雄、圣人等的雕像。整个建筑布局恢宏。最吸引人的是木偶报时钟，位于市政厅 85 米高的钟楼上。每天 11、12、17 点以及 21 点的整点时，就会有 1 米多高的 32 个木偶上演历史剧《威廉五世的婚礼》。塔阁里的人物或于持斧剑，或骑着骏马，或提着花灯，或吹着洋号，分上、下两层，排着队，伴着音乐，簇拥而出。整个场景持续 10 分钟。初到慕尼黑的人绝不可错过。

阿桑教堂

建于 1733 年到 1746 年，是巴伐利亚晚

TIPS

📍 **地址** 位于德国南部拜恩州（巴伐利亚州）的上拜恩高平原，距阿尔卑斯山北麓 45 公里。拜恩州（巴伐利亚州）首府。

📍 **贴士** 慕尼黑啤酒、巴伐利亚菜肴、烤香肠、烤面包圈、烤猪肘子等美味不错。商业区在玛丽安广场到火车站附近地区。高档名牌商店分布于马克西姆大街、特阿庭大街、雷希丹茨大街、布里嫩大街等；买纪念品在皇宫前的布里嫩街。

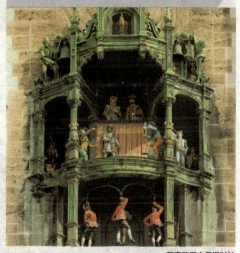

新市政厅木偶报时钟

期巴洛克或洛可可建筑最辉煌的成就之一。左侧是神甫楼，右侧是阿桑的宅第。正立面描绘着波希米亚圣徒的事迹。教堂天花板上装饰着华丽的绘画和金饰。

宁芬堡

坐落在慕尼黑西北郊，是历代王侯的夏宫。建于 1664 年至 1728 年，主建筑是巴洛克风格，整座宫殿由一幢幢方形楼房连接而成，正面长达 600 米。最著名的是南端的仕女画廊。在万绿丛中有一所小巧玲珑的狩猎行宫——阿玛琳宫，内部装饰纤巧精美。

法兰克福 FRANKFURT 03

最美理由 /
　　除了是金融中心，这里还是德国著名诗人歌德的诞生地，德国社会学家、哲学家和音乐家狄奥多·阿多诺、著名女高音歌唱家克莉斯汀·夏佛（Christine Schafer），以及《安妮日记》的作者安妮·法兰克，都出生于此。从16世纪开始，这里被指定为选举罗马皇帝和加冕的场所，也开始了欧陆文化中心的地位。

被誉为"莱茵河畔的曼哈顿"
最美季节 / 4月~5月、9月~10月（10月法兰克福书展）
最美看点 / 歌德旧居与歌德博物馆 保罗教堂 老歌剧院 欧罗巴塔
最美搜索 / 黑森州

法兰克福是一座有着800年历史传统的国际大都市

　　法兰克福是德国第五大城市，充满了多元化的魅力。法兰克福不仅是德国金融业和高科技业的象征，还是欧洲货币机构会聚之地。它又是一个具有800年历史传统的著名的博览会城市。每年要举办约15次大型国际博览会，如每年春夏两季举行的国际消费品博览会；两年一度的国际"卫生、取暖、空调"专业博览会；国际服装纺织品专业博览会；汽车展览会；图书展览会；烹饪技术展览会。每逢展览季节，法兰克福都呈现出一片繁忙的景象，市区街道更显得生气勃勃，博览会已成为人们了解世界及世界了解德国的一个重要窗口。

法兰克福是欧洲少数几个有天际线的城市之一，欧洲最高的十座建筑有八座在法兰克福。

歌德旧居与歌德博物馆

歌德出生的房子，故居的厨房、卧室和客厅的家具陈设虽经重建，仍很好地展现了后巴洛克时期市民的住宅布置艺术风格。书房在二楼，所有陈设维持歌德生前的样子。也是诞生戏剧《铁手骑士葛兹·冯·伯里欣根》《浮士德》初稿及《少年维特之烦恼》的地方。每年都会有歌德崇拜者们来此拜访。博物馆展出了大量后巴洛克时期古典主义、浪漫主义和彼得·迈耶尔风格的版画、绘画和半身雕像作品。

保罗教堂

始建于 1787 年，是一座雄伟的古典砂岩教堂。教堂从颜色到样式都与周围的环境和谐统一。橙红色的墙面和屋顶构成了德国中世纪建筑的典范。德国出版业设立的和平奖及歌德奖的颁奖仪式，都在这个教堂里举行。

老歌剧院

法兰克福最著名的建筑之一，模仿法国巴黎歌剧院的建筑样式。1880 年开演时大受威廉一世皇帝赞扬："唯有法兰克福能继承如此金碧辉煌。""二战"后新建，采用新古典主义式，作为音乐厅和会议中心使用，是城市一流的文化场所。

TIPS

📍 **地址** 位于莱茵河中部的支流美因河右岸，临近美因河与莱茵河的交汇点，坐落在陶努斯山南面的大平原上。

📍 **贴士** 1.法兰克福气候温和，春秋季比较潮湿，夏季炎热，冬季寒冷，夏冬温差很大，所以最好挑湿润的季节前往。10月份有世界上最大的书展，如果前来需要事先预订好住宿房间。2.从法兰克福市中心到机场非常便利。无论是汽车、地铁，还是火车都可直达机场。从机场火车站乘坐S-Bahn至法兰克福总站需10分钟。

欧罗巴塔

又名欧洲之塔，是一座高 337.5 米的电信塔。塔的顶端能够旋转并提供全景的视角一览莱茵河。欧罗巴塔的高度大致等于巴黎的埃菲尔铁塔。

作为欧陆文化中心，法兰克福被誉为"莱茵河畔的曼哈顿"

波茨坦 POTSDAM

04

最美理由 /
　　欧洲最富丽堂皇的皇家城市之一、勃兰登堡州王冠上的宝石，二战末期著名的波茨坦会议的召开地，1990年被列入《世界遗产名录》。

最美季节 / 夏季

最美看点 / 无忧宫 马穆尔宫 塞琪琳霍夫宫 尼古拉教堂 荷兰区 巴伯尔斯贝格电影公园

最美搜索 / 勃兰登堡州

波茨坦的无忧宫是欧洲最美丽的宫殿建筑群之一

古老而优雅的波茨坦被易北河、哈弗尔河以及众多的湖泊、森林环绕着。城区位于大柏林区的西南角，是勃兰登堡州的首府。因为"二战"曾受战火破坏，又曾被苏联占据，后来再回归德国。所以这里的建筑乃至生活饮食都渗透着异国风情，让波茨坦与众不同，成为德国最有吸引力的地方之一，每年都会吸引数百万游客来到这座城市。

无忧宫

宏伟的昔日皇家夏宫无忧宫是波茨坦最著名的建筑，也是欧洲最美丽的宫殿建筑群之一。作为当年普鲁士国王腓特烈的夏季行宫，无忧宫有着强烈的法国洛可可时期的宫廷设计风格，全都依照 1745 年至 1747 年间国王腓特烈的构思和手稿而成。

尼古拉教堂

有着 160 多年历史的尼古拉教堂是波茨坦最美丽的教堂。主楼圆拱顶配以周边四柱体的设计，庄严宏伟。而 18 世纪从荷兰逃亡来到这里的胡格诺派教徒在这里建立了令人惊叹的荷兰区。以 134 座三角墙形的红砖房屋组成经典的巴洛克城镇建筑。如今的荷兰区开辟了很多精致有趣的杂货店、咖啡店，成为人们消磨时光的理想之地。

塞琪琳霍夫宫

位于波茨坦北郊的始建于 1914 年的塞琪琳霍夫宫以内部独特的庭院和不规则的建筑空间闻名。作为"二战"末期著名的波茨坦会议的召开地，当年三巨头会谈的会议厅至今保留着。沿着湖走，就到了美丽的马穆尔宫。这座用西里西亚大理石建造的小宫殿是早期

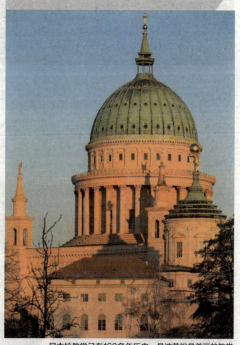

尼古拉教堂已有160多年历史，是波茨坦最美丽的教堂

新古典主义建筑的典范。

巴伯尔斯贝格电影公园

波茨坦也是德国电影历史的代名词。20世纪 20 年代，在巴伯尔斯贝格的摄影棚中，弗里茨·朗和弗里茨·穆尔瑙以其作品《尼伯龙根之歌》《大都会》撰写了德国电影历史，而马琳·黛德丽则在这里演出了著名的电影《蓝天使》。喜欢电影的人们可以去巴伯尔斯贝格游览。

汉堡 HUMBURG 05

汉堡市政厅和阿尔斯特湖

汉堡在公元 800 年作为大主教教区而繁荣发展起来，曾是汉萨同盟最重要的北海港口，同时也是粮食、布匹、毛皮、木材和金属等的转运地，有着悠久的贸易城市的历史。加上位于易北河、阿尔斯特河与比勒河入海口的绝佳地理位置，让汉堡成为德国最大的港口和外贸中心。发达的水系使汉堡市内河道纵横，并拥有 2125 座桥梁，其中的科尔布朗德大桥气势宏大，可与美国旧金山的金门大桥媲美。众多的河道也塑造了汉堡秀丽的城市风光，使汉堡得到了"北方威尼斯"的美名。

市政厅

汉堡市政厅是德国北部最壮观的一座建筑物，也是汉堡的标志性建筑，用 4000 多根圆柱支撑，呈现出 19 世纪文艺复兴时期的建筑风格。市政厅集市是著名的购物拱廊。

阿尔斯特湖

屋顶装修豪华的拱廊的另一头则是阿尔斯特湖。澄澈的湖水倒映着汉堡的美景。沿湖而建的处女堤是这座城市著名的休闲之地，在阿尔斯特亭的小餐馆小坐，或者乘船游览"阿尔斯特旅游景区"，观赏奥森阿尔斯特湖和小运河的美丽风光，都是不错的选择。

港口

易北河岸气势磅礴的汉堡港是欧洲继鹿特丹之后的第二大港口城市。码头上有18世纪的麻石建筑物。沿着沿岸而建的行人专用道，可以观赏海港风情。

水上仓储城

港口的巨型仓库——水上仓储城是世界上最大的仓库。这个建于19世纪末的新哥特式建筑群不仅储存着来自世界各地的"珍宝"，还建有仓库城博物馆、海关博物馆、香料博物馆等，能让人们从中了解仓库城的历史与现在。

艺术馆

汉堡是德国北部的文化中心，它的民俗博物馆内收藏有世界各国民俗方面的文物。而建于1817年的汉堡艺术馆则是德国北部最引人入胜的珍品。其中陈列的作品完整地展现了欧洲艺术发展的过程和所进行的艺术活动，尤其突出了19世纪在德国兴起的浪漫学派的艺术地位，是艺术爱好者的好去处。

如果想远离城市的喧嚣，感受汉堡的闲

TIPS

📍 **地址** 位于德国北部的不来梅东北部易北河岸。

📍 **贴士** 1.阿尔斯特湖的游船从位于容芬斯蒂克大街的圣保利栈桥出发。栈桥旁的旧圣保利易北河隧道，无论是人还是汽车都要一起乘电梯下去才能渡河，十分独特。2.周日的早上可以去汉堡著名的鱼市逛逛。5：00开张，直到10：00左右才会渐渐散去。届时，海上归来的渔夫带来他们刚捕的活鱼，卖杂货的小贩带来他们别致的货物，还有从荷兰乘船过来卖鲜花的荷兰小贩，以及卖水果的、卖蔬菜的、卖衣服的，丰富多彩。

适与幽静，可以沿着尼古拉运河漫步，或者去建有很多百年以上历史的红砖仓库的仓库街闲逛，感受汉堡的前世今生。

汉堡的水上仓储城是世界上最大的仓库

魏玛 WEIMAR

06

最美理由 /
　　世界上没有一座小城能拥有魏玛这样的地位。这座田园诗般的小城在德意志的历史、文化和政治上都具有无可比拟的重要地位。这座城市与德国古典主义文学、魏玛共和国以及包豪斯紧紧地联系在一起，是"德国象征之地"，也因此成为德国第一个欧洲文化

之城。
最美季节 / 5～9月
最美看点 / 德意志国家剧院、包豪斯博物馆、安娜·阿玛丽亚公爵夫人图书馆、歌德故居、布痕瓦尔德纪念馆
最美搜索 / 图林根州

世界上没有哪座小城能拥有魏玛这样的地位，它是德国象征之地，是德国第一个欧洲文化之城

　　位于伊尔姆河岸的魏玛在树木花丛中一派沉静恬淡，"包裹着适合休养的意大利式轻松氛围和德国式的田园生活"。安徒生曾评价

魏玛"不是一座有公园的城市，而是一座有城市的公园"。僻静的广场、弯曲的小巷、布满历史痕迹的铺石路面、不经意撞见的名人

故居，魏玛总是让来到这里的游人惊叹、着迷。

1775 年，26 岁的歌德应邀来到这里，并在这里度过了自己的大半生时光，创作一生中最重要的巨作《浮士德》。如今的歌德故居依然可以看到歌德去世前的房间以及写作的书房。而伊尔姆河畔公园深处歌德花园别墅不仅是歌德在魏玛的第一个住处，也是他后来的夏日别墅，美丽的田园风光让这座别墅格外迷人。这座城市还保留了李斯特、席勒、克拉纳赫等众多名人的故居。

魏玛还是萌发现代建筑艺术的包豪斯设计学院的发祥地。也就是在这里，发起了现代设计运动。而历史悠久的安娜·阿玛丽亚公爵夫人图书馆以其经典的洛可可式风格大厅深受游人的喜爱。竖立着歌德和席勒雕塑的德意志国家剧院，不仅是席勒的《威廉·退尔》和歌德的《浮士德》第一次公演的场所，也是曾在 1919 年通过了德意志第一部共和国宪法——《魏玛宪法》的地方。依照宪法成立的德意志共和国就是德国的第一个共和国——著名的魏玛共和国。位于魏玛西北的布痕瓦尔德纪念馆曾是纳粹的集中营。1937~1945 年，这里曾关押过 32 个国家的约 25 万人。有 6.5 万人因强制劳动、饥饿和屠杀而命丧于此。布痕瓦尔德正是那段恐怖历史的最真实的记录。

漫步在魏玛小城，踏着石块铺就的路面缓缓而行，不经意间撞见的古迹、悠闲舒适的咖啡小馆、偶尔驶过的马车、四处飘散的街头音乐家的乐曲，历史的厚重与时光的惬意扑面而来。

TIPS

📍 **地址** 位于德国中部的图林根州，埃特斯山的山脚，伊尔姆河的河畔。

📍 **贴士** 1.对现代设计感兴趣的游客可以去包豪斯大学参观。它的附近就是李斯特故居。2.位于集市广场上的大象旅馆是见证魏玛辉煌历史的著名建筑。门德尔松、巴赫、李斯特、瓦格纳、托尔斯泰都曾在这里住过。

漫步在魏玛小城，总在不经意间撞见古迹

德累斯顿 DRESDEN

07

最美理由/
　　作为德国最美丽、最吸引人的城市之一，很多人都说："谁没有见过德累斯顿，谁就没有见过美！"曾经的萨克森王国的首都，数百年的繁荣史，辉煌灿烂的文化艺术，17世纪末期以来建造的华丽的巴洛克式宫殿、教堂以及贵族城堡，为德累斯顿赢得了"易

北河上的佛罗伦萨"的美名。

最美季节/5~10月

最美看点/茨温格尔宫 萨克森国家歌剧院 圣母大教堂 霍夫教堂 十字架教堂

最美搜索/萨克森州

易北河上的德累斯顿是德国最美丽的城市之一

　　德累斯顿从中世纪开始，利用易北河的便利交通发展成为著名的商业都市。1485年，当阿尔贝蒂尼·韦廷家族决定将这里作为他们的居住地的时候，德累斯顿开始获得了显赫的地位，成为萨克森王国的首都繁荣昌盛起来。17世纪末期，萨克森国王腓特烈·奥古斯都一世时代，德累斯顿大兴土木，建造了大量的华丽的巴洛克式建筑，成就了德累斯顿"易北河上的佛罗伦萨"的美名。18世纪中叶很多欧洲艺术家曾经被这里华丽的巴洛克建筑、浓郁的文化氛围以及幽雅的环境深深地吸引，而定居于此。1945年，在盟军飞机的轮番轰炸下，德累斯顿几乎被夷为平地。现在，经过细致的重建，德累斯顿已经恢复了昔日的美丽与辉煌。易北河从城市中静静流过，两岸到处可见17世纪欧洲流行的

巴洛克风格建筑。

茨温格尔宫

坐落在市中心的茨温格尔宫是巴洛克建筑的代表作，也是德累斯顿的象征。这座伟大的建筑是马特乌斯·丹尼尔·波佩尔设计，并在巴尔萨斯·佩摩泽的帮助下，奉萨克森的统治者奥古斯都的命令于1732年共同修建完成的，因建在一个叫茨温格尔的花园而得名。被通往各个大门和宫殿的走廊所包围的开阔庭院曾经被用来举行各种庆祝活动。

萨克森国家歌剧院

壮丽的萨克森国家歌剧院也是德累斯顿的标志之一，欧洲首屈一指的歌剧院，很多世界著名的作品都曾在这里举行首演。其中包括理查德·瓦格纳的《唐怀瑟》和《漂泊的荷兰人》。

圣母大教堂

德累斯顿的新集市广场耸立着气势恢宏的圣母大教堂。这座于1726年至1743年间根据著名设计师乔治·波尔设计的教堂，建成后立即成了基督教艺术的典范，被誉为世界上最美的建筑物之一，它也成了德国与世界现代史的一个象征。圣母大教堂在"二战"末期被英军轰炸机彻底摧毁，修复工作直到2006年才完成。新建教堂有三分之一的石头来自原来的废墟，并且将这些石头放置在原来的位置。

霍夫教堂

霍夫教堂作为德累斯顿主教区天主教大教堂，是萨克森州最大的教堂建筑。用迈森的陶瓷制作的圣母马利亚抱着基督尸体悲伤

TIPS

📍 **地址** 德国东部的萨克森州。坐落于易北河上游、距捷克边境不到50公里、与波兰亦仅100公里之隔，是德国最东部的大城。

📍 **贴士** 1.如果圣诞期间来德累斯顿的话，可以逛逛"圣诞果脯蛋糕集市"。这个圣诞集市已经有500多年的历史了，是德国最古老的圣诞集市之一。2.萨克森国家歌剧院除了夏季，几乎每天都有歌剧、音乐会、芭蕾舞剧上演。

的画面可以说是难得的艺术精品。奥古斯都国王的心脏用银质的容器装裹着安放在这里。

十字架教堂

十字架教堂的少年合唱团已经有500多年的历史了。每个周末做弥撒的时候，合唱团都要进行演唱，极富穿透力的歌声有如天籁。

萨克森国家歌剧院是德累斯顿的标志之一，是欧洲首屈一指的歌剧院

汉诺威 HANNOVER

08

最美理由 /
它拥有历史建筑群中最打动人心的建筑、宏伟的巴洛克风格的花园和在欧洲举足轻重的现代艺术博物馆；它因为良好的植被、郁郁葱葱的环境，被称为"绿茵中的大都市"；它因为每年召开的工业贸易博览会而享誉世界；它所举办的一年一度的汉诺威射手

节是全世界神枪手们最盛大的狂欢节。
最美季节 / 6~7月，汉诺威射手节的举办，让这座城市沉浸在一片欢呼雀跃之中
最美看点 / 市政厅 集市广场 赫伦豪森王宫花园 施布伦格尔博物馆
最美搜索 / 下萨克森州

6000多根柱子组成的巴洛克式宫殿形成的市政厅

作为下萨克森州的首府，汉诺威的历史曾经与英格兰密切相连。从 1714 ~ 1837 年，两地的统治者都是同一个人。这也给汉诺威带来了不同于德国其他城市的独特风格。

市政厅

位于城南的市政厅是一座非常漂亮且宏伟的建筑。6000 多根山毛榉制成的柱子组成的巴洛克式宫殿显示了 20 世纪初期汉诺威的

富豪们的雄心壮志。内部装饰着新哥特式和分离派的油画，都是难得的精品。市政厅的圆形屋顶高达 100 米，有一部风格独特的电梯可直达。在这里，人们可以欣赏到汉诺威的全景。

集市广场

集市广场的红砖建筑是 15 世纪建筑风格的典范。突出的山墙和装饰着闪亮陶瓷的墙面，让房屋显得精致而耀眼。旁边的集市教堂建于 14 世纪。尖尖的红砖屋顶直插云霄。

赫伦豪森王宫花园

赫伦豪森王宫花园是德国最秀丽的巴洛克式园林之一，由葛罗萨花园、乔治花园、威尔芬花园和贝格花园组成。其中最美丽的要数葛罗萨花园。它是由英格兰乔治一世的母亲索菲公爵夫人建造的。从树木、花坛到雕塑的位置，都采用了几何学原理来布局，设计之精准、布局之整齐，实在令人感叹。花园内的大喷泉高达 82 米，是欧洲最大的喷泉，同时也是花园剧院每年举办亨德尔"水上音乐"的地方。而乔治花园内，作为德国 19 世纪著名的漫画家威廉·布施的纪念馆，是德国儿童最喜欢的纪念馆之一。

施布伦格尔博物馆

施布伦格尔博物馆则是欧洲最别致的现代艺术博物馆。作为 20 世纪艺术家圣地的汉诺威在艺术史上有着重要的地位。通过这座博物馆，人们可以了解这座艺术殿堂的历史与地位。

汉诺威每年举办的国际博览会让这座城市享誉世界。而夏季的汉诺威射手节更是让

TIPS

📍 **地址** 德国北部下萨克森州首府，莱讷河畔。

📍 **贴士** 1.汉诺威的景点比较分散，最好乘坐市内电车进行游览。或者乘坐环路路线。2.赫伦豪森王宫花园在冬季的时候可以免费进入。但是如果要参观贝格花园内以兰花著称的植物园的话，还是需要买票的。

集市广场的红砖建筑是 15 世纪建筑风格的典范

这座城市沉浸在一片欢乐的海洋中。从马戏表演、射击比赛到摩天轮，精彩纷呈。节日的最高潮就是传统的"射手之王"的宣誓仪式和接下来的盛大的神枪手游行，铜管乐队、马车、游行彩车，还有超过 12000 人的游行队伍。这是欧洲最大的节日游行活动。

斯图加特 STUTTGART   09

最美理由/
　　它是德国最重要的城市之一，是欧洲绿化最好的城市；它是奔驰和保时捷的总部，是所有汽车爱好者的天堂；它是德国乃至欧洲的出版和文化中心，并拥有举世闻名的芭蕾舞团、室内管弦乐团；它拥有德国大城市中最大的葡萄种植业，以优质葡萄酒而闻名。

最美季节/ 8月，斯图加特葡萄园丰收节；12月，圣诞集市

最美看点/ 席勒广场 斯图加特州立绘画馆 旧城堡 奔驰博物馆 保时捷博物馆 市集会堂

最美搜索/ 巴登—符腾堡州

斯图加特王宫广场

　　斯图加特源于德语"马场"一词。10世纪的时候，这里曾是王公贵族的养马场。到14世纪，它成为符腾堡家族的首府。直到今天，斯图加特已经成为欧洲经济最发达、人均产值最高的大城市之一。也许是受了马场的影响，著名的奔驰公司和保时捷公司都诞生并成长于此。这里还是戴姆勒、博世的总部。由于数量众多的公园和开阔的葡萄种植园，斯特加特还是欧洲绿化最好的城市。

王宫广场

　　王宫广场是斯图加特市中心最大的广场，东南侧为建于1746~1807年的新王宫，西北侧

为古典主义风格的国会大厦，南面和西南面还毗邻卡尔广场和席勒广场。有300多年历史的斯图加特圣诞广场现在已经成为欧洲最古老、最出色和最大型的圣诞广场，每年有逾200个摊位。设在王宫广场的这些拥有别致屋顶的木质摊位，伴着香气四溢的葡萄酒和肉桂格子饼的香甜，吸引众多的游人光临。

斯图加特州立绘画馆

1845年，国王威廉一世建立了优秀艺术品的博物馆，其中包括国王的私人收藏品。斯图加特州立绘画馆就是在此基础上建立起来的。这座拥有粉红色管道和绿色窗框的博物馆的藏品包括安吉利科、伦勃朗、鲁本斯、莫奈、马奈、雷诺阿和塞尚等大师的作品，位列德国最优秀的博物馆之一。

旧城堡

斯图加特主要的公共场所宫殿广场上耸立着一根30米高的威廉国王纪念柱，是市中心深受人们喜爱的聚会地点。广场南侧是符腾堡州博物馆。这是1325年符腾堡家族在原有小城堡基础上扩建的。16世纪的改建使城堡转变为方形轮廓的文艺复兴风格。拱廊式的宫廷内院充满诗情画意。西南翼所建的城堡教堂是斯图加特第一座专为新教徒建立的祭典教堂。城堡内收藏有大量保存完好的艺术品。从古代凯尔特人的物质文化到符腾堡的皇家瑰宝非常丰富。华丽的巴洛克式新王宫离此几步之遥。

TIPS

地址 位于德国西南部的巴登-符腾堡州中部内卡河谷地，靠近黑森林。

贴士 在斯图加特旅行，可以从宫殿广场开始，沿着国王大街漫步至王宫花园，欣赏沿途典雅的建筑，参观州立绘画馆。然后经康拉德—阿登纳—斯特拉丝返回，向前走到卡尔斯广场，再到席勒广场和市集会堂，最后在黑格尔故居结束旅行。

奔驰博物馆、保时捷博物馆

作为奔驰、保时捷的总部，斯图加特还有两座绝对吸引人的汽车博物馆——新梅赛德斯—奔驰博物馆和保时捷博物馆。奔驰博物馆的未来派建筑风格已经成为当地的地标之一。馆内共有180辆各种车子，包括世界上最古老的两辆汽车：1886年留存至今的戈特利布戴姆勒的无马马车和卡尔奔驰的三轮汽车。保时捷博物馆里面则展出了大约50种速度快、价格昂贵的汽车模型，其中一些是应约定做的。

市集会堂

市集会堂是1912～1914年在原来的蔬菜大楼和百货大楼的基础上建立起来的一座新艺术风格的大楼，内部有很多精美的壁画，是目前德国最美的商业大楼之一，也是欧洲最好的会堂之一。时至今日，市集会堂仍然每天都为人们提供鲜花、鱼肉、蔬菜、水果以及外地的作料、瓜果等。二楼设有小餐馆和咖啡馆，可以一览闹市风光。

波恩 BONN

10

最美理由/
这座莱茵河畔的历史名城是前联邦德国的首都，也是路德维希·冯·贝多芬的出生地，舒曼在这里度过了他的余生。这里还有很多一流的博物馆，美丽的河畔景致，以及过去政府办公区的怀旧建筑。这里还有欧洲最古老的高等学府之一的波恩大学。马克思和著名诗人海涅都曾在这里学习过。

最美季节/ 4月，"莱茵大跳"大型跳蚤市场举行
最美看点/ 市政厅 波恩大学 贝多芬博物馆 莱茵滨草公园
最美搜索/ 北莱茵—威斯特法伦州

建于1786年的波恩大学是欧洲最古老的高等学府之一

波恩的历史最早可追溯到 2000 年前，当时奥古斯特国王的侄子德鲁苏斯建议在此莱茵河上架桥，为波恩的出现和发展打下了基础。1525 年，波恩成为科隆选帝侯的执政中心和官邸。到 18 世纪，它作为诸侯国的京城才真正繁荣起来。1949 年，它成为西德的首都，直到 1991 年德国联邦议院决定，议会和政府由波恩逐步迁往柏林。

清澈碧绿的莱茵河水在波恩穿城而过。市区到处绿树成荫，古木参天，宫殿、教堂、古建筑点缀其间。居民家家房前屋后都种树木花草，阳台和窗户上摆满了一盆盆的鲜花。最引人注目的还是那些带有屋顶花园的住宅建筑群，这些建筑有如一座座空中花园。冬季芳草不衰，春季姹紫嫣红，波恩安闲、舒适，而且充满浓郁的乡土气息，被誉为"绿色的城市"。

市政厅

坐落在市中心的大教堂，建于 1050 年前后，顶端为 96 米高的方形塔，被视为波恩的

象征。市政厅广场耸立着一座高大秀美的洛可可式建筑，这就是有着700年历史的老市政厅。整座建筑呈现出漂亮的粉红色，墙上浮雕金光闪耀，楼面古朴大方。这座市政厅曾接待过戴高乐、肯尼迪等世界显赫人物。

TIPS

地址 位于莱茵河中游两岸，北距科隆市21公里。

贴士 波恩的博物馆区是德国博物馆最集中的地区之一，位于联邦区对面，B9公路西侧。包括亚历山大国王博物馆、联邦德国历史纪念馆、波恩艺术博物馆、联邦德国艺术及展览馆，以及波恩德意志博物馆等。

波恩大学

离老市政厅不远的一座长达700米的淡黄色晚期巴洛克风格建筑，就是建于1786年的波恩大学。它是欧洲最古老的高等学府之一，校舍主楼是普鲁士时期的宫殿式建筑。马克思、贝多芬、著名诗人海涅都曾在这里学习过。

贝多芬博物馆

作为一座具有2000年历史的城市，波恩无疑也是一个文化古迹众多的城市，全市有20多处文化博物馆。1770年，贝多芬诞生于波恩市中心的一幢房子里，并在这幢房子里生活了22年。市中心明斯特广场上屹立着贝多芬的纪念铜像，贝多芬的故居就在距广场不远的波恩胡同里。故居旁还建有一个室内音乐厅，每三年都要在此举办一次贝多芬音乐节，以纪念这位伟大的音乐家。

莱茵滨草公园

莱茵河静静流过，河西岸是波恩市最大的莱茵滨草公园。公园中心是一个人造湖泊，碧绿的湖水映着蔚蓝的天空，湖岸四周是大片草坪。绿色草坪上，点缀着色彩艳丽的郁金香花圃和高高耸立的飞檐亭阁。公园里经常举办各种活动，最著名的是每年4月份的某个星期六早晨举行的、被称为“莱茵大跳”的大型跳蚤市场。逛完全部摊位大约要走5公里。最热闹的时候能有5万人光顾。

波恩到处绿树成荫，宫殿、教堂、古建筑点缀其间

纽伦堡 NÜRNBERG

11

最美理由／

它是德国历史的象征，它一直是神圣罗马帝国非正式的首都，也是曾经德国国王最喜爱的居住地之一，很多国王都在这里举行加冕典礼。它是远近闻名的姜饼和香肠热爱者的天堂，它的黑啤像咖啡一样色彩浓烈。它是"二战"以后审判纳粹暴行的地方，被称为"纽伦堡审判"。

最美季节／ 夏季和冬季规模宏大的圣诞集市期间，这里就会挤满游客。

最美看点／ 圣赛巴尔德大教堂 劳伦茨广场 帝国党代会遗址档案中心 恺撒堡

最美搜索／ 拜恩州（巴伐利亚州）

纽伦堡是德国历史的象征，是神圣罗马帝国曾经非正式的首都

1050 年，纽伦堡作为一处贸易场所出现在历史记载中。到 1219 年，纽伦堡已经发展成为神圣罗马帝国的一个自由城镇。到 15～16 世纪，纽伦堡达到其富庶和强盛的顶点，借助优越的地理位置，贸易和手工业得到迅速发展，成为欧洲的文化中心。这里美丽的建筑吸引了很多著名艺术家、工匠和知识分子的到来。画家丢勒、锁匠与精密仪器制造者亨莱因、人道主义者皮尔克海默等慕名前来。20 世纪 30 年代是纽伦堡历史上最黑暗的一页。当时，纽伦堡成为纳粹法西斯的大本营。1945 年盟军的空袭使纽伦堡变成一片废墟，后来经过漫长的重建工作才逐渐重视"中世纪的寰宇大都市"的风采。

圣赛巴尔德大教堂

是纽伦堡最古老的教堂，建于 13 世纪中叶。它以罗马式建筑为主，在 15 世纪晚期的时候增加了一个哥特式风格的塔楼。内殿中心是著名的圣赛巴尔德墓。墓里安放着一具银质棺材，里面摆放的是圣赛巴尔德的遗物。朝北的婚礼通道两旁装饰着精美的雕刻。教堂内的青铜质的圣赛巴尔德雕塑是难得的艺

美丽的建筑为纽伦堡营造出了"中世纪的寰宇大都市"的风采

TIPS

📍 **地址** 位于德国拜恩州（巴伐利亚州）的中弗兰克盆地。

📍 **贴士** 从慕尼黑乘坐ICE特快列车，大约需要1小时45分钟到达纽伦堡。如果从法兰克福出发的话，大约耗时2小时。或者可以直接乘飞机前往纽伦堡。纽伦堡机场有飞往德国各大城市以及世界一些主要城市的航班。

术珍品。

劳伦茨广场

是纽伦堡居民和游客最喜爱的聚会地点。广场上的美德喷泉，泉水从七美德塑像的胸口缓缓流出。广场南侧的圣劳伦茨教堂是纽伦堡最重要的建筑物之一。一组从天花板上垂挂下来的《天使报喜》雕塑，以及15世纪的彩绘玻璃窗，是教堂最大的亮点。

纽伦堡的日耳曼民族博物馆是德国最大的文化艺术博物馆，收藏有德语地区从史前一直到现在的历史、文化和艺术的一流展品。其中丢勒的作品尤为瞩目。

帝国党代会遗址档案中心

20世纪30年代，纽伦堡成为纳粹法西斯的大本营。臭名昭著的纳粹党集结地就建在这里。这个集结地已经在1945年被盟军的空袭炸毁了。留下的遗迹却足以让人们深思。后来，人们在这里建立了帝国党代会遗址档案中心，为的是让人们不要忘记当年的历史。"二战"后，纳粹战犯在纽伦堡的审判法庭接受了审讯。这次审判从1945年持续到1946年，最终处死了22名纳粹头目和宣判了150名纳粹走卒的罪行，在历史上被称为"纽伦堡审判"。

恺撒堡

是一个不能错过的景点。它是纽伦堡的制高点，也是纽伦堡的象征。在这里可以眺望美丽的纽伦堡。无论是城堡本身，还是遥望远景，都能带给人们心旷神怡的感觉。登上古堡的眺望台，放眼远望，整座城市尽收眼底，郁郁葱葱的城市森林，秀丽的莱茵河水，美丽的纽伦堡在阳光下光彩夺目。

如果你是一名啤酒迷，那你万万不能错过最具纽伦堡特色的"烟熏啤酒"。此外，还有当地最著名的小香肠。在圣塞巴尔德大教堂附近就有数家百年老字号的香肠餐厅。

罗滕堡 ROTHENBURG　　12

最美理由 /
　　它是德国保存中古世纪风貌最完整的古城之一，被当地居民称为"中古世纪的明珠"。德国旅游的浪漫之路和古堡之路交会于此。它有从中世纪完好保存下来的街道，也因此名扬四海。

最美季节 / 6月，罗滕堡豪饮节
最美看点 / 豪饮大钟 中世纪犯罪博物馆 木偶和玩具博物馆 城堡公园
最美搜索 / 拜恩州（巴伐利亚州）

罗滕堡是德国保存中古世纪风貌最完整的古城之一

罗滕堡是 1142 年强大的施陶费尔王朝在陶伯河上方的天然高地上建立起来的一座帝国城堡，因此也被称作"陶伯河上游的罗滕堡"。直到 17 世纪的"三十年战争"时期，这里都非常繁华。"三十年战争"中，为新教徒而战的罗滕堡最终被国王的军队所占领。从此，罗滕堡的样子很少变化。

"如果你走进罗滕堡，就会发现自己走进了另一个世纪——中古世纪。"罗滕堡的入口是一个略显低矮的大拱门。进了门是一条环城的护城河，过了桥，城墙仍然环绕着哥特式风格的天主教堂，以及一排排有山形墙的房子。

豪饮大钟

古城集市广场旁高高耸立的豪饮大钟楼是这个城市的标志。每到中午时分，大钟敲响，左右两旁的窗户会打开，人们就会看到当年努施市长豪饮救城的故事。据说 1631 年，正值"三十年战争"最激烈的时候，占领罗滕堡的提里将军决定斩首所有罗滕堡市议员，努施市长为救议员便和将军打赌，能一口气喝下 3 公斤葡萄酒。市长豪饮而尽，将军当场宣布，三军退出罗滕堡城。随后，罗滕堡把每年的 6 月 2 ~ 5 日定为罗滕堡的豪饮节。每到这天，整个城市到处都有鲜花装扮，人们尽情豪饮。

中世纪犯罪博物馆

集市广场南侧的中世纪罪犯博物馆是德国唯一一座有关法律和刑法的历史博物馆，展示着很多中世纪时用于拷问和惩罚犯人的

TIPS

⊙ **地址** 位于莱茵河南面支流陶伯河东岸的高台丘陵上。

⊙ **贴士** 不管是搭上"浪漫大道"或是"古堡大道"的巴士都可以到达，从各地的旅游询问处，游客可以轻易地得到连接这两条大道的交通资讯。

当你走进罗滕堡，会发现自己走进了另一个世纪——中古世纪

刑具，并介绍中世纪以来的法律制度、警察制度。

木偶和玩具博物馆

木偶和玩具博物馆是孩子们最喜欢的地方。这里收藏了大量 18 ~ 20 世纪初德国以及欧洲各国制作的木偶和玩具，充满童趣。

城堡公园

是罗滕堡的制高点。从这里，可以看到整个城镇和陶伯河谷的美丽全景。从城堡门出来，沿着陶伯河沿岸的散步道路，可以遥望河谷的迷人景色。然后再从科博尔采尔城门返回。从这里到叫作普伦莱茵的小广场，这里是最具罗滕堡风格的地方。在这里漫步，是个不错的选择。

不来梅 BREMEN   **13**

最美理由 /
它是《格林童话》中那座充满梦想与活力的音乐之城 它是继圣玛利诺之外，世界第二大最古老的城市 作为德国著名的大城市，它宁静祥和，没有现代大城市的喧嚣急躁 作为德国第二大港，它内敛和谐、没有港口城市的外向繁忙

最美季节 / 6~8月前往可以观赏童话剧户外表演，12月圣诞节期间前往可以参加各种庆祝活动

最美看点 / 市政厅 波特谢街 施诺尔区

最美搜索 / 不来梅州

不来梅是《格林童话》中那座充满梦想与活力的音乐之城

不来梅是除巴伐利亚州外德国最早建立的一个小"国家"，也是世界上最古老的城市之一。782 年，不来梅第一次出现在书面记载中。787 年，查理大帝建立不来梅主教区。789 年，维勒哈德主教首次修建大教堂，并以耶稣门徒圣彼得的名字命名，以圣彼得的标志——钥匙作为不来梅的徽章。威悉河畔的绝佳地理位置，让不来梅很早就成为重要的转运地，特别以在沿海及主要河流上用船只经商的弗里斯兰商人为主。11 世纪，不来梅已经被称为"北方的罗马"。1260 年，不来梅加入汉萨同盟后日益繁荣。现在的不来梅港已经发展成为德国的第二大港口城市。

市政厅

不来梅的市政厅被认为是德国北部最重要的建筑物之一。这座建于 1405 年的哥特式建筑的外观表现出文艺复兴时期的显著特征。这里也是不来梅举办季节性活动，以及展览会、公事活动等的地方。而地下餐厅更是葡萄酒爱好者必去的地方。市政厅前的罗兰石像是德国城市的同类塑像中最雄伟的。广场上还有一座"不来梅的城市音乐家"的塑像。一头驴、一只狗、一只猫和一只小公鸡。在《格林童话》中的《不来梅的音乐队》中，它们是长途跋涉，希望来不来梅追求音乐梦想的音乐家。

波特谢街

咖啡商人罗塞利乌斯修建的重现中世纪街景的波特谢街，虽然狭小却很可爱。只有百米左右的街道两旁，电影院、剧院、美术馆、赌场、服装店、玻璃工艺品商店、餐馆……

TIPS

- 📍 **地址** 德国北部，威悉河下游，德国第二大港。
- 📍 **贴士** 不来梅机场有飞往德国各大城市和欧洲一些主要城市的航班。从汉堡乘坐火车前往不来梅，大约需要1小时。如果从汉诺威前往的话，大约耗时1小时20分钟。

应有尽有。陶瓷制作的组钟一到时间就会响起音乐。

施诺尔区

老城区的施诺尔区，大部分建筑都是 15 ~ 16 世纪建造的。"二战"前，这里曾是不来梅最贫穷的地方之一。现在却成为游客最喜爱的地方。弯弯曲曲的小巷、紧密相连的古老建筑，手工作坊、餐馆、咖啡屋、画廊，散落在施诺尔区的每个角落，不经意间就会出现。

"不来梅的城市音乐队"塑像

沃尔姆斯 WORMS   14

最美理由/
　　它是德国最古老的城市之一，拥有"德国最古老的城市"的头衔，"徒步穿越两千年的历史"是这座城市给予旅行者的承诺。它是中世纪德意志帝国的议会所在地，是举办宗教会议的城市，拥有很多古老的教堂。

最美季节/ 8~9月，沃尔姆斯市最大的葡萄酒和民族节日——烤鱼节，从8月底一直到9月份第一个周末，莱茵河边天天举行游行和放焰火，到处是聚会和派对

最美看点/ 圣彼得大教堂 圣保灵修道院教堂 红房子 犹太人墓园

最美搜索/ 莱茵兰—普法尔茨州

"徒步穿越两千年的历史"是沃尔姆斯给予旅行者的承诺

　　沃尔姆斯也是一座莱茵河畔的古城，最早在这里建城的是凯尔特人，公元5世纪，沃尔姆斯曾是勃艮第王国京城，1273年成为罗马帝国自由城市。至今沃尔姆斯一直与马克思的故乡特里尔以及科隆在为"德国最古老的城市"的头衔而争吵。沃尔姆斯也是著

名的德国史诗《尼伯龙根之歌》的创作地。《尼伯龙根之歌》以这座城市为背景，展开了许多英雄故事，所以沃尔姆斯又被称为尼伯龙根之城。世界音乐大师里理查德·瓦格纳的《尼伯龙根的指环》就是以这部史诗为基础的著名歌剧。

圣彼得大教堂

沃尔姆斯最著名的建筑就是圣彼得大教堂，它是德国最大的巴洛克式后期建筑之一，与美因茨帝国大教堂和施派尔大教堂并称为"德国三大教堂"。现存的大教堂是1171～1230年在大主教布尔查德的主持下修建的。教堂由4座塔和两个拱顶组成，典型的罗马式建筑风格，朴实无华。内部的高大祭坛尤为突出，给人一种距离感。教堂南侧的入口则带有明显的哥特式风格，雕刻着戴冠的圣母马利亚浮雕，使整个教堂相对于其他罗马风格的教堂更加轻灵、精致。沃尔姆斯不但是天主教的著名之地，也是马丁·路德开始宗教改革的地方。至今这座城市还矗立着马丁·路德的雕像。

圣保灵修道院教堂

离圣彼得教堂不远处是市集广场。广场东北侧的圣保灵修道院教堂始建于11世纪，直到18世纪才得以完成。教堂内保存下来的13世纪的壁画是难得的艺术珍品。

红房了

离圣保灵修道院教堂不远处则是沃尔姆斯仅存的文艺复兴时期风格的住宅区——红房子，精致而典雅。

TIPS

◎ **地址**　德国西南部莱茵兰—普法尔茨州，莱茵河左岸

◎ **贴士**　从曼海姆乘坐普通列车到这里大约需要26分钟，从美因茨到这里则需要约45分钟。

犹太人墓园

沃尔姆斯还有欧洲最古老的犹太人墓园——圣砂。墓园里有很多11、12世纪留存下来的墓碑。至今最古老的是1076年的墓地。

圣彼得大教堂是德国最大的巴洛克式后期建筑之一，是德国三大教堂之一

美因茨 MAINZ

15

最美理由 /
　　这座因商业贸易而发展起来的城市，曾经被称为"黄金的美因茨"。近代印刷术之父古登堡就出生在这里，这里还有一座著名的古登堡博物馆。美因茨还是著名的莱茵葡萄酒的交易中心。这里的帝国大教堂是德国三大教堂之一。

最美季节 / 春季

最美看点 / 帝国大教堂 古登堡博物馆 圣史蒂芬教堂

最美搜索 / 莱茵兰－普法尔茨州

莱茵河与美因河交汇处的美因茨是著名的莱茵葡萄酒交易中心

位于莱茵河与美因河交汇处的美因茨自古以来就是商贸交易中心。到 8 世纪的时候，这里已经成为最重要的宗教城市。当时美因茨的大主教拥有德国皇帝的选举权。在 7 个选帝侯中居于首席位置。现在，美因茨已经成为莱茵兰—普法尔茨州的首府。

帝国大教堂

美因茨的帝国大教堂是德国三大教堂之一，与施派尔以及沃尔姆斯的大教堂并列德国完好保存的罗马式皇家大教堂之一，也是这座城市最引人入胜的景点。大教堂于 975 年在威利盖斯大主教的主持下开始建造。东西两侧的正殿结构朴实、空间宏大，是罗马式建筑风格的典型代表。

古登堡博物馆

美因茨还是近代印刷术之父古登堡的出生地。在他发明金属活字印刷术之前，欧洲人一直靠手写来复制书籍。一名僧侣要花三年的时间才能抄写完一部《圣经》，因此《圣经》售价十分昂贵，约折合半个田庄的价钱。只有教会和贵族能够拥有《圣经》或其他书籍，同时意味着拥有知识。是古登堡开始首次机械印刷《圣经》，共印制了 180 部《圣经》，其中 150 部是纸制，30 部印刷在羊皮上，现存于世的还有 48 部，对之后的欧洲宗教改革、文艺复兴运动以及科学的发展产生了无可替代的作用。

美因茨的古登堡博物馆除了展出当年印刷技术的工房外，还展示了被视为最初出版物的 1455 年出版的世界著名的《古登堡圣经》《42 行圣经》，以及 16 ~ 19 世纪时期制作的经过华丽装饰的贵重书籍和日本浮士绘画片等。这座城市的古登堡广场上至今矗立着这位伟大的发明家的雕像。

圣史蒂芬教堂

圣史蒂芬教堂也是当年威利盖斯大主教主持建造的，始建于 990 年。大主教的墓也在这里。不过教堂的建造一直持续到 15 世纪末。其旁建于 15 世纪的修道院是后哥特式建筑设计的珍品。教堂内殿原有的彩绘玻璃在第二次世界大战期间被毁坏，后来由马尔科·夏加尔设计，换上了 6 扇新的彩绘玻璃，成为教堂的另一个看点。

TIPS

- **地址** 莱茵兰—普法尔茨州的首府，于莱茵河左岸，正对美因河注入莱茵河的入口处。
- **贴士** 从法兰克福的火车总站乘坐IC、EC特快列车，到这里大约需要35分钟。

德国最美丽的城堡宫殿 Chapter 4

源远流长、跌宕起伏的德国历史为这片土地留下了无数的古堡宫殿，如同隐于历史洪荒中的明珠，总在不经意回眸中窥见它们或清丽、或雄伟、或宏大、或华美的身姿，驻足品味间，总能遇见德国某一时间波澜壮阔的历史，繁复精美的古典艺术，抑或是遇见童话世界。

新天鹅堡 NEUSCHWANSTEIN

01

最美理由 /
　　德国是世界上拥有城堡最多的国家，据统计目前仍有14000座。在众多的城堡中，最著名的是隐于阿尔卑斯山麓的新天鹅堡。新天鹅堡建在三面绝壁的山峰上，高约70米，四角为圆柱形尖顶，在阿尔卑斯山的如画风景中，它的存在像一部美丽的童话。难怪像

《宠物小精灵》《圣斗士星矢》这类广受好评的动画片都会选择以新天鹅堡为原型进行艺术加工。

最美季节 / 一年四季

最美看点 / 国王起居室 宫殿 旧天鹅堡 林德霍夫宫 基姆湖城堡

最美搜索 / 拜恩州（巴伐利亚州）

隐于阿尔卑斯山麓的新天鹅堡本身就是一则美丽的童话

新天鹅堡是巴伐利亚国王路德维希二世的行宫之一，建于 1869 年，共有 360 个房间，其中只有 14 个房间依照设计完工，其他的 346 个房间没有完工。路德维希二世亲自参与了这座城堡的设计，将城堡建成了他梦想中的童话世界，而他的设计灵感来源于瓦格纳的著名歌剧《天鹅骑士》。现在，游客可以参观完工的 6 个房间。城堡脚下有一汪湖水，美丽的天鹅游弋在湖中形成美丽的倒影，更为新天鹅堡增添了几分神韵。新天鹅堡是德国的象征，也是迪士尼城堡的原型，因此也有人称它为白雪公主城堡，也是德国最受欢迎的景点之一。

国王起居室

在战争频发的中世纪，为了保证生命安全，国王会选择把自己的生活与起居处设在武器射程之外，所以，在新天鹅堡，国王起居室位于城堡四楼。国王起居室中国王的床盖是木质的，包括顶棚，壁板在内，都布满哥特式的精致雕刻，共花费 14 位雕刻家 4 年的时间才得以完工。

宫殿

宫殿高 15 米，长 20 米，马赛克地板上描绘了如地球形状的椭圆，上面是动物和植物的图案。宫殿的圆顶象征着天空中与太阳同向移动的星星，由黄金色的黄铜板所制造

的枝状灯架可以点上 96 支蜡烛，挂在天和地之间，象征着国王的位置。

天鹅装饰

在新天鹅堡中，随处可见装饰有天鹅的日常用品、帷帐、壁画，就连盥洗室的自来水龙头也装饰着天鹅，家具上也装饰有栩栩如生的天鹅造型。

玛丽安桥

从古堡登山小道向右转，按照标志一直向上攀登，大约半小时能到达一座架于两山崖壁之间的木桥，这就是观赏新天鹅堡的最佳地点——玛丽安桥。从这里可以看到新天鹅堡绝美的侧影。

旧天鹅堡

位于新天鹅堡的脚下，新天鹅堡的修建者路德维希二世在这里度过了愉快的童年时光。这座新哥特式的鲜黄色城堡，具有中古世纪神话的风味，其中"天鹅骑士厅"的壁画所描绘的内容，都是中世纪的传说故事。

维尔茨堡 WÜRZBURG

02

最美理由 /
　　德国最大、最漂亮、最奢华的宫殿，它由来自世界各地的建筑师、油漆师、雕刻家和泥水匠共同建造，拥有气势恢宏的设计。浅黄色的沙石饰于主教宫殿前，立于豪华的宫殿内，美丽的花园、阔大的楼梯以及富丽堂皇的中央大厅尽收眼底；巴洛克式的建筑、繁复的雕饰，宫殿整体巍巍壮观，而每一个细节又极其精美纤细。

最美季节 / 5~9月
最美看点 / 宫廷礼拜堂 皇家园林与广场
最美搜索 / 拜恩州（巴伐利亚州）

维尔茨堡宫是德国最大、最漂亮、最奢华的宫殿

　　维尔茨堡城是座千年古城，它的历史可以追溯到公元前居住在此的凯尔特部落，以和谐的对称之美而著称，是德国南部巴洛克时期最为宏伟精美的建筑。维尔茨堡宫是德

国最大、最宏伟的巴洛克式王宫之一，包括宫殿、花园和广场三部分。这座号称"万宫之宫"的建筑平面呈马蹄形，长与宽分别为175米和90米，两翼有环绕两个庭院而建的宏大侧楼。维尔茨堡宫有四座"名誉之院"、五个大厅千余房间，每间的装饰都不尽相同。主楼会客厅的装饰宏伟壮观。从前厅起，越向里走，装饰气魄越宏大，皇帝宝殿达到顶峰。

历史上的德国是一个信奉宗教的公国，维尔茨堡宫、宫廷花园和广场就是当时的政府所在地。整个宫殿竣工于1744年，宫殿集欧洲顶尖设计师与工匠花30多年建成。维尔茨堡宫采用了凡尔赛宫的图纸，保持了凡尔赛宫最基本的建筑格局。宫殿前方建有一个喷泉，整个建筑吸收了德意志南部占主流地位的巴洛克艺术和建筑风格的精华，被拿破仑誉为"最美的主教宫殿"，被列入世界文化遗产。

宫廷礼拜堂

处于南侧楼的宫廷礼拜堂是18世纪欧洲最美的教堂之一。最有价值的是由威尼斯画派的吉奥瓦尼·巴蒂斯塔·提埃坡罗绘制的600平方米的世界上最大的穹顶壁画。巨大的角形圆顶长33米，宽18米，没有任何支撑物。这座宫廷教堂是巴洛克风格的代表作，它在设计上运用了椭圆与三角形等几何图形的巧妙结合，配以富丽堂皇的立柱、栩栩如生的人物雕塑、惟妙惟肖且呼之欲出的壁画，无不令人赞叹，使得这座教堂简直成了艺术殿堂。

TIPS

📍 **地址** 位于德国拜恩州（巴伐利亚州）下弗兰肯区，位于法兰克福和纽伦堡之间的河谷盆地里。

📍 **贴士** 由于处于美因河畔，气候温润，夏季无酷暑，不过请准备好雨具以备万一。

皇家园林与广场

宫殿的东侧是一片宫廷花园，其中大大小小的雕塑引人入胜。19世纪时，在东侧增建了一座堡垒式的建筑，使花园与古堡相映成趣。由许多巴洛克式建筑围成的正方形广场至今仍保留原来的石造路面，是今日德国屈指可数的几座保存完好的宫廷广场之一。

维尔茨堡宫吸收了巴洛克艺术和建筑风格的精华

霍亨索伦城堡 HOHENZOLLERNBURG 03

最美理由 /
　　它是德国南部最著名的两大城堡之一，与拜恩州（巴伐利亚州）的新天鹅堡齐名。它也位列世界十大城堡之中。高高耸立在峭壁上的气势磅礴的古堡，从很远的地方就能眺望到，让人为之震撼。如果说新天鹅堡是童话里的公主，那霍亨索伦城堡则是传说中的英雄，充满阳刚之气。

最美季节 / 四季皆宜

最美看点 / 鹰的标志 普鲁士国王的宝物

最美搜索 / 巴登—符腾堡州

霍亨索伦城堡高耸于峭壁之上，充满阳刚之气

霍亨索伦这个德国施瓦本最古老，也是最重要的贵族家族从 12 世纪开始就统治着从内卡河谷经施瓦本山，一直到多瑙河的广大地区。这片土地也就是南德意志伯爵、王侯、普鲁士国王和德意志皇帝的故乡。高贵的霍亨索伦家族也就成为德国历史上勃兰登堡—普鲁士，以及后来的德意志帝国的主要统治家族。而霍亨索伦堡就是这个伟大家族的发源地。1918 年，德意志第二帝国灭亡后，威廉二世逃往荷兰，其他皇室成员则选择继续留在德国。霍亨索伦城堡至今仍有普鲁士王朝末代皇帝威廉二世的子孙居住于此。

古堡始建于 11 世纪，只是后来被毁坏了。直到 19 世纪初，当年轻的腓特烈·威廉站在祖宅的碉堡看到黄昏如梦境般的景色时，他决定修复这座古堡。25 年后，已是普鲁士国王的腓特烈大帝在他的好友、普鲁士建筑家 Von Prittwitz 和 Stuler 帮助下在 1850 年到 1867 年实现了自己的梦想。高耸于施瓦本阿尔伯群山的一座顶峰上的霍亨索伦城堡显得遗世而独立，傲然于天地之间。四周是绵绵不绝的青山，一望无际、大大小小的村落如珍珠般点缀其间。

鹰的标志

城堡内外随处可见鹰的标志。这是德意志民族的图腾，是英勇、坚毅的象征。城堡外围竖立着霍亨索伦家族著名的国王或皇帝

TIPS

📍 **地址** 巴登-符腾堡州，蒂宾根以南约25公里。
📍 **贴士** 内部参观有免费的英语或德语导游。英语导游时间在每天14：00，德语导游则每半小时一次。

的巨大雕像，威严神武。最有名的就是腓特烈大帝的雕像，自信而豪迈。正是在他的治理下，普鲁士跃居欧洲大陆强国之列，也是他让普鲁士有了和奥地利哈布斯堡家族抗衡的资本，为后来普鲁士统一德国奠定了基础。

普鲁士国王的宝物

城堡内的每个房间几乎都有珍贵的油画。大部分油画都以人物和战争场面为主题，凸显出这个家族尚武的传统。城堡内的珍宝馆除了展出了腓特烈大帝在库勒斯道夫战役中所穿的军装、普鲁士国王的宝物以及皇冠外，还能看到大量的纪念弗里德里希大帝、路易斯王后的宫廷制服，镶满钻石的首饰盒，王子婚礼上使用的餐具，以及与霍亨索伦家族关系密切的德国历史上的一些重要人物的物品、器件。

与同时期的新天鹅堡宛如童话般的外貌相比，霍亨索伦城堡充满刚毅的英雄气质，大气磅礴的哥特式建筑风格让它成为德国最雄伟壮观的城堡之一，也是当时防御性建筑的典范，呈现的是普鲁士王朝的辉煌历史。

埃尔茨堡 ELZBURG

04

最美理由／

　　它静静地矗立在摩泽尔河流域埃尔茨河谷地的群山中已有800多个春秋，仿佛是从中世纪的童话中缓缓走来的佳人。它是德国所有古堡中罕见的，很少发生战事，且从未被攻陷，完好保存至今的一座城堡，连原德国的货币马克硬币上都留下了它的身影。

最美季节／夏季

最美看点／塔楼 家具 珍宝馆

最美搜索／莱茵兰–普法尔茨州

埃尔茨堡融合了欧洲各个时期的建筑风格

建于 12 世纪的埃尔茨城堡因为城堡边的埃尔茨河而得名。古堡四周是茂密的枞树林，埃尔茨河静静流过。尖顶、塔楼、优美的线条和神秘莫测的森林背景，雨果曾经描述这座城堡"高大、恐怖、奇异而阴暗"。的确，玄武岩修筑的城堡看上去坚不可摧。三面环水的地理位置，使它透出"一夫当关，万夫莫开"的气势。只有数十座塔楼像生日蛋糕上的蜡烛点缀着城堡的高度，柔和了城堡的轮廓。

走进城堡的石拱门，仿佛穿越了时空。宽阔的街道，开阔的喷泉广场，让埃尔茨堡更像一座中世纪的城市，而不是一座防御性的堡垒。城堡的主人——埃尔茨－凯普尼希的格拉夫家族从中世纪的全盛时期直到现在，延续了已有 800 多年。他们精心呵护着这座城堡，并对其进行了几次扩建。

建筑风格

因为从未遭受过破坏，在近千年的扩建中，城堡融合了欧洲各个时期的建筑风格，最终形成了今天兼具各家所长的模样：哥特式的高耸箭楼，华丽的巴洛克式内部装饰，1472 年建造的西馆吕贝纳赫馆礼拜用的突出的窗户别具特色。哥特式的窗户描绘着植物纹样的装饰，与周遭的青山绿水和谐相容。据说，19 世纪浪漫主义流行时期，城堡主人曾一掷千金把城堡里外修葺了一番，据说花费了 18.4 万金马克，相当于今天的 750 万欧元。现在，城堡里所有的家具陈设都还是 12 世纪时的模样，厚重结实、古朴典雅。

珍宝馆

珍宝馆展示了大量珍贵的珠宝、瓷器和价值不菲的武器，彰显着这个家族的荣耀和辉煌。

静立于埃尔茨河谷地的埃尔茨堡仿佛是从中世纪的童话中走来的佳人

恺撒堡 KAISERBURG　　　　　05

最美理由 /
　　它是纽伦堡的制高点，也是纽伦堡的象征。在这里可以眺望美丽的纽伦堡。无论是城堡本身，还是遥望远景，它都能带给人们心旷神怡的感觉。它是神圣罗马帝国的心脏，据说所有德国皇帝都会在这里小住

几日，大多数大型国会会议也在这里举行。
最美季节 / 夏季
最美看点 / 双教堂 古井 塔顶
最美搜索 / 拜恩州（巴伐利亚州）

　　这座中世纪古堡是纽伦堡的标志，在这里眺望纽伦堡已经成为来到纽伦堡必须要做的事情。登上古堡的瞭望台，放眼远望，整座城市尽收眼底，郁郁葱葱的城市森林，秀丽的莱茵河水，美丽的纽伦堡在阳光下光彩夺目。

　　恺撒堡是 12 世纪时霍亨施陶芬王朝的腓特烈大帝时所盖，在 15 ~ 16 世纪修建成了现在的样子，为德意志诸侯居住和宫廷会议的场所，是神圣罗马帝国的心脏，所有的德国皇帝都在此居住过，大多数大型国会会议也在这里举行。恺撒堡的城墙有 5 公里长，有 4 个主要关口和 80 个防御城。从宽大的通道进去，西边是一个圆形的院子，大概有 100 平方米，边上是建筑物，可供人们居住，北边是很高的城墙，城墙脚上是一条深挖的壕沟，很有点像中国古代的护城河，只是没有水。东边的圆塔是城堡的主塔。登上 112 个台阶后，就能眺望到纽伦堡的美丽风景。这里著名的双教堂分上下两层，是文艺复兴时期的

皇帝礼拜堂，还有一口深达 60 米的古井，是恺撒堡的经典之处。古堡的博物馆内是介绍 12 ~ 16 世纪神圣罗马帝国的政治、军事的主题展览。

　　身居恺撒堡，感到一种神圣与威严。德国著名童话作家霍夫曼的童话《胡桃夹子与老鼠王》的故事就发生在这里，这个故事后来被俄罗斯大作曲家柴可夫斯基谱写成芭蕾舞剧《胡桃夹子》而名扬天下。

　　从皇帝城堡有一条便道通向要塞最古老的地方——指挥官城堡。城堡边有很多温馨舒适的小酒馆，游客们走累时，可在这里小坐，享受纽伦堡著名的香肠加啤酒的美味。

TIPS

地址　拜恩州（巴伐利亚州）纽伦堡老城区地势最高的地方。

贴士　双教堂和古井都是需要由导游带领才能入内参观的。登上古堡内的圆塔是需要买票的。

童话《胡桃夹子与老鼠王》的故事就发生在这里

瓦尔特堡 WARTBURG

06

最美理由 /
　　这是一座罗马建筑风格的古堡，因在瓦格纳的歌剧《唐怀瑟》中被作为各场比赛的地点而闻名，它是马丁·路德隐匿，并翻译《圣经》的地方，是著名的艺术品和艺术品仿制品的收藏之处。它因为悠久的历史，和与名人之间的密切关系而被列入《世界遗产名录》。

最美季节 / 夏季，古堡内的音乐厅会定时举办音乐会。

最美看点 / 罗马式大厅 博物馆 伊丽莎白伯爵夫人的房间 马丁·路德书房

最美搜索 / 图林根州

这座结合了古罗马、哥特以及文艺复兴建筑风格的古堡是歌剧《唐怀瑟》中的原型

据说这座位于爱森纳赫城外的中世纪城堡是 1067 年由"跳跃者路德维希伯爵"下令修建的。也就是从这座城堡开始，路德维希家族迅速发迹，很快成为图林根地区最有势力的家族，并在后来成为对德意志民族神圣罗马帝国有举足轻重影响的家族。可惜的是，14 世纪初，瓦尔特古堡毁于一场大火，从此成为废墟。直到几个世纪以后，歌德来到这里，随后发出呼吁，要求拯救瓦尔特堡，使之不至于成为历史的尘埃，瓦尔特堡的命运才得以改变。修复后的瓦尔特堡结合了古罗马、哥特以及文艺复兴的建筑风格，十分独特。

13 世纪初期，德国最著名的宫廷恋歌作者瓦尔塔·冯·弗格尔维德和沃尔弗拉姆·冯·埃舍恩巴赫曾在古堡举办过诗歌比赛。后来，瓦格纳在其歌剧《唐怀瑟》中以古堡的赛歌大厅为原型，从而使瓦尔特堡闻名于世。

伊丽莎白伯爵夫人的房间

这座古堡在 13 世纪初，也曾是备受尊敬的伊丽莎白伯爵夫人的住所。出生于豪门的她对贫苦百姓极为关心，经常救助他们。丈夫去世后，伊丽莎白将分到的遗产用于在瓦尔特堡修建医院，并亲自做护士，帮助穷苦大众。因此在 1235 年去世后被封为圣徒。古堡华丽的大厅的墙壁上现在依然镶嵌着 14 岁的伊丽莎白订婚时的场景。这个镶着金色马赛克图案的大厅现在已经成为很多竞赛的赛场。而伊丽莎白曾经住过的房间布满了她当年行善的壁画。

TIPS

📍 **地址** 图林根州的爱森纳赫境内。
📍 **贴士** 从爱森纳赫乘车前往瓦尔特堡大约需要40分钟。到达古堡山脚下，如果选择步行到城堡的话，大约还需要40分钟。

马丁·路德书房

1521 年，新教创始人马丁·路德因为宗教改革的主张，被罗马教堂驱逐，被迫来到瓦尔特堡隐居。也就是这段时间，他将《圣经》翻译成希腊文和德文。借助当时古登堡发明的活字印刷术，路德翻译的《圣经》迅速地在德国各地流传开来，不仅有利于宗教改革，也对德国的语言史和文学史产生了重要影响。如今，我们依然可以参观马丁·路德曾经工作过的简陋书房，以及收藏有著名的马丁·路德像和来自整个德国的重要基督教作品的博物馆。

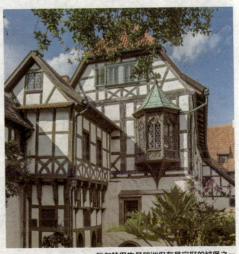

瓦尔特堡也是欧洲保存最完好的城堡之一

马克斯堡 MARKSBURG

07

最美理由 /
　　它是莱茵河谷唯一一座从中世纪完整保存下来的古堡。曾经有人说过这样一句话："在莱茵河谷，如果你只想去一座城堡参观，那一定是马克斯堡。" 如

今整修一新的城堡是德国城堡协会的所在地
最美季节 / 夏季
最美看点 / 施多尔岑费尔斯宫殿 哥特式大厅 审讯室
最美搜索 / 莱茵兰 – 普法尔茨州

历代领主的不断修缮成就了马克斯堡集各种不同时期流行建筑风格于一身的形态

马克斯堡始建于 1100 年前后，它高高耸立在莱茵河东岸小镇布劳巴赫上方的岩石小山上。城堡及其所在的小镇布劳巴赫在不同时期分别属于布劳巴赫家族和强大的埃普斯登家族。

作为"莱茵河畔唯一没有被摧毁的高地城堡"，马克斯堡是一个保存完好的、颇具中世纪骑士时代特点的古城堡，由城堡主楼、塔楼、住宅城楼、闸门、内外墙之间的回廊和棱堡多个建筑群组成。没有人能具体说清楚马克斯堡的来历以及具体的建筑年代。只知道历代领主们不断地一层又一层地加固城堡的防御工事，让马克斯堡形成了今天的坚不可摧，以免于被摧毁的命运。也成就了马克斯堡集各种不同时期流行的建筑风格于一身的形态。1969 年，人们甚至还为城堡修建了一座"中世纪"草药园。

施多尔岑费尔斯宫殿

前端左侧是军械库和指挥官塔楼。当年的军械库中储藏的兵器，据说多到足以控制莱茵河的航运。右边是中心城堡和小巧玲珑的城堡主塔，带有强烈的罗马式建筑风格。最右侧是小教堂塔楼。城堡内的施多尔岑费尔斯宫殿，即"骄傲的岩石"之意，沿莱茵河而下，俯首便能看见。

TIPS

📍 **地址** 莱茵兰-普法尔茨州的首府，于莱茵河左岸，正对美因河注入莱茵河的入口处。

📍 **贴士** 从科布伦茨乘短途列车，只需十来分钟就到达布劳巴赫。一下火车，便能看到山上那座漂亮的浅颜色古堡。出站后，顺着马克斯堡的醒目路标走，就能到了。

审讯室

古堡内还有阴森恐怖的审讯室，以及令人毛骨悚然的刑具。城堡内部的布置，都可以让人感受到中世纪城堡中贵族生活的真实面貌。

1900 年德国威廉二世皇帝将马克斯堡遗赠给了德国古堡保护协会，使其成为德国民间最早的文物保护组织——德国城堡协会，以及欧洲城堡学院所在地。德国最著名的城堡研究者、德国城堡协会的创立者，博多·埃博哈特曾经在这里长年生活和工作过，最后也在这里去世。如今的马克斯堡已经形成了全世界规模最大的城堡学图书馆。德意志古堡保护协会的总部也设在这里。

据说，日本的一些城堡爱好人士对马克斯堡倍感兴趣，他们在日本冲绳县宫古岛上建造了一座和马克斯堡一模一样的日本水堡。

维斯特科堡 MARKSBURG

08

最美理由／
　　它是德国现存第二大城堡，也是德国城堡中最坚固不可摧的一座，曾因为马丁·路德提供庇护而在历史记录一笔。一直以来它都被看作是难以攻克的，被誉为德国最大、最漂亮的一座城堡。

最美季节／5~9月
最美看点／历史博物馆 科堡
最美搜索／拜恩州（巴伐利亚州）

挺立于山顶的维斯特科堡是德国现存的第二大城堡

这座位于图林根林山和麦恩峡谷之间，挺立在山顶，并且高过城镇的堡垒，是德国现存第二大城堡，也是德国城堡中最坚不可摧的一座，建于1200年。一直以来维斯特科堡都被看作是难以攻克的，被誉为德国最大、最漂亮的一座城堡。从远处看，城楼和城墙就像一顶皇冠一样扣在科堡城的顶上。基督教领袖马丁·路德曾于1530年在此度过了流亡生活。

城堡内的历史博物馆收藏了中世纪兵器及艺术珍品。尤其是欧洲古片中将士穿的金属盔甲，制作之精美、工艺之精湛，令人感叹。仅仅是盔甲的一只护手上就有十几道连接处，以便于握剑的手可以灵活行动。

维斯特科堡所在的科堡，在历史上就是一座公爵城堡。18世纪末，科堡公爵通过巧妙的联姻手段使他的不少亲戚登上了欧洲许多国家的王室宝座，比如瑞典、挪威、比利时、西班牙和英国。最后，几乎半个世界都在科堡公爵后裔的统治之下。曾经有不少王室家族的人拜访过这里。当今的欧洲王室，如英国的查尔斯王子、瑞典的古斯塔夫国王、比利时的菲利普王子都曾亲临科堡造访祖先的居住地和亲属。即使是现在，它也是政府首脑和各国皇家人员经常光顾的地方。1860年英国女王维多利亚访问科堡时，科堡公爵还为她建造了欧洲第一个抽水马桶。奥地利著名华尔兹舞曲作曲家小约翰·施特劳斯曾在科堡居住多年并辞世于科堡，他专为这座公爵王室之城谱写了《科堡进行曲》。

TIPS

📍 **地址** 拜恩州（巴伐利亚州）北部，图林根林山和麦恩峡谷之间。

📍 **贴士** 从班贝格和纽伦堡每隔2小时都有开往科堡的列车。科堡和柏林之间还有往返的公共汽车可以搭乘。

科堡传统手工艺繁荣，比如酿酒、草筐编织和瓷器制造等。科堡还有一个世界第二大的玩具娃娃制造厂。科堡的"胡默尔小人"可是世界有名的，据说全世界胡默尔小人收藏俱乐部的成员多达30万人。

维斯特科堡是德国城堡中最坚不可摧的一座

费尔斯堡 EHRENFELSBURG

09

最美理由 /
　　它曾是莱茵河地区最大的要塞，以其宏大的规模、复杂的布局、迷宫般的地下通道而闻名。虽然已被损毁，但是它所代表的中世纪莱茵河要塞的历史、所拥有的绝美景致，仍然让其成为莱茵河边被拍摄得

最多的废墟。

最美季节 / 5 ~ 10月
最美看点 / 内部布局 地下通道
最美搜索 / 莱茵兰 – 普法尔茨州

费尔斯堡以宏大的规模，复杂的布局，迷宫般的地下通道而闻名

美丽的莱茵河是德国人心目中的"父亲河"，是德国人赖以生存的生命之河。德国的历史就是围绕着莱茵河流域展开的。所以，来到莱茵河流域就能感受到最真实的德国风情。

中世纪的德国是由一块块封地拼接而成的。它们的主人为了保护自己的生命财产，为了扼守着莱茵河这个要道，向每个从河上经过的船只收税，在莱茵河上修建了一个又一个的城堡。在德国莱茵兰—普法尔茨州从宾根到科布伦茨的 60 多公里的莱茵河段是莱茵河最美丽的一段，集中了 300 多座保存相对完好的古堡，在它们周边还有一些人文气息浓郁的古典小镇，人文与自然的完美组合使其成为德国的骄傲，也成为世界文化遗产之一。与法国华丽闲适的皇家城堡不同，莱茵河畔的大部分城堡原来都是要塞，所以都是坐落在险要的山冈，所以这些城堡更适合远眺。位于吕德斯海姆山半山腰的标志性建筑艾伦费尔斯堡，就是昔日作为海关和防御的城堡。

为了征收能够增加收益的过境税，1220年美因茨大主教指示建造一座雄伟的宫殿——艾伦费尔斯堡，代替以前修建的私人城堡。其宏大的规模、错综复杂的布局、深邃迷乱的地下通道让后人感叹不已。后来，为了加强莱茵费尔斯堡的防御军事点的作用，卡岑奈伦博根的伯爵威廉二世在 14 世纪的后期还在莱茵河上建造了猫堡，同莱茵费尔斯

TIPS

📍 **地址** 莱茵兰 - 普法尔茨州的莱茵河畔。

◎ **贴士** 从科布伦茨乘坐列车可以到达费尔斯堡所在的圣戈阿。然后步行前往即可。顺道还可以游览一下圣戈阿的美丽风光。

堡一起形成了一个防御壁垒，用来提高莱茵关税。由于它极佳的战略位置，三十年战争中为了争夺它还在这里进行过激烈的战斗，费尔斯堡在经历了多次被封锁、破坏、重建和扩建后，最终于 1689 年被焚毁。从此，双塔古堡艾伦费尔斯成为莱茵河边被拍摄得最多的废墟。建于 1277 年的古腾费尔斯堡雄踞在后面山上，虽然历经沧桑，却仍然神清气爽地俯瞰着脚下的小镇，莱茵河，以及莱茵河上匆匆而过的游客。

费尔斯堡错综复杂的地下通道

林德霍夫宫 SCHLOSS LINDERHOF

10

最美理由 /
　　它是被称为"疯子国王"的路德维希二世最喜欢的别墅型宫殿，所以也被称为"皇家小别墅"。它追求怪诞繁复的洛可可式建筑风格，是洛可可建筑中的一件珍品。它也是路德维希的诸多王宫中唯一完工的

一座，被誉为"童话王国"
最美季节 / 四季皆宜
最美看点 / 花园 维纳斯石洞 镜厅
最美搜索 / 拜恩州（巴伐利亚州）

乳白色的林德霍夫宫是一座"童话王国"

　　位于阿尔卑斯群山怀抱的山谷中，是纯正的国王城堡，是新天鹅堡主人路德维希二世生前唯一完成且经常居住的王宫。

　　秀丽的林德霍夫宫坐落在僻静的格拉斯山谷中，建造于1869年至1879年，是唯一一座路德维希在世时完工的宫殿，因此国

王在这里居住的时间最长。林德霍夫宫乳白色的外观，掺杂文艺复兴及巴洛克式的建筑特色。它是路德维希二世三座"神话城堡"中的第二座，主要是模仿凡尔赛宫的小特里阿农建造。

路德维希二世寝宫

城堡最大的一间房屋是路德维希二世的寝宫。金箔装饰点缀整个寝宫，极尽奢华。巨大的床上披挂"国王蓝"（路德维希二世最喜欢蓝色）床幔。餐室呈优美的椭圆形，室内采用闪亮的红色。餐室正中安放着可升降的"自动上菜魔桌"，可直接从一层垂直升至二层餐厅，以保证饭菜的温度和口感。

花园

宫殿的花园类似于法国凡尔赛宫的法式花园设计。花园中的金饰喷泉以希腊神话为绘画主题，喷水时相当壮观。还有摩尔人亭、维纳斯洞窟、摩洛哥馆等建筑，也都非常华丽，花园周围分布着风格各异的意大利、法国和英国园林。

维纳斯石洞

林德霍夫宫最精彩之处要属维纳斯石洞了，在人工钟乳石洞的前方是金色贝壳小舟，后面背景描绘的是瓦格纳歌剧《唐怀瑟》中的主角在惠寿山中维纳斯夫人怀中。而由最早的发动机传动的彩色玻璃片旋转产生出的流光溢彩的灯光效果，让观众体验到如梦如幻的歌剧场景，非常值得参观。

林德霍夫宫的镇宫之宝是来自印度的象

TIPS

📍 **地址** 拜恩州（巴伐利亚州），在僻静的格拉斯山谷中，上阿默高以西13公里，加米施—帕滕基兴西北26公里处。

📍 **贴士** 从上阿默高乘9622路公交车开往林德尔霍夫宫。从加米施—帕滕基兴有9606路公交车开往林德尔霍夫宫，大约耗时1小时30分钟。

牙灯，由300块象牙雕刻而成。还有两个中国的大景泰蓝瓶和将近100个中国小瓷瓶。中国瓷器是当时欧洲宫廷显示自己财富与品位的重要标准之一。

林德霍夫宫金色喷泉

夏洛滕堡宫 SCHLOSS CHARLOTTENBURG   11

最美理由 /

夏洛滕堡宫是一座巴洛克式宫殿，是柏林地区保存得最好、最重要的普鲁士国王宫殿建筑物、也是巴洛克式建筑的典范。宫殿内部的豪华装修是柏林同类建筑无可比拟的。如今，夏洛滕堡宫中的博物馆、展览室已经使其成为柏林的文化中心之一。

最美季节 / 四季皆宜

最美看点 / 花园 柏林陶瓷发展史博物馆 陵园

最美搜索 / 柏林州

夏洛滕堡宫是巴洛克式建筑的典范

夏洛滕堡宫是柏林最大和最美丽的宫殿，是普鲁士第一代国王腓特烈一世的王妃索菲·夏洛特的避暑行宫。1695 年腓特烈一世请建筑师约翰·安纳德·内英为他的王后索菲·夏洛特在柏林与波茨坦之间修建一座朴素的避暑寓所。1701 年宫殿在约翰·埃奥桑德·哥德主持下进行了扩建，增加了橘色的侧翼建筑。1713 年国王腓特烈一世去世时，王宫的内部设施还没有完成。到腓特烈大帝的时候，他将其变成了一座小型的凡尔赛宫。他于 1740～1746 年让人在东侧进行扩建，与"橘园"形成对称的格局。

花园

夏洛滕堡宫 1695 年开始建造的花园最初采用的是法兰西建筑风格，而在 18 世纪和 19 世纪期间逐渐被英式风格所取代。布置整齐的法国花园在城堡的绿色钟形屋顶后面，有修整得像雕塑一样的草坪、树丛、湖与喷泉。东边是浪漫派画廊与申克尔馆，内存布来兴和格特讷的 19 世纪油画与申克尔自己创作的油画。

柏林陶瓷发展史博物馆

花园右边，在施普雷河畔是结构紧凑的观景楼，建于 1788～1790 年。现在是柏林陶瓷发展史博物馆。这里优雅精致的走廊的墙壁上，从上到下，到处都摆满了来自中国和日本的瓷器。

陵园

沿着宫殿后面一条长满云杉的大道就能

TIPS

| 地址 | 柏林市内。 |
| 贴士 | 1.曾经的皇宫剧院，现在已被改建成博物馆。
2.宫殿内有一间琥珀室，墙壁上装饰着琥珀，曾被誉为"世界第八大奇迹"。 |

来到陵园。陵墓建于 1810 年。这是若干普鲁士统治者及属臣的墓地。威廉一世皇帝与路易莎皇后都埋葬于此。他们的墓地由克里斯蒂安·丹尼尔·劳赫设计得无可挑剔。

作为腓特烈一世的夏宫，
并历经几任国王的扩建，夏洛滕堡宫的每个细节都尽显奢华

无忧宫 SCHLOSS SANSSOUCI

12

最美理由 / 它是普鲁士国王腓特烈大帝最喜爱的行宫，国王甚至亲自参与设计。它是欧洲最美丽的宫殿建筑群之一，是18世纪德国建筑艺术的精品、瑰丽繁复的洛可可式建筑风格让这座国王的夏宫看上去富丽堂皇，绚丽夺目。

最美季节 / 夏季

最美看点 / 无忧宫 内花园宫殿 中国茶亭 新宫

最美搜索 / 勃兰登堡州

这座美丽的洛可可风格的宫殿是腓特烈大帝最钟爱的居所

1747 年普鲁士国王腓特烈二世下令在一片果园中模仿法国凡尔赛宫，建造一座华丽的洛可可式风格的宫殿。宫殿名字取自法文的"无忧"或"莫愁"。这座美丽的宫殿深得腓特烈大帝的钟爱。从 35 岁一直到 74 岁去世，国王几乎都居住在这里。

无忧宫

无忧宫其实是一个宫殿群，包括无忧宫、新客馆宫殿、内花园宫殿、中国茶亭、罗马式浴场、夏洛登霍夫宫、新宫等，整个王宫及园林面积为 90 公顷。

其中的无忧宫又叫桑苏西宫，宫殿的

外部轮廓是当时的建筑师根据腓特烈大帝的草图建造的。经过一排排阶梯式的葡萄园，无忧宫就呈现在面前。宫殿正殿中部为半圆球形顶，两翼为长条椎脊建筑。宫殿内瑰丽的首相厅，四壁镶金，辉煌璀璨。据说，整个宫殿有 1000 多座以希腊神话人物为题材的石刻雕像。宫殿东侧的绘画展馆建于 1755～1764 年，是德国最古老的为特定目的而建造的建筑，珍藏了 124 幅文艺复兴时期意大利、荷兰画家的名作。画廊宽敞明亮。每逢佳节，这里都举办音乐会。

内花园宫殿

花园里的内花园宫殿是按照意大利文艺复兴风格建造的，当初是为了招待事先没有安置的宾客。宫殿内部仿照梵蒂冈的雷吉亚大厅设计。这里的瞭望台能观赏到波茨坦全城的景色。

中国茶亭

花园里还有一座很远就能看到发光屋顶

TIPS

◎ 地址　勃兰登堡州，波茨坦市北郊。

◎ 贴士　1.从波茨坦火车总站乘坐695号巴士在桑苏西（无忧宫）公园（Park Sanssouci）站下车。2.导游带领参观的时间写在门票背面。在观光旺季有时需要等待2～3小时。

的六角凉亭。碧绿筒瓦、金黄色柱、伞状盖顶、落地圆柱结构，被称为"中国茶亭"。亭内桌椅完全仿造中国式样，亭前还摆放着一个中国式香鼎。

新宫

花园主林荫道上的新宫是德国最美丽的建筑之一，是 1750 年为腓特烈大帝建造的，只是因为后来"三十年战争"的爆发，导致宫殿的建造被延迟，却没想到直到 1969 年才最终完成。红棕色为主的二层宫殿因为架构很大，看上去非常气派。宫殿里有 200 多间装饰豪华的房间。尤其是由贝壳精心装饰的洞穴厅别具一格。

名字取自法文"无忧"的无忧宫是18世纪德国建筑艺术的精品

宁芬堡宫 SCHLOSS NYMPHENBURG   13

最美理由 /
　　它是维特尔斯巴赫家族的夏宫，是集巴洛克与洛可可式建筑风格于一身的艺术瑰宝。它的美人画廊闻名于世，它拥有德国最好的洛可可式狩猎行宫，繁复精致到了极点。它的宫殿、森林、湖泊与起伏的草坡共同组成了一幅天堂之画。

最美季节 / 夏季
最美看点 / 美人画廊 马车博物馆 阿玛琳堡宫
最美搜索 / 拜恩州（巴伐利亚州）

集巴洛克式和洛可可式建筑风格于一身的宁芬堡宫繁复精致到了极致

　　宁芬堡宫是历代王侯的夏宫，始建于1664年，此后直到19世纪后期，宫殿都在进行不断地增改扩建。主建筑是一座巴洛克风格的宫殿，是斐迪南·马里亚亲王送给妻子的礼物，感谢她生下了王国的继承人。它的扩建工程前后花了200年时间。虽然这座宫殿没能达到法国国王路易十四王宫那样的规模，但肯定是德国这类宫殿中最大的一座。其内部装饰以及收藏的艺术品都是难得的珍品。

美人画廊

宫殿右翼的美人画廊最为著名。这里摆放的 36 幅美女肖像画，都是当时的宫廷画师根据国王路德维希一世的要求画的。画中之人都是路德维希一世所钟爱的女士。其中最受宠爱的是舞女罗拉·蒙特茨。国王为她挥金如土，以致后来被迫退位。这个画廊诞生100 多年来始终强烈地吸引着无数的艺术爱好者和旅游观光者。

马车博物馆

王宫的左翼的马车博物馆，摆放着历代国王用过的马车及相关用具。镶金嵌银，繁复细节的装饰，除了车头飞扬的精美雕塑外，连车辙和车轮上都刻满了复杂的纹饰。不仅马车，马匹上也装饰着沉重而华丽的鞍具。

宫殿中的中国之阁里所有的装饰摆设全是中国式的，壁纸屏风绘着龙凤、山水、花鸟、虫鱼，还陈列着中国的漆器和瓷器。宫殿后面是宫廷式园林和广阔的草地林木。花园尽头一条笔直的人工河，直通巴洛克式大理石分层瀑布。人工河两侧是广阔延伸的英国式园林。

阿玛琳堡宫

园林里茂密的林木环绕着寂静的湖泊，四座宫中之宫帕戈登堡、巴登堡、马格达莱茵小屋和阿玛琳堡狩猎行宫就点缀在万绿之中。其中小巧玲珑的阿玛琳堡宫，内部装饰繁复精美，是德国最好的洛可可式狩猎行宫，难得的建筑精品。

TIPS

📍 **地址**　拜恩州（巴伐利亚州）慕尼黑西北郊。

📍 **贴士**　1. 早在 18 世纪，宁芬堡宫里就设有瓷器工场，并且至今仍在王宫内运作。2. 在慕尼黑的卡尔斯广场搭乘 17 路有轨电车或 51 路公共汽车即可到达。

作为历代王侯的夏宫，
宁芬堡的内部装饰以及收藏的艺术品都是难得的珍品

基姆湖赫伦基姆塞宫 SCHLOSS HERRENCHIEMSEE 14

最美理由 /
　　基姆湖是上拜恩州最大的湖泊，也是水上运动爱好者的天堂。基姆湖上的赫伦基姆塞宫是当年路德维希二世对法国国王路易十四的致敬，因此赫伦基姆塞宫与凡尔赛宫如同一对姊妹，其大气的外部轮廓、豪华的内部装修在欧洲各宫殿中都是首屈一指的。

最美季节 / 夏季

最美看点 / 镜厅 国王卧室 小蓝色卧室 路德维希二世博物馆

最美搜索 / 拜恩州（巴伐利亚州）

赫伦基姆塞宫与凡尔赛宫如同一对姊妹

　　为了向与自己法语名字同名的路易十四致敬，1873 年，国王路德维希二世买下了基姆湖的赫伦岛（男人岛），计划按照法式花园的建造方法，在这里修建一座堪比凡尔赛宫的宫殿，这就是赫伦基姆塞宫。这是路德维希二世下令修建的最后一座宫殿，几乎投入了所有的国家财政收入，比新天鹅堡和林德霍夫宫的建设费用的总和还要多。虽然宫殿的体积略小于凡尔赛宫，但是其房间的装潢却更胜于前者。只是宫殿还没有建成，路德维希二世就在这座城堡里谜一般地死去了。宫殿也因为资金短缺，尚有 50 个房间没有完工。

镜厅

赫伦基姆塞宫前面是精致小巧的花园和郁郁葱葱的森林，后面是景色优美的基姆湖，风光如画。宫殿在外观上与凡尔赛宫非常相似。就连内部的镜厅也是凡尔赛宫明镜厅的翻版。内部装潢奢华绚烂到极致。比凡尔赛宫还要长 22 米的镜厅有如一个大花园，大厅里 52 盏大烛台以及 33 盏玻璃吊灯，全部点燃需要 7000 支蜡烛。无法想象，当所有蜡烛全部点燃，烛光照映着金色的大厅，那种流光溢彩是怎样一番景象。

国王卧室

国王的卧室是整座宫殿的心脏，也是当时设计的早晚进朝的地方。房间里，金质的栏杆后面安放着的是国王的豪华卧床。

小蓝色卧室

小蓝色卧室是赫伦基姆塞宫最奢华的房间，奢华到连墙壁上都涂满了金粉。四周到处都是精致细腻的雕刻品。最神奇的是，床脚下的玻璃球能散发出柔和的蓝色灯光，将整个房间都笼罩在淡淡的蓝色光芒中。当时为了制作这个奇妙的玻璃球，工匠们整整花了 18 个月的时间。

路德维希二世博物馆

宫殿里的路德维希二世博物馆展示了这

TIPS

📍 **地址**　拜恩州（巴伐利亚州）基姆湖畔普林。

📍 **贴士**　1.开往赫伦岛的观光游览船大概15分钟就能到达。2.城堡内由英语和德语导游带领参观，参观大概需要半个小时。

位国王参加洗礼仪式、即位时所穿的长袍、他的遗体石膏面具，还有他亲手绘制的很多充满想象力的建筑设计图。

奢华绚烂到极致的镜厅是赫伦基姆塞宫的精华所在

德国最迷人的古老城镇　　Chapter ⑤

　　悠久的历史为德国打磨出许多精美的宫殿、恢宏的建筑，以及宁静优雅的古老城镇，尤论是充满人文气息的海德堡，还是因独特艺术遗产而闻名的班贝格，抑或是充满贵族气息的世外桃源——巴登—巴登，以及宗教改革的策源地路德城—维滕贝格……漫步其中，总能在不经意间触摸到德意志的历史脉搏，感受到光阴荏苒的岁月痕迹，也许是因为一座古堡；也许是因为一条老街，也许是因为一座教堂，也或许是回眸那一瞬间发现的街角的一栋古宅。

海德堡 HEIDELBERG 01

最美理由 /

　　海德堡是一座充满人文气息的城市。它是人们心目中德国浪漫主义的象征地，博得了许多伟大诗人的喜爱。今天的海德堡是一个充满活力，并且与传统完美融合的城市。海德堡城堡与古桥是它的永恒象征。它的美在于浑然天成：夕阳中的城堡话不尽沧桑，内卡河上的古桥生命力依然旺盛，老城里的广场和塑像穿越历史的时空，海德堡大学的一草一木都留有名人的痕迹……海德堡就是这样一个内外俱美的地方。

最美季节 / 四季皆宜

最美看点 / 海德堡城堡 哲学家小路 海德堡古桥 海德堡老城

最美搜索 / 巴登–符腾堡州

海德堡老城是许多诗人和艺术家灵感的源泉，是德国浪漫主义的象征地

　　海德堡依山傍水，是一座景色秀丽、历史悠久的大学名城。许多诗人和艺术家来这里放松心灵，获取灵感，他们为海德堡创作了无数艺术财富。主要景点几乎全都集中在老城区，很值得一游。

海德堡城堡

　　坐落在内卡河畔树木繁茂的王座山上。这是座红褐色古城堡，选帝侯宫邸的遗址，马克·吐温曾说它是"残破而不失王者之气，如同暴风雨中的李尔王"。城堡用红褐色的内卡河砂岩筑成，内部结构复杂，有防御工事、居室和宫殿等。始建于13世纪，历时400年才完工。其间建筑风格不断变化，最终成了哥特式、巴洛克式和文艺复兴式的奇妙混合，是德国文艺复兴时代建筑的代表作。现在保存完好的一些大厅，仍可举行宴会以及艺术表演。

哲学家小路

位于内卡河北岸的山丘上，与海德堡城堡隔河相望。德国历史上许多诗人、哲学家曾在这里散步和思考，如黑格尔、歌德、荷尔德林等。小道旁的一个花园的门口竖着一个向上平伸的手掌模型，掌心里写着："今天已经哲学过了吗？"在此散步可以一边眺望河对岸的迷人风光，一边感受当年黑格尔与同事讨论哲学问题的情景。

海德堡古桥

跨越内卡河南北两岸，是一座有9个桥拱的石桥，建于1786～1788年。它是海德堡美景中的点睛之笔。河南岸的桥头有一座桥头堡巍然屹立，与山上的海德堡古堡遥相映衬。桥头堡有两座圆塔，塔下面的门洞原来是海德堡老城的入城口，圆塔也曾经用作牢房。桥上有两座雕像，靠南面的是选帝侯卡尔特奥多，靠北面的是智慧女神雅典娜。诗人歌德非常喜爱这座古桥，荷尔德林也赞颂过它。

海德堡老城

在内卡河南岸。老城集中了许多古老建筑。主街豪普特街全长约1.6公里。街的西

TIPS

📍 **地址** 位于法兰克福以南100公里，内卡河畔。

💡 **贴士** 作为大学城，海德堡还有一座大学博物馆，展示这所德国最古老大学的历史，值得一看。

海德堡古桥是海德堡永恒的象征之一

端为俾斯麦广场，东为集市广场。俾斯麦广场是一个交通广场，有19世纪德意志帝国宰相俾斯麦铜像。集市广场是老城的市中心广场，鹅卵石铺地，中间有大力神海格力斯喷泉，周围有市政厅、谷物市场、圣灵大教堂和骑士之家。骑士之家是城里保存下来的最古老的建筑之一，文艺复兴风格。对面是圣灵教堂，于1441建成，巴洛克风格，有漂亮的尖塔。历代选帝侯墓葬区在此。教堂里面还有以日本广岛原子弹爆炸惨况为题材的彩绘玻璃。

班贝格 BAMBERG

02

最美理由 /

这是德国最美丽的城镇之一，以其独特的艺术遗产而闻名。宏伟壮观的大教堂，奢华精美的宫殿，从罗马时期以来各种建筑风格的融合与并存，让班贝格成为世界文化遗产之一。这里的啤酒业非常有名。其

酿酒厂是德国九大酿酒厂之一。

最美季节 / 5～9月

最美看点 / 大教堂 新宫殿 圣米加勒修道院 小威尼斯

最美搜索 / 拜恩州（巴伐利亚州）

班贝格圣米迦勒修道院是班贝格不容错过的经典

雷德尼茨河畔的班贝格同罗马一样，建在 7 座小山上，因此也被人称为"弗兰肯的罗马"。这座古城有着让人无法忽视的美丽。作为德国最大的一座未受战争摧毁的历史城区，班贝格老城那些从神圣罗马帝国时期一直保留下来、融合各个历史时期不同建筑风格的房子和街道，充满了迷人的浪漫风情，让人感叹、沉醉。

大教堂

由大主教主持建成的班贝格有着显赫的

教会背景。对这一背景的最佳诠释就是班贝格宏伟的大教堂。1211 年，从这座教堂建造开始，由于主张采用罗马式风格和主张采用哥特式风格的两派设计师不断地发生激烈的争论。当政者在两者之间摇摆不定。在教堂建造的 20 年间，设计图纸不断地调整，最终建成了一个将后罗马风格和早期法国哥特式风格相融合的教堂。这个由 3 个中殿组成的长方形教堂有两个唱诗区。东侧的唱诗区的柱子上雕刻着著名的"班贝格骑士"，这是班贝格永远的谜，没有人知道他是谁，纳粹曾将他作为北欧人完美的象征。西侧的唱诗区保存着德国唯一一座教皇坟墓——教皇克莱门斯二世的大理石棺木。回廊外的大教堂珍宝馆收藏着很多教会艺术瑰宝。其中最珍贵的要数亨利二世的蓝星船、罗马主教克莱门斯二世的长筒袜。

新宫殿

穿过大教堂广场，就是庄严的新宫殿。这座庞大的主教官邸有着装饰华丽的房间，以及众多德国名匠的杰作。包括汉斯·巴尔东的《洪水》、老卢卡斯·格拉纳克的 3 幅油画。从新宫殿的玫瑰园可以欣赏到美丽的班贝格街景——老城区的红砖屋顶。

圣米加勒修道院

米加勒山顶上的本笃会圣米加勒修道院建于 1015 年。修道院的教堂是不容错过的经典。教堂建于 12 世纪。天花板上精心绘制了近 600 种药用植物，被称为"植物园"。修道院还有一处始于 1122 年的酿酒厂，现在已改

TIPS

📍 **地址** 拜恩州，雷格尼茨河和美因河汇流处附近。

📍 **贴士** 1.班贝格交响乐团非常有名，如果有时间的话，不妨欣赏一次演出。2.每年8月23日，雷格尼茨河小威尼斯段会举行划船比赛，这是班贝格最古老的传统划船竞赛。

建成弗兰肯酿酒博物馆。

小威尼斯

雷德尼茨河畔的小威尼斯曾经居住着很多渔民。这里的钟楼都被美丽的天竺葵装扮得别致迷人。在这里还能品尝班贝格独特的带有烟熏味的熏制啤酒——烟烧麦芽啤酒。

那些从神圣罗马帝国时期一直保存下来的不同建筑风格的房子充满了迷人的浪漫风情

巴登—巴登 BADEN-BADEN 03

最美理由 /
　　被誉为"欧洲夏都"的巴登—巴登是一处充满贵族气息的世外桃源。它拥有世界上最好的温泉、最漂亮的赌场，还有绝世风景：妩媚多姿的黑森林、川流不息的奥斯河、层峦起伏的群山、沧桑的古堡和街道、随处可取饮的喷泉……马克·吐温曾说："到了巴登—巴登，5分钟后你会忘掉自己，20分钟后你会忘掉世界。"巴登—巴登温泉来自2000米的山涧，拥

有1000多年历史，吸引了罗马皇帝、拿破仑三世、维多利亚女王等名流。至今城里还保留着古老的弗德列巴希浴场。另外，巴洛克风格的休闲宫是德国规模最大、最古老的赌场，以其豪华而闻名于世。

最美季节 / 四季皆宜

最美看点 / 弗德列巴希浴场 卡拉卡拉浴池 休闲宫 菲斯特斯大厦音乐厅 黑森林

最美搜索 / 巴登—符腾堡州

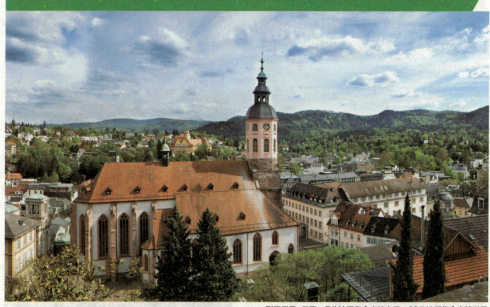

到了巴登-巴登，5分钟后你会忘掉自己，20分钟后你会忘掉世界

　　巴登—巴登地处德法交界的黑森林边缘，四周群山环抱，奥斯河穿城而过。这里是德国最负盛名的温泉疗养胜地，也是一座气派高雅的城市，城市处处有花园绿地、别墅宫殿，实现了"以天空为屋顶"的设计构想。在全世界休闲客中流传着这样一句话："来巴登—巴登若不到温泉池游泳、泡澡，等于白来。""巴

登"是德语中"泡澡"的意思，"巴登—巴登"则充分体现了欧洲的泡澡文化。来巴登—巴登旅游无疑是一场放松休闲之旅。

弗德列巴希浴场

　　弗德列巴希浴场早在公元75年罗马帝国扩张时期就有。那时，酷爱沐浴的罗马人在这里发现了69℃的温泉，建造了大型沐浴场

所。公元 213 年，罗马皇帝卡拉卡拉就曾到此享受温泉、治疗风湿。今天的弗德列巴希浴场建在 2000 多年前的罗马浴场遗址上，是一座高大宏伟的圆拱形殿堂建筑。在此完整的洗浴过程包含暖、泡、蒸、洗、冲、动、冷、擦、按摩、涂油、泥澡与静养等 16 个步骤，分别在不同的温度、不同的地点进行，整个过程长达 3.5 小时。躺在弗德列巴希浴场的浴池中，感受温泉水缓慢地渗透肌肤，欣赏罗马式壁画和雕刻艺术，浑然忘却身外事，全身心都被洗礼。

卡拉卡拉浴池

它是一座现代化浴池，面积达 1000 平方米。它全部用白色大理石建成，高大的落地玻璃窗透出绿树白云的风景。室内外备有多个温泉和桑拿浴。游客需穿泳衣入水，有教练教授水中体操。在高压水流池里，游客可以尽情放松。露天池里的瀑布、冲浪蒸腾起氤氲热气，别有风味。

休闲宫

奥斯河西岸的巴登—巴登赌场休闲宫，建成于 1824 年，是德国规模最大、最古老的赌场，也是世界上最漂亮的赌场之一。它那巴洛克式宫殿建筑外观端庄简洁，内部装饰却极其精致考究，金碧辉煌：璀璨的水晶吊灯、美轮美奂的雕壁、流苏织毯，以及门框墙角的镀金刻花，都极尽富丽奢华。俄国作家陀思妥耶夫斯基曾在这里通宵达旦输掉了半个身家，却留下了传世之作《赌徒》。

菲斯特斯大厦音乐厅

这是欧洲第二大音乐厅，上演着世界一流歌剧、芭蕾舞和音乐会，香鬓云影，冠盖云集。几百年前，这里便成为欧洲沙龙音乐的中心。正如音乐大师勃拉姆斯曾经说的："巴登—巴登永远有着一种难以言传的向往。"

黑森林

黑森林林区呈三角形，遍布墨绿的松树，远望去墨绿近于黑，因而得名。黑森林流淌着清冽的泉水，汇入莱茵河中。墨绿的森林、如茵的草场、放牧的牛羊群、若隐若现的农舍小镇、咕咕钟形屋顶上的鲜花，构成了一派独特的田园风光。这里也是世界有名的"行山"运动地点、咕咕钟和黑森林蛋糕的正宗产地。

来黑森林旅游，根根巴赫小镇的哥特式建筑、古塔赫的民居博物馆、多瑙河源头等都是不错的景点。黑森林中部有德国落差最大的瀑布，总高 160 米。位于黑森林腹地著名小镇的特里贝格被认为是黑森林地区最浪漫的温泉酒店，也是德国最古老的酒店之一。它 400 多年来从未中断过营业。1806 年，拿破仑就曾下榻在此。

德绍 DESSAU

04

最美理由 /
　　德绍保留了大量美丽的巴洛克式风格的建筑，同时也是将包豪斯风格保持得最原汁原味的城市，是"宣传包豪斯精神"活动的核心。包括包豪斯本部以及格鲁皮乌斯教授住它在内的包豪斯建筑群，是德绍

最迷人的精华
最美季节 / 5 ~ 9 月
最美看点 / 包豪斯博物馆 杰出艺术家之家 联邦环境总署
最美搜索 / 萨克森－安哈尔特州

包豪斯博物馆将功能主义和极简主义的设计理念展现得淋漓尽致

1919 年，瓦尔特·格鲁皮乌斯在魏玛设立了后来引领 20 世纪设计风潮的艺术造型学校包豪斯。1925 年，由于被右翼保守分子驱逐，格鲁皮乌斯和他的同伴将学校迁到了德绍。开放包容的德绍为包豪斯的设计理念提供了更加广阔的平台。在这里，包豪斯迎来了它的鼎盛时期。格鲁皮乌斯们在这里建立了激进的实用性学派，并在德绍建造了很多著名的包豪斯建筑，让"包豪斯德绍"很快成为一个著名的设计学派。包豪斯的本部以及格鲁皮乌斯住宅等一系列包豪斯建筑，被联合国教科文组织列入了《世界遗产名录》。

包豪斯博物馆

包豪斯学校建于 1925 年，本部校舍现在是造型美术中心。包豪斯博物馆就在旁边。在这里可以全面了解包豪斯。这座建筑之父——瓦尔特·格鲁皮乌斯设计的大楼将包豪斯学派对幕墙和宽跨度等工业建筑技术进行的革命性变革，以及对功能主义和极简主义的设计理念展现得淋漓尽致。即使已经过去了 80 多年，包豪斯博物馆看上去仍然充满时尚感和未来感。

杰出艺术家之家

在弗雷德里希—埃尔波特大街上的杰出艺术家之家，曾经居住过包豪斯学派的灵魂人物。格鲁皮乌斯、瓦西里·康定斯基、利奥尼费宁格、包罗·莱克……这些白色立方体的建筑是包豪斯设计的经典之作，休现了现代工业社会"为生活而设计"的理念。库尔特—威尔中心是包豪斯艺术家们曾经生活的地方，也是德国的一个标志性建筑。其中有专门展示出生在德绍的威尔的生平，以及他创作的轰动一时的音乐剧《三便士歌剧》。这些建筑以及周围的环境一直保持着 20 世纪 20 年代的风貌。

TIPS

🎯 **地址** 德国东部城市。在穆尔德河汇入易北河处附近，莱比锡以北56公里。

🎯 **贴士** 从柏林的动物园车站乘坐IC特快列车大约需要1小时18分钟。从莱比锡前往需要约35分钟。

联邦环境总署

坐落在德绍的联邦环境总署是这座城市的另外一个亮点。独特的设计、高科技的运用，让这座大楼别具一格。大楼分为两个独立的部分，一半是绿色的玻璃，一半是果肉色玻璃。大楼的中庭还能吸收太阳光线，并将其转化成大楼的照明。

除保留着大量包豪斯风格建筑外，德绍还有大量美丽的巴洛克式风格建筑，极简与繁复在这座小城产生了激烈的碰撞

路德城—维滕贝格 LUTHERSTADT WITTENBERG 05

最美理由 /
  对于6000万路德教徒来说，维滕贝格非常重要。这里是马丁·路德的宗教改革运动开始的地方。维滕贝格与路德的出生和去世的城市艾斯莱本一起，被列入《世界遗产名录》，作为对"路德的

记忆"的保存。这两座城市的正式名字叫作"路德城—维滕贝格"
最美季节 / 5～9月
最美看点 / 路德故居 城堡教堂 圣马利亚城区教堂
最美搜索 / 萨克森－安哈尔特州

作为宗教改革运动的伊始之地，路德城－维滕贝格保留着大量的宗教建筑

  1517年，教皇利奥十世借口修缮罗马圣彼得大教堂，再度颁发赎罪券，搜刮民脂民膏，路德对此表示极大的愤慨。据说，10月31日那天，路德将著名的《论纲要95条》，即《关于赎罪券效能的辩论》钉在了维滕贝格城堡教堂的大门上。《论纲要95条》对许多神学问题，尤其是对大赦和一般善工的价值问题提出挑战。路德确定了"因信称义"的宗教学说，认为人的获救只需依靠个人的信仰，否定了教会和僧侣阶层对社会的统治，第一次点燃了资产阶级要求宗教改革的火焰，也开始了他宗教改革的一生。维滕贝格也因此成

马丁·路德是这座城市的骄傲

为那场轰轰烈烈的宗教改革运动的伊始之地。

路德故居

1508 年，路德初次来到维滕贝格时，就住在当时的威丁大学兼修道院的僧房里。宗教改革之后，路德居住的地方被腾让出来，供他和妻子以及 6 个孩子居住。路德故居的房间至今保持着 1535 年路德居住时的原貌，展示了路德的私人物品、克拉纳赫的油画以及俄国沙皇彼得大帝在 1702 年创作的几幅涂鸦作品。路德故居旁是路德的朋友兼最有力的支持者、神学家梅兰西顿的故居。他曾帮助路德将《圣经》从希腊语和希伯来语翻译成德语。

城堡教堂

城堡教堂就是传说中当年路德钉《论纲要 95 条》的地方。只是原来的教堂大门在 1760 年的大火中已经被烧毁。现在取而代之的是 1858 年设立的刻有拉丁文《论纲要 95 条》的铜质纪念碑。教堂中还保存着路德和梅兰西顿的坟墓。

圣马利亚城区教堂

市中心集市广场旁的圣马利亚城区教堂是维滕贝格最古老的建筑物，也是当年开启基督教全面改革的地方。1521 年，世界上第一次新教敬拜就是在这里进行的。教堂内的由文艺复兴时期的著名艺术家克拉纳赫修建的华丽祭坛是路德曾经传教布道的地方。1525 年，路德在这里迎娶了自己的妻子。

戈斯拉尔 GOSLAR

06

最美理由 /
　　因为亨利三世夏季行宫的修建，戈斯拉尔曾是召开帝国会议的地方，是曾经德国乃至欧洲历史的中心。这座保存完好的中世纪小城，连同拉默尔斯贝格的老矿山，被联合国教科文组织列入《世界遗产名录》。

最美季节 / 夏季
最美看点 / 集市广场 皇帝行宫 拉默尔斯贝格矿山博物馆
最美搜索 / 下萨克森州

这座保存完好的中世纪小城仿佛静止于时光中，从未改变

由于哈茨山脉丰富的银矿资源，公元 10 世纪，亨利一世下令建造了戈斯拉尔城。专门用来开采银矿，制作银器。到 1050 年，当时的皇帝亨利三世在这里修建了行宫，此后的几个世纪，戈斯拉尔召开了多次帝国议会，使之一度成为德国乃至欧洲历史的中心。13 世纪的时候，戈斯拉尔加入"汉萨同盟"，城镇的发展进入鼎盛时期，繁华一时。如今，戈斯拉尔老城区依然保留着大量 1850 年以前的木质房屋，甚至有 168 座是中世纪建筑。漫步在木屋林立的小镇小巷内，仿佛置身历史的轮回中。

集市广场

所有汉萨同盟城市都有一个集市广场。戈斯拉尔也不例外。戈斯拉尔集市广场周边都是历史悠久的建筑。后哥特式的市政厅有着白色的拱顶，里面装饰着精美的壁画。市政厅对面的奏乐大钟，描绘了戈斯拉尔 4 个采矿的场景。广场边的恺撒沃尔特旅馆建于 1494 年，是一栋有着 500 多年历史的建筑，高品质的房间服务让这个旅馆深受旅行者喜爱。广场中央的喷泉，历史可以追溯到 13 世纪。水盘顶上的帝国之鹰是这座城市的标志，象征着自由的帝王之城。

皇帝行宫

戈斯拉尔的皇帝行宫建于 11 世纪，是德国现存宫殿式建筑中规模最大的一座。宫殿内表现德国历史的巨幅壁画非常珍贵。宫殿的南侧藏有一个装着亨利三世心脏的石棺。

拉默尔斯贝格矿山博物馆

戈斯拉尔的拉默尔斯贝格矿山从 10 世纪开始进行银、铜、铅矿的开采，一直到 1988 年。其中的一部分开采坑道被保存下来，建立了著名的拉默尔斯贝格矿山博物馆。在这里，人们可以在 200 年前的旧矿山坑道内步行参观，也可以乘坐矿山列车去参观近代的开采现场。

TIPS

🔘 **地址**　下萨克森州哈茨山地区西部。
🔘 **贴士**　每周二和周五上午，集市广场都会有早市，出售香肠、面包、蔬菜、鲜花等。

戈斯拉尔老城区依然保留着大量1850年以前的木质房屋

韦尼格罗德 WERNIGERODE 07

最美理由 /
  它是哈茨山地区著名的古镇。这里色彩斑斓的木结构房屋、尖顶的后哥特式市政厅、美丽的韦尼格罗德城堡，都是这个城镇的骄傲。同时，它也是哈茨山脉北部的旅游集散地，是进入上哈茨山国家公园的最佳点之一。

最美季节 / 5～9月
最美看点 / 集市广场 市政厅 木质民居 韦尼格罗德城堡 窄轨火车
最美搜索 / 萨克森－安哈尔特州

色彩斑斓的木结构房屋，尖顶的后哥特式市政厅都是韦尼格罗德的骄傲

韦尼格罗德是一座童话般的城镇。城镇中弯弯曲曲的街道、色彩艳丽的木质房屋、有着尖尖屋顶的市政厅、华丽气派的城堡，让这座城镇显得格外迷人。

集市广场

小镇的集市广场就像一个色彩斑斓的调色盘，四周都是艳丽明亮的木质民居。广场上有蔬菜、水果等集市，是小镇的中心。

市政厅

拥有可爱尖顶的市政厅就在集市广场上。这座始建于 1492 年的木结构建筑，在 1543 年经历火灾后进行了重修，留下了当年流行的后哥特式建筑风格。两座有着尖尖屋顶的塔楼与主楼非常协调。市政厅里侧有一座历史悠久的木质民居，是小镇的哈茨博物馆，专门展出哈茨山地区的植物、岩石、动物等。

木质民居

广场不远处的希弗斯屋建于 1680 年，当初是作为水车小屋使用的。因为长年累月流水的侵蚀，房屋的地基发生了倾斜，却也成就了希弗斯屋独特的外观。小镇上最小的房子是建于 18 世纪中期的克莱恩斯特屋。房屋宽仅 3 米。小镇的主要街道布赖特街两旁都是美丽的木质民居。游客可以一边漫步一边

TIPS

地址	德国中部城市。在哈茨山北麓、霍尔特默河和齐利尔巴赫河汇流处。
贴士	韦尼格罗德是铁路要站，从这里可以乘坐已有近一个世纪历史的蒸汽火车到哈茨山的最高峰——布罗肯峰旅行。

参观。

韦尼格罗德城堡

初建于 12 世纪的韦尼格罗德城堡最初是为了保护来哈茨山打猎的皇帝而修建的。后来经多次扩建，将哥特式建筑风格与文艺复兴时期的建筑风格完美地融合在一起。城堡内保存着皇帝的画像和华丽的卧室。城堡正面墙上的壁画讲述的是 19 世纪斯多尔堡·韦尼格罗德奥托伯爵的谦恭礼让的故事。登上城堡的塔楼，眼前一下子开阔，韦尼格罗德小镇的全景展现眼前。

窄轨火车

韦尼格罗德还是蒸汽窄轨火车北端的终点站。这种老式火车已经在哈茨山地区奔跑近一个世纪了。从韦尼格罗德开往哈茨山地区最高峰的布罗肯峰的 SL 线路很受游客的欢迎，沿途风景如画。

瑙姆堡 NAUMBURG

最美理由 /

　　瑙姆堡因为壮丽教堂而闻名。其圣伯多禄及圣保禄主教堂是德国最杰出的哥特式建筑之一。瑙姆堡是尼采儿时生活的地方，也是他度过晚年的地方。这座城镇包括市政厅和门桥在内的中世纪建筑，被称为"瑙姆堡文艺复兴"风格的代表。

最美季节 / 6月，樱桃节

最美看点 / 圣伯多禄及圣保禄主教堂 尼采故居 樱桃节

最美搜索 / 萨克森－安哈尔特州

包括市政厅和门桥在内的中世纪建筑，被称为"瑙姆堡文艺复兴"风格的代表

　　瑙姆堡位于萨克森—安哈尔特州南部，是德国著名的古城之一，始建于公元 10 世纪。早在 1000 年左右，这里就出现了规模较大的城堡建筑，这里拥有欧洲最漂亮的大教堂，晚期罗马风格和哥特风格在这里交相辉映。

圣伯多禄及圣保禄主教堂

　　和德国的科隆一样，瑙姆堡是一座因其壮丽的圣伯多禄及圣保禄主教堂而闻名的城镇。这座始建于 1213 年的教堂，最初包括后罗马式建筑风格的东唱诗班教坛、教堂的十字翼部和教堂主体。现在人们所看到的教堂是 13 世纪在原教堂的地基上重新建造的哥特式建筑风格的教堂。只有原来的东部地下室保留到了现在。教堂现存的西唱诗班教坛建于 13 世纪中期，典型的哥特式建筑风格。这里不仅镶嵌着德国最古老、最有价值的彩绘玻璃窗，描述了耶稣使徒的美德和过失。还有一尊 13 世纪的人物雕塑，雕刻的是教堂的两位捐助者——马格拉夫·埃克哈德和他的妻子尤塔。雕塑充满了生动细致之美。瑙姆堡的尤塔是德国人心中的偶像，小城里到处有关于她的纪念品卖。东唱诗班教坛建于 1330 年。唱诗席位的楼梯非常值得一看。当时马格德堡的艺术家亨利·阿佩尔用一些农场的动物，以及童话故事里的人物和怪物形象装饰楼梯栏杆，风趣别致。

尼采故居

瑙姆堡还是尼采儿时生活的地方，也是他晚年去世的地方。他居住过的地方现在已经开辟成了一家博物馆，专门用来展出大量有关尼采的照片和文稿。除此之外，在瑙姆堡还可以参观包含木偶剧院的马里恩特城门和哥特式的圣温塞斯拉斯教堂。这座教堂里最著名的东西就是巴赫曾用过的 18 世纪的风琴了。

樱桃节

每年 6 月的最后一个周末，瑙姆堡东南部的牧场还会举行樱桃节。据说，当年捷克人围攻瑙姆堡，是一个小孩子解救了这座城市，并且让大家都能吃上饭。为了庆祝逃出生天，瑙姆堡人举行了热闹的庆祝活动。这个活动就是延续至今的樱桃节。樱桃节上，人们会搭起临时的摊位，提供当地的特产葡萄酒和食物，还有现场演奏。整个小城都沉浸在沸腾的气氛中。

TIPS

◎ 地址　萨克森－安哈尔特州萨勒河畔。

◎ 贴士　1.从柏林乘坐ICE特快列车需要约2小时26分钟，才能到达瑙姆堡。2.乘坐2号小型巴士可以往返于车站和集市广场之间。

圣伯多禄及圣保禄主教堂是瑙姆堡的象征

丁克尔斯比尔 DINKELSBUHL 09

最美理由/
　　这座古老的弗兰肯赫厄山城镇是德国境内保存最好的中世纪城市之一。16座塔楼和4扇城门组成的防御城墙让小镇看上去来自遥远的中世纪，从未在时间的洪流中改变过。以维尔茨堡为起点的浪漫之路经过这里，直至阿尔卑斯山脚。

最美季节/ 7月中旬，丁克尔斯比尔将会举办盛大的儿童节游行活动

最美看点/ 城墙 德意志之家 圣乔治大教堂 儿童节

最美搜索/ 拜恩州（巴伐利亚州）

城墙

　　丁克尔斯比尔曾是帝国自由都市，手工业和商业贸易繁荣一时。当时为了防御敌人的攻击，丁克尔斯比尔的市民们世世代代不断修筑城墙，把小镇牢固地环绕起来。修筑的工程从8世纪一直延续到15世纪。

　　有着16座塔楼和4扇城门的城墙是十几代丁克尔斯比尔人的心血。也正是这坚固的城墙使丁克尔斯比尔免于遭受农民战争、"三十年战争"，以及后来的世界大战的战火荼毒，将中世纪城市的美丽风貌完整地保存了下来。塔楼中的沃尔尼兹塔、诺德林格塔、塞里根塔和罗森伯格塔几乎完整无缺地保存了下来。站在城墙上，能眺望整个小镇的风光——红砖色的城市街景、木结构的精致民居、蜿蜒曲折的小巷，宁静而美丽。

德意志之家

　　小镇中的民居大部分都是历史久远的木结构房屋。建于1440年前后的德意志之家就是其中最著名的一栋。虽然现在这座木质民居已经被改造成一处旅馆饭店，但是仍然有很多游客慕名前来参观。黑色磨光的台阶、年代久远的油灯……每个角落都透露着历史的层叠、时光的变迁。

圣乔治大教堂

　　集市广场旁的圣乔治大教堂可以说是德国南部最纯粹的后哥特式教堂之一。朴素的外表下面是极其华美的内部装饰。高大的扇形穹顶将内部空间无限扩大，给教堂平添了一种空灵感。教堂内的讲道坛、洗礼盆以及耶稣受难架都是非常珍贵的。登上教堂的塔楼，还能很好地观赏整个城镇的风景。

TIPS

地址 拜恩州（巴伐利亚州）西南部的中弗兰克地区。

贴士 每年7月，丁克尔斯比尔都会举办盛大的儿童节。据说，"三十年战争"期间，小镇曾被瑞典军队包围。是一群孩子的苦苦乞求感动了瑞典人，使他们放弃了对这座城市的围攻。为了纪念这一历史，丁克尔斯比尔每年7月都会举办儿童节，以化装游行和历史剧表演的方式将其世代相传。

这座古老的弗兰肯赫厄山城镇是德国保存最好的中世纪城市之一，仿佛从未在时间的洪流中改变过

科布伦茨 KOBLENZ 10

最美理由 /
　　科布伦茨因为其特殊的地理位置，自古以来都是兵家必争之地。也因为其特殊的地位，使其历史悠久，耐人寻味。数千年的历史为科布伦茨留下了童话般的城堡，有通往浪漫莱茵地区的迷人户外风光，有庞大坚固的要塞遗址。

最美季节 / 8月，国际杂耍节
最美看点 / 圣母大教堂 德意志角 爱伦布埃斯坦要塞
最美搜索 / 莱茵兰－普法尔茨州

摩泽尔河汇入莱茵河的地方就是科布伦茨著名的"德意志角"

　　德国人的母亲河摩泽尔河和父亲河莱茵河的交汇处就是美丽的科布伦茨。这座城市的历史可以追溯到约公元前 10 年。罗马人在这里建立了一座军事要塞，因为"河流交汇处"的科布伦茨有着非常重要的战略意义，自古以来都是兵家必争之地。从中世纪一直到 19 世纪，科布伦茨都是大主教特里尔选帝侯的所在地。悠久的历史、绝佳的地理位置为科布伦茨留下的是迷人的城镇风光。

圣母大教堂

　　老城区中心的圣母大教堂拥有着罗马式的主楼、哥特式唱诗班和巴洛克式的塔楼。中央的彩绘拱顶以及熠熠生辉的彩绘玻璃让整个教堂看上去光彩夺目。

德意志角

摩泽尔河汇入莱茵河的地方是科布伦茨著名的"德意志角"。这是一个坐落在河流汇合处沙洲上的岬角。1897年，人们把城市的中世纪留下来的城墙拆毁后，将城墙的材料填到了这里。建了这个像船头一样的三角形地带。"德意志角"的高台上是德国皇帝威廉一世骑马的青铜像。原始的铜像矗立于1897年，"二战"时被炸毁。原来的位置为德国统一的纪念碑所代替。直到近年，复制的铜像才被重新建造起来，作为德国统一、和平的象征。不远处是著名的条顿骑士团之家。这座建于13世纪的建筑群目前是路德维希博物馆，馆藏着1945年以来的法国和德国的现代艺术品。

爱伦布埃斯坦要塞

"德意志角"对岸隐约可见的是宏伟的爱伦布埃斯坦要塞。它是世界上最大的城堡之一。建于公元9世纪。经过1648～1786年特里尔大主教和选帝侯的不断扩建，变成了一座巨大坚固的要塞。1801年，拿破仑率领的法国军队攻占了科布伦茨，并将爱伦布埃斯坦要塞夷为平地。数年后，普鲁士人又在原址上修建了这座号称欧洲最坚固的要塞。现在的要塞已经被改造成科布伦茨州立博物馆，展示着科布伦茨的前世今生。站在要塞上，眼前呈现的是科布伦茨、莱茵河以及摩泽尔河的壮美风光。

TIPS

📍 **地址** 莱茵兰—普法尔茨州，摩泽尔河与莱茵河交汇处。

📍 **贴士** 从法兰克福的火车总站乘坐ICE、IC、EC特快列车，大约需要85分钟。如果从科隆出发的话，大约需要55分钟。

威廉一世骑马的青铜像被视为德国统一、和平的象征

吕德斯海姆 RÜDESHEIM　　　　11

最美理由 /
　　风景如画的吕德斯海姆因其上等的雷司令葡萄酒而闻名，有"酒乡"之称。小镇的街道两旁是不计其数的小酒吧和商店。有人说，吕德斯海姆是"莱茵河上的明珠"。从这里，葡萄酒之旅正式拉开序幕。

最美季节 / 夏秋季
最美看点 / Drosselgasse街道 齐格弗里德机械音乐厅 葡萄酒博物馆
最美搜索 / 黑森州

有"酒乡"之称的吕德斯海姆是德国葡萄酒之旅的起点

　　酒乡吕德斯海姆坐落在莱茵河河岸森林密布的缓缓的山坡上，历史甚至可以追溯到古罗马时期。作为通往莱茵河谷地区的大门，每年都有很多游客从这里乘坐莱茵河下游观光游览船。

　　除此之外，吕德斯海姆还是一座可爱的小城。层层叠叠的红色屋顶，绿树掩映的街道，花香飘逸的城市，一切都那么美好。小城的一切都小巧而精致，小街巷、小酒馆、小博物馆、小火车站……只有小镇周边的葡萄园是大片大片的。风光如画的村庄、连绵不绝的葡萄园、古老宁静的庄园，还有上等的雷司令葡萄酒为吕德斯海姆赢得了"酒乡"的称号。

Drosselgasse 街道

著名的 Drosselgasse 街道是吕德斯海姆的主街道。隧道一样的小巷两旁是数不胜数的小酒馆和小商店，装饰得或者质朴或者华丽。小酒馆里到处是欢庆的人们，一边品尝当地的特色葡萄酒，一边随音乐翩翩起舞。风情浓郁的歌谣弥漫整个小巷。小镇的很多私人酒窖都向游人开放，在这里可以开怀畅饮，品尝各种葡萄酒。

齐格弗里德机械音乐厅

Drosselgasse 街尽头是齐格弗里德机械音乐厅。这里收集了很多有趣的自动演奏乐器。比如，18、19 世纪制造的自动钢琴，等等。

葡萄酒博物馆

位于莱茵街的布勒姆瑟城堡已经有 800 多年的历史了。城堡内的葡萄酒博物馆展示了制作葡萄酒所必需的工具，以及自罗马时期以来，当地各个时期不同式样的珍贵酒具。当然，这里也出售上好的葡萄酒。登上城堡的塔楼，还能俯瞰吕德斯海姆和莱茵河的美丽景色。

在吕德斯海姆，还可以乘坐吊篮式缆车到瞭望台尼德瓦尔德去参观日耳曼女神雕

TIPS

📍 **地址**　黑森州，通往莱茵河中流山谷处。
📍 **贴士**　每年夏季周末，吕德斯海姆便成了一年一度的街头表演节的场地。

像。10.4 米高的日耳曼女神雕像是为了纪念 1870 ～ 1871 年的普法战争的胜利而建造的。而在尼德瓦尔德的森林里散步，也是一件非常惬意的事情。

大片大片的葡萄园、风光如画的村庄，
以及上等的雷司令葡萄酒为吕德斯海姆赢得了"酒乡"的称号

爱尔福特 ERFURT　　　　　　　12

最美理由 /
　　　这座拥有1200年历史的城镇是图林根州的首府，也是图林根州最古老的城市。这是一座迷人而充满活力的城镇，保留着许多中世纪以来的建筑瑰宝。蜿蜒曲折的城市街道、年代久远的碎石路面，爱尔福特的

历史在城市的每个细节上呈现。
最美季节 / 5～9月
最美看点 / 圣母大教堂 鱼市广场 克莱梅尔桥 奥古斯丁教堂及修道院
最美搜索 / 图林根州

作为图林根的最古老的城市，爱尔福特保留着许多中世纪以来的建筑瑰宝

　　公元742年，爱尔福特因成为一个主教辖区而正式进入历史。作为东部和西部的一

个重要的贸易地，以及在中世纪开始利用菘蓝生产珍贵蓝色颜料，爱尔福特得到飞速的

发展，日益繁荣。可惜 1472 年的一场全城性大火让爱尔福特没能留下任何 15 世纪之前的建筑。著名的爱尔福特大学始建于 1392 年。这所大学最杰出的学生就是宗教改革领袖马丁·路德。1501 ~ 1505 年，他曾在这里学习哲学。

圣母大教堂

城镇的圣母大教堂最初建于 742 年，后来被人损毁了。现在的哥特式风格的教堂建于 14 世纪。从教堂广场通往教堂主入口的宽阔台阶，可以看到入口处摆放的 12 圣徒的雕像。教堂内高达 14 米的绘有《圣经》场景的美丽彩绘玻璃窗、沃尔弗拉姆雕像的人形青铜大烛台、15 世纪的灰泥塑圣母玛利亚像，以及中心塔楼上直径达 2.5 米的巨钟都被完好地保存了下来。旁边的圣瑟维鲁教堂拥有三座哥特式的尖形塔楼，还有一座珍贵的石刻圣母玛利亚像、一个 15 世纪的圣水器，以及建于 1365 年的哥特式风格的圣塞维鲁石棺。

鱼市广场

热闹的鱼市广场被不同年代、不同风格的房屋所包围，色彩艳丽、装饰奢华的建筑竞相耸立。气派的市政厅建于 1870 年，哥特式的建筑风格、华丽的内部装饰、取自《浮士德》和《唐怀瑟》的壁画，都是非常值得参观的。

克莱梅尔桥

横跨在格拉河上的克莱梅尔桥是欧洲最长的带房屋的桥梁，也是爱尔福特最迷人的建筑之一。宽 18 米、长 120 米的克莱梅尔桥

TIPS

📍 **地址** 德国中部图林根州的首府。位于图林根流域南方，格拉河河谷之内，是地理上最接近德国中心地带的主要城市。

📍 **贴士** 从法兰克福乘坐ICE大约需要2个小时。从爱森纳赫出发需耗时约30分钟。

最初是木桥，1325 年重建时改成了石桥。桥的两端原本各建有一座教堂。现在只保留下来了东边的教堂，成为著名的 sorat 旅馆的一部分。

奥古斯丁教堂及修道院

建于 13 世纪末期的奥古斯丁教堂及修道院因马丁·路德曾经在这里做过修士而著名。其古老的哥特式风格的彩绘窗、路德曾经住过的房间，以及有关宗教改革的展览都是很吸引人的。

爱尔福特的历史在城市的每个细节上呈现

巴哈拉赫 BACHARACH

13

最美理由 /
　　巴哈拉赫被誉为莱茵河畔最美的小镇，是公认的"葡萄酒之乡"。百年历史的葡萄酒小镇上，清一色的石子路曲折悠远，山形墙面的欧式木屋五彩斑斓，时光似乎一直停留在小镇最美的那一刻。童话般的梦境，一旦进入，就忍不住沉醉。

最美季节 / 6月和10月，举办中莱茵地区最古老的葡萄酒节

最美看点 / 斯塔莱克古城堡 Altes Haus 邮政大楼 巴哈拉赫葡萄酒

最美搜索 / 莱茵兰—普法尔茨州

巴哈拉赫被誉为莱茵河畔最美的小镇，大片大片的葡萄园。古老的古堡点缀在莱茵河景色最美的地方

有人说，巴哈拉赫是莱茵河畔村镇中最美丽迷人的一座。通过厚重的拱形城门进入小镇，隐藏在城墙后的迷人的中世纪风情总让人们忍不住感叹，时光似乎从未能将其改变。漫步在碎石铺就的小街上有一种仿佛恍如隔世的感觉。小镇的幽静与美丽用任何语言来表达都是贫乏的。

巴哈拉赫所在的莱茵河畔是莱茵河景色最美的一段，河道蜿蜒，河水清澈。山坡上是大片大片碧绿的葡萄园，古老的古堡点缀在莱茵河两岸。许多到法兰克福或是美因茨的游客都会慕名到巴哈拉赫，因为它就在这两座城市之间。

斯塔莱克古城堡

有着两千多年历史的巴哈拉赫，本身就像是一本活的历史书：清一色泛着历史光泽的碎石街道、1213 年修建的作为防御工事的城墙、坍塌了 400 年的哥特式圣沃纳教堂、17 世纪建的充满浪漫气息的木质民居、被改造成青年旅社的斯塔莱克古城堡、华丽的维尔纳小教堂遗址，每一处都透着静谧古老。

Altes Haus 邮政大楼

巴哈拉赫的主街道两旁矗立着精致古老的木质房屋，Altes Haus 邮政大楼就是其中最著名的标志性建筑。小镇的居民都非常喜欢种花，家家户户的窗台都摆放着五颜六色的鲜花，将色彩斑斓的民居映衬得更加绚丽，将整个小镇都包裹在一种甜美悠然的气氛中。

TIPS

📍 **地址**　莱茵兰—普法尔茨州，法兰克福和美因茨中间的莱茵河畔。

ℹ️ **贴士**　除了浪漫的中世纪风情，巴哈拉赫还以悠远的葡萄酒传统而闻名。据说，400 年前，人们只有在这里才可以买到唯一的甜葡萄酒——巴哈拉赫葡萄酒。这里的人们将装在酒桶里的葡萄酒放在火上加热，通过高温杀死酵母菌，避免酵母糖发酵后转化成酒精，而使葡萄酒含糖量降低的境况。用这种方法酿成的葡萄酒被当地人称为火葡萄酒，它不仅拥有足够的酒精，可以长久保存；而且保留了足够的糖分，拥有甜美的口感。

百年历史的小镇上，曲折的石子路、五彩斑斓的欧式木屋，时光似乎一直停留在小镇最美的那一刻

迈森 MEISSEN

14

最美理由 /
　　它是欧洲的瓷器之都，生产着欧洲最负盛名的高档陶瓷。很多游客长途跋涉来到这里，只为购买著名的迈森瓷器。这里完好地保存着中世纪的城市街景、恬静的田园风光、连绵的葡萄园，一切看上去都很美。

最美季节 / 5～9月
最美看点 / 迈森瓷器工厂 阿尔布雷希特堡 集市广场
最美搜索 / 萨克森州

迈森是欧洲最负盛名的瓷器之都，并完好地保存着中世纪的城市街景

位于德累斯顿西北面的迈森，被欧洲人称为"白色黄金"之乡。公元 929 年，国王亨利一世把这一地区作为他向东扩张进入斯拉夫地区的桥头堡而修建要塞。968 年，迈森已经成为主教辖区。

迈森瓷器工厂

到 18 世纪奥古斯特统治迈森的时代，有一炼金术士波格宣称得到炼瓷的秘方，由于当时只有中国能够生产瓷器。奥古斯特得知此事后非常兴奋，立刻在阿尔布雷希特堡建造了一座炼瓷厂用来生产瓷器。为了保存秘方，防止炼瓷之方流传于民间，瓷厂的戒备非常森严。最初的瓷品比较简单，设计只限于花、鸟、鱼、虫。到波格的承继者夏洛特开始，迈森瓷器开始尝试以钴蓝作颜料生产餐具。此后，他的迈森瓷品逐渐闻名于世，其一对交叉蓝色利剑的商标逐渐成了世人追逐的标志。1865 年，瓷厂迁至柴比茨谷，1918 年正式名为"迈森瓷厂"。虽然经常会有很多游客排队，但是迈森瓷器工厂仍然是不得不参观的地方。只有在这里才能真正看到独特的迈森瓷器是如何生产制作出来的。工厂分为参观用的作坊和瓷器博物馆。在作坊中不仅可以了解迈森瓷器的制作过程，还可以现场参与实际制作过程。二层和三层的瓷器博物馆则展示了自 18 世纪以来的大约 3000 件精美的陶瓷作品。除此之外，迈森瓷器工厂还有精美的迈森瓷器出售。

阿尔布雷希特堡

沿着陡峭的台阶登上的阿尔布雷希特堡坚固而雄壮。从 1710 ～ 1864 年，这里是迈森的瓷器工厂，目前里面展示的是一系列中世纪的雕塑。

集市广场

小镇中心的集市广场上有非常独特的市政厅。有着人字形的屋顶。小镇的标志性建筑圣母教堂安装着世界上最古老的陶瓷钟。大钟于 1929 年悬挂，每天会发出 6 次不同的鸣音。登上教堂的塔楼，可以一览小镇的风光。建于 12 世纪初的尼古拉教堂边有世界最高大（2.5 米高）的瓷质塑像。

拉策堡 RATZEBURG　　　15

最美理由 /
　　建在拉策堡湖沼自然公园的湖面小岛上的拉策堡有一个别称，叫作"岛中之城"。这是一座"浮在湖面上的中世纪小镇"，宁静而安详，优越的气候环境使拉策堡成为欧洲著名的疗养场所。

最美季节 / 5～10月
最美看点 / 拉策堡大教堂 巴拉赫博物馆 A.保罗・韦伯博物馆
最美搜索 / 石勒苏益格—荷尔斯泰因州

始建于1044年的拉策堡就像一座浮在湖面上的中世纪小镇

　　1044年，基督教传教士来到拉策堡，建造了一座修道院，从而拉开了拉策堡的历史序幕。1143年，萨克森公爵亨利三世成为拉策堡的统治者，1154年在此建立了传教士的主教辖区，后成为劳恩堡公爵的府邸。拉策堡主教国是德国北部最后一个天主教国家。直到1554年，最后一任主教国统治者去世4年后，拉策堡改宗信义宗。1693年，拉策堡几乎被丹麦国王克里斯蒂安五世的军队完全摧毁。在拿破仑战争时期，拉策堡又被并入法兰西第一共和国，后根据《维也纳会议》划归丹麦。直到第二次石勒苏益格战争后，拉策堡才成为普鲁士王国的一部分。

　　建在拉策堡湖沼自然公园的湖面小岛上的拉策堡就像是一座浮在湖面上的中世纪小镇，靠着3条人工堤与外界相连。拉策堡湖四周纵横交错的河流又为拉策堡赢得了"北方的亚马孙河"的称号。这里丰富的动植物品种和美丽的风景、清新自然的空气、宁静安详的环境，使拉策堡成为欧洲著名的疗养场所。

拉策堡大教堂

小镇标志性建筑是一座哥特式大教堂。13世纪的时候，亨利三世在拉策堡建造了一座哥特式的大教堂，即拉策堡大教堂，是德国北部最古老的罗马式砖瓦建筑。教堂坐落在湖心岛上，红色外墙，建筑的铜屋顶经过长年累月的风吹雨淋，已经变成绿颜色。教堂前矗立着一座庄重的青铜狮纪念碑，神情专注地凝视着远方。据说这是世界上最古老的青铜雕像。整个教堂掩映在四周绿树丛中。透过密密的树丛，看到的是山脚下波光粼粼的湖面。

TIPS

📍 **地址** 石勒苏益格-荷尔斯泰因州、劳恩堡县的县治所在。

📍 **贴士** 从吕贝克乘坐开往吕讷堡的RE列车即可到达。大约耗时15分钟。

巴拉赫博物馆

这里的博物馆是不容错过的景点，如巴拉赫博物馆，展示有以风格独特著称的雕塑家、诗人巴拉赫的作品。

A. 保罗·韦伯博物馆

A. 保罗·韦伯故居博物馆，收藏的则是这位以动物为题材作画的著名社会讽刺家的平版画、素描画和油画等多幅作品。而小镇的乡土博物馆展示的是与这座小镇历史有关的各种物品。

绿林丛中的拉策堡大教堂是德国北部最古老的罗马式砖瓦建筑

弗赖堡 FREIBURG　16

最美理由 /
　　由于黑森林近在咫尺，它也被称为"黑森林之都"，是探索黑森林地区最佳的基地。它还有一所创立于15世纪中期、已有500多年历史的弗赖堡大学。古老的大学与年轻的学子，给弗赖堡带来了厚重的文

化与青春的活力。
最美季节 / 春季
最美看点 / 明斯特教堂 奥古斯丁博物馆 弗赖堡大学 水渠
最美搜索 / 巴登－符腾堡州

悠久的历史为弗赖堡留下了大量的历史古迹

1120 年，扎林根伯爵首先建立了弗赖堡。从此弗赖堡开始了自己悠久的历史。坐落在凯泽斯图尔山和费尔德山之间的弗赖堡是通往南方黑森林的天然通道，被称为德国黑森林的门户。大量历史悠久的古迹、朝气蓬勃的大学城赋予了弗赖堡独特的魅力。

明斯特教堂

据说，弗赖堡的美丽风光主要得益于古老的明斯特教堂。这座始建于 1200 年的罗马式长方形基督教堂，直到 1513 年才得以完成，后期的建筑师为这座教堂添加了哥特式建筑的风格。教堂内部五彩斑斓的彩绘玻璃窗绚丽夺目。如果天气好的话，登上 116 米高的镶着金银丝的塔顶，能看到法国的孚日山脉。教堂前的广场上排列着很多不同时期不同建筑风格的房子，从哥特式到洛可可式，应有尽有。教堂南侧的历史市场曾是一座商贸大厅。其凸肚窗上的盾形纹章，以及阳台上的 4 幅描绘哈布斯堡王朝成员的画像，都在表达这座城市当年对这个王朝统治者的忠心。

奥古斯丁博物馆

这里的奥古斯丁博物馆收藏有大量中世纪的艺术品。同时也收藏了大量中世纪的彩绘玻璃。这些美丽的玻璃被认为是德国迄今为止最重要的彩绘玻璃之一。

弗赖堡大学

与海德堡大学齐名的弗赖堡大学创建于

1457 年，它是德国历史最悠久的著名综合性大学之一。著名的哲学家海德格尔就曾在这里求学。

水渠

弗赖堡还有一个非常有特色的地方，就是沿城市街道穿梭的古老水渠。这是弗赖堡曾经的城市排水系统。不仅能够排出城市街道多余的积水，而且还能为偶尔发生的火灾提供水源。对于水渠，弗赖堡还有一个美丽的爱情传说：如果谁不小心掉进水渠，爱情就会来临。小伙子会娶到一位美丽的弗赖堡姑娘；单身女子会嫁给一位弗赖堡男子。

在弗赖堡漫步时，一定要注意脚下的路面。在很多店铺门前的通道上都会有不同的马赛克图案，菱形代表珠宝店、牛代表肉店、饼干代表蛋糕店。在人行道上还有很多刻有名字和日期的方形铜片，它们每一片代表的都是当年犹太人被关进集中营之前的住处。

柏林　Chapter ❻

也许提到柏林，我们的第一反应是：这是德国的首都，它有一道充满历史心酸的柏林墙，其实除了这些政治因素外，柏林还是一个时尚之都，有长年不断的节日和文化盛事，有精彩的夜生活，还有众多的博物馆。柏林的核心——米特区拥有柏林最多的景点，柏林的象征勃兰登堡门和博物馆岛都在这里，而蒂尔加滕区是德国的政府区，火车总站和波茨坦广场的所在区，弗里德里希区的东边画廊是众多艺术爱好者的圣地，夏洛滕堡区则拥有古老而典雅的夏洛滕堡宫。

勃兰登堡门 BRANDENBURG TOR

01

最美理由 /
　　至今仍存在的唯一一座柏林城门，见证了柏林、德国、欧洲乃至世界的许多重要历史事件。庄严肃穆、巍峨壮丽的大门充分显示了处于鼎盛时期的普鲁士王国国都的威严。它是柏林的象征，也是德国国家的标志。

最美季节 / 5～8月
最美看点 / 胜利女神雕塑 巴黎广场
最美搜索 / 柏林州

勃兰登堡门是柏林的象征，见证了德国乃至世界的许多重要历史事件

　　原是柏林城墙的一道城门，因通往勃兰登堡而得名。现存的勃兰登堡门由普鲁士国王腓特烈·威廉二世下令于1788年至1791年间建造，以纪念普鲁士取得的胜利。直至德意志末代皇帝威廉二世1918年退位前，只有皇室成员和国王邀请的客人才被允许从勃兰登堡门正中间的门孔出入。柏林墙曾在勃兰登堡门后画了一道弧形并向左右两边延伸将整个柏林隔成两半，勃兰登堡门成了军事禁区和德国分裂的标志。1989年，东、西德的总理在勃兰登堡门会合，这里又成为统一的标志。

　　勃兰登堡门高26米，宽65.5米，进深11米，是一座新古典主义风格的砂岩建筑。

它以雅典古希腊柱廊式城门作为蓝本，由 12 根各 15 米高、底部直径 1.75 米的多立克柱式立柱支撑着平顶，东西两侧的 6 根依照爱奥尼亚柱式雕刻，将门楼分隔成 5 个大门。大门正中间略宽的通道是皇家成员通行而设计，内侧的墙面雕刻着最伟大的神话英雄海格力斯、战神马尔斯以及智慧女神、艺术家和手工业者的保护神米诺娃。勃兰登堡门西侧建造有以柏林动物园为代表的大规模城市绿化带，加上勃兰登堡门右侧华丽的菩提树下大街，构成了柏林的"东西轴线"。轴线从勃兰登堡门下经过，连接起了柏林东部政府区与西部商业和园林区。

胜利女神雕塑

站立在门顶中央最高处，高约 5 米。青铜雕塑的女神张开身后的翅膀，驾着一辆四马两轮战车面向东侧的柏林城内，右手持带有橡树花环的权杖，花环内塑有一枚铁十字勋章，花环上站着一只展翅的鹰鸶，还戴着普鲁士王冠。雕塑由普鲁士艺术家沙多夫创

TIPS

地址 位于首都柏林市中心，东侧是巴黎广场和菩提树下大街的尽头，左侧是"3月18日广场"和"6月17日大街"的起点。

贴士 有柏林欢迎卡，可供一个成人和最多3个14岁以下的儿童在柏林-波茨坦地区享用72小时的公共交通，并可享受博物馆、节目表演、景点、观光线路和游船线路的折扣。

作完成，象征着战争胜利。法国军队穿过勃兰登堡门进入柏林时，女神曾被拿破仑作为战利品拉回巴黎，后来才又失而复得。

巴黎广场

位于勃兰登堡门前，法国大使馆、英国大使馆、美国大使馆和艺术学院等都坐落此地。联邦总理府是新建政府区最醒目的建筑之一。总理府的玻璃外墙使得整个建筑透明、宽阔，12 米高的石柱使玻璃外墙结构清晰，并产生了内外呼应的透视效果。透过总理会见层的透明玻璃或站在阳台上，可以望到蒂尔加滕公园美丽的景色。

位于门顶中央最高处的胜利女神雕塑象征着战争胜利

菩提树下大街 UNTER DEN LINDEN AVENUE　02

最美理由／
　　这是柏林最有名的一条街道，也是欧洲最著名的林荫大道。欧洲的浪漫闲适与柏林的古老神韵都在菩提树下大街展露无遗。街道两旁聚集了柏林许多著名的具有历史意义的建筑，如德国联邦议会大厦、勃兰登堡门、柏林大教堂……都围绕在它的周围。

最美季节／ 四季皆宜

最美看点／ 勃兰登堡门 德国国会大厦 洪堡大学 德国历史博物馆 柏林大教堂 柏林市政厅 电视塔

最美搜索／ 柏林州

欧洲的浪漫闲适与柏林的古老神韵都在菩提树下大街展露无遗

　　菩提树下大街从勃兰登堡门开始，到马克思—恩格斯广场结束，被人总结为以"门"开始，以"广场"结束。大街全长 1390 米，宽 60 米。街道两边整齐栽种的 4 行挺拔的椴树像翠绿长廊。由于在德语里，菩提树和椴树的发音比较相似，被误译成"菩提树下大街。"

德国国会大厦

　　菩提树下大街始建于 1647 年，距今已有

300 多年的历史。勃兰登堡门北侧的路边有一排白色的十字架，每个十字架都代表着一个当年翻越柏林墙被打死的东德人。离勃兰登堡门不远的德国国会大厦建于 1884 ~ 1894 年，典型的文艺复兴风格。1945 年 5 月苏联红军攻克柏林后，将红旗插上屋顶迎风飘扬的那张照片的地址就是德国国会大厦。国会大厦最有名的景观就是中央大厅的玻璃屋顶。很多人都慕名前来。

勃兰登堡门一直往东，就到了倍倍尔广场。1933 年纳粹的宣传部长戈培尔曾在这里公开焚书，许多著名作家，如卡尔·马克思的著作都被焚毁。后来，人们在此建立了一个地下图书馆纪念碑。透过地面的玻璃可以看到下面的空书架，以及墙上刻的海涅的名言："焚烧书籍之处，人类终将焚灭。" 洪堡大学、国家图书馆、军械库、新岗亭、老皇宫、圣赫德维希大教堂等著名建筑都在广场周边。

洪堡大学

北面是著名的洪堡大学。这里诞生过 29 位诺贝尔奖得主。爱因斯坦、黑格尔、康德等人都曾在此任教。大学西边是建于 1661 年的巴洛克风格国家图书馆，东边是新古典风格的新岗亭。这里原本是一间普鲁士警卫室，现在则是 "战争和暴政受害者" 的纪念场所。

德国历史博物馆

旁边粉红色的巴洛克式军械库就是德国历史博物馆，华裔建筑设计大师贝聿铭的作品。

TIPS

⊙ **地址**　位于柏林市中心。
⊙ **贴士**　军械库周边有大量的酒吧、餐馆和夜总会，非常热闹。

柏林大教堂

走过施普雷河上的大桥，河心岛上集中了柏林非常著名的博物馆，因此有博物馆岛之称。再往东走就到了柏林大教堂。这是欧洲最大的教堂之一。也是曾经的霍亨索伦皇族的宫廷教堂。这个家族的成员都埋葬在这座教堂的地下室中。各种类型的繁复华丽的棺材已经成为柏林大教堂的一道风景。

柏林市政厅

经过柏林大教堂之后往前行，可以看到始建于 1861 年的柏林市政厅。因为所有墙面都由红砖砌成，也被称为 "红色市政厅"。这里有一个 1879 年所建的中楣，刻录着柏林的历史和经济、科学的发展，有 "石头编年史" 之称。

电视塔

不远处耸立着柏林的标志性建筑之一——柏林电视塔。这是柏林的最高建筑。从电视台的观景平台可以俯瞰柏林的全景。

菩提树下大街的最东头是马克思—恩格斯桥，桥墩上耸立着 8 座大理石雕像。这些雕像是 19 世纪中叶的杰作，刻画的是古希腊神话中的各位女神形象。

波茨坦广场 POTSDAMER PLATZ　　03

最美理由/
　　如果说菩提树下大街展示的是柏林的历史，那么波茨坦广场则是柏林城市复兴的象征，是"新柏林"的形象代言，是新柏林最有魅力的地方。集餐馆、购物中心、剧院和电影院于一身的波茨坦广场成为游客以及柏林人最喜爱的场所之一。

最美季节/ 四季皆宜
最美看点/ 欧洲犹太人纪念馆 索尼中心 戴姆勒·克莱斯勒城 波茨坦广场剧院 柏林爱乐音乐厅 绘画陈列馆 新国家画廊
最美搜索/ 柏林州

波茨坦广场是柏林复兴的象征，柏林的高楼几乎都集中在这里

　　所谓的波茨坦广场其实是一个巨大的十字路口，欧洲第一盏红绿灯就矗立在这里。之后，在这里建起了波茨坦火车站，从而发展成交通最繁华的地区之一，也成了柏林都市生活的代名词。"二战"期间，广场遭到严重毁坏。而随后德国的分裂更是让这一地区陷入低迷。由于当时地处美、英、法、苏管辖区的交界处，并有柏林墙横穿广场，使繁华一时的波茨坦广场沦为没有人烟的隔离区。

　　柏林墙倒塌后，波茨坦广场曾是欧洲最大的建筑工地。周围全是由知名建筑师设计的宏伟建筑。索尼中心、戴姆勒·克莱斯勒城、柏林火车总站、商店、饭店、餐馆、音乐剧院等，柏林的高楼几乎都集中在这里。

欧洲犹太人纪念馆

欧洲犹太人纪念馆修建于 2005 年 5 月，是柏林的最新标志之一，是一座由 2711 根高低不同的水泥柱建成。纪念馆按照时间顺序用图片展示了犹太人在第三帝国期间所遭受的迫害，还有些展厅展示的是对一些个人和犹太家庭的命运。

索尼中心和戴姆勒·克莱斯勒城

旁边就是德国各州在柏林的代表总部的建筑群。波茨坦广场的高层建筑分为两个地区——索尼中心和戴姆勒·克莱斯勒城。索尼中心是波茨坦广场的最高建筑。它的一侧是圆弧形，另一侧却呈现出平面。夜晚，索尼中心及其露天帐篷屋顶在迷人的灯光照射下流光溢彩。索尼中心的电影博物馆展示着德国电影的历史和体验摄影技术。也可以乘坐欧洲最快的电梯，到科尔霍夫大厦的瞭望台，眺望柏林美景。位于戴姆勒·克莱斯勒城中心的阿尔卡登购物中心是柏林最有吸引力的购物中心之一。

波茨坦广场剧院

波茨坦广场剧院是专门上演音乐剧的大剧院。如果有时间的话，可以来这里欣赏一幕世界一流水平的音乐剧。每年 2 月份，这里也是柏林电影节的主会场之一。届时的波茨坦广场星光灿烂、明星闪耀。

TIPS

📍 **地址**	位于柏林市中心位置。
📍 **贴士**	波茨坦广场往勃兰登堡门方向的Ebertstr可以乘坐氢气球，升到150米的空中眺望柏林全城景色。

柏林爱乐音乐厅

广场西侧的柏林爱乐音乐厅是欧洲最著名的柏林爱乐乐团的驻地。其镀金帐篷式的外观颇引人注目，是战后欧洲最大的建筑成就之一。音乐厅的内部采用将乐队指挥台放在五角形演奏厅的中央，指挥台周围被观众座位包围的结构，开创了新的音乐会大厅的构造新理念。爱乐音乐厅也是世界四大音乐厅之一。

绘画陈列馆

与爱乐音乐厅共同构成文化中心的绘画陈列馆以一贯高品质的绘画收藏而著名，收藏了许多 18 世纪以来不同时期，不同地区、国家的伟大绘画作品，以及约 2000 个雕刻板、5 万多幅版画、8 万多幅素描和水彩画。其附属的艺术图书馆甚至收藏了大量的海报、广告和新颖实用的设计方案。

新国家画廊

不远处的新国家画廊收藏的则大部分是 19 世纪晚期以及 20 世纪的艺术作品。

蒂尔加滕公园 TIERGARTEN PARK

04

最美理由 /
　　蒂尔加滕公园是柏林的"绿肺"。浓密的树林、蜿蜒的小径、清澈的湖泊、平整的草地，蒂尔加滕公园是世界上最大的城市公园，是柏林人享受自然的地方。公园中心的胜利女神柱更是柏林的象征。

最美季节 / 春夏季
最美看点 / 胜利女神柱 6 月 17 日大街 世界文化宫 包豪斯设计博物馆
最美搜索 / 柏林州

浓密的树林，平整的草地，还有湖泊、河流，蒂尔加滕公园是柏林的"绿肺"

也许再也没有一座城市像柏林这样，城市的中心是一片森林。施普雷河静静流过的蒂尔加滕公园是柏林的"绿肺"。这里最初是普鲁士统治者的狩猎场，现在是柏林人享受自然的地方，树林、草地、湖泊、河流、森林，不时跳出的小动物，各种各样的野花，连空气都变得清新甘甜。

胜利女神柱

公园中心是柏林的象征——胜利女神柱。为纪念 19 世纪普鲁士军队的赫赫战绩而建的镀金女神像高 8.3 米，被当地人称为"金埃尔莎"。胜利女神柱塔顶的瞭望台是俯瞰柏林景色的好地方。在此以北的白色新古典主义宫殿是望景宫，建于 1785 年，现在已经成为德国总统的官邸。有趣的是，胜利女神柱如今已经成为柏林男同性恋群体的象征。以至于柏林著名的同性恋杂志就以此命名。

6 月 17 日大街

6 月 17 日大街得名于 1953 年的东柏林工人起义。这条大街自西向东将公园分成两部分。沿着这条大街走就能看到为纪念 1945 年在柏林战役中牺牲的红军战士而建的苏联战争纪念馆。据说建纪念馆用的红褐色大理石是从希特勒的官邸拆下来的。

世界文化宫

公园北端的世界文化宫是美国人参加1957 年的建筑展的作品，被柏林人戏称为"怀

TIPS

📍 **地址**　位于柏林市中心，从勃兰登堡门一直延伸到夏洛滕堡的动物园火车站。

孕的牡蛎"，目前已经成为一处著名的文化中心，经常举办来自世界各地的讲座、展览和音乐会。文化宫东侧的巨大钟楼的钟声会在每天的中午 12 点和傍晚 6 点敲响。

包豪斯设计博物馆

蒂尔加滕公园的南侧是使馆区，很多壮观出色的使馆官邸都建在这里。其中最出色的要数绿松石镶嵌的北欧大使馆。再往南是著名的包豪斯设计博物馆。这是包豪斯设计学院当年的创始人格鲁皮乌斯亲手设计的学校，强调简约朴素设计理念的包豪斯艺术风格即源于此。博物馆记录了包豪斯学派对整个西方世界的工业化设计和建筑的影响，以及对当代建筑与设计的各个方面的巨大贡献。

往东则是德国抵抗运动纪念馆。馆内详细记录了德国人反抗纳粹统治的努力。馆中有一些房间就是 1944 年，施道芬堡上校领导纳粹高级官员谋划暗杀希特勒的地方。暗杀失败了，参与者在纪念馆的庭院中被枪杀。东南就是波茨坦广场和由新国家美术馆、绘画陈列馆以及柏林爱乐音乐厅等组成的文化中心。

宪兵集市广场 GENDARMENI MARKT 05

最美理由 /
　　这是欧洲最美的广场之一。德意志大教堂、法兰西大教堂和柏林音乐厅三座建筑杰作所构成的广场景观和谐美丽，令人流连忘返。而每年12月宪兵集市广场的圣诞集市更是号称柏林最知名且最迷人的圣诞市集据点。

最美季节 / 圣诞节，广场会举行创意十足的圣诞集市。

最美看点 / 法兰西大教堂 德意志大教堂 柏林音乐厅 圣诞集市

最美搜索 / 柏林州

由德意志大教堂、法兰西大教堂和柏林音乐厅构成的宪兵广场是欧洲最美的广场之一

　　宪兵广场一度是熙熙攘攘的集市。它的名字来自18世纪在此驻扎的一个步兵团。宪兵广场目前的布局始于腓特烈大帝时期，从1688年开始建造，最初被称为菩提树广场，后来称作弗里德里希城广场或新广场。1736～1782年，广场由军人所用，以此而得名"宪兵广场"。1777年后，广场进行整体统一的设计和扩建。至今广场上依然古意盎然，古老的街灯、古老的建筑，柏林往日繁华历历在目。

法兰西大教堂

　　宪兵集市广场上有三座非常著名的建筑：德意志大教堂、法兰西大教堂，以及由申克尔设计的宏伟的柏林大剧院。法兰西大教堂建于 1701 ~ 1705 年，为从法国逃迁到柏林的胡格诺派教徒所建造。长方形的中心建筑在其长边的两侧建有两个半圆形建筑。1780 ~ 1785 年，在宪兵集市广场的改扩建工程的时候，教堂被加上了一个醒目的塔顶。美丽的哥特式塔顶高达 70 米，是宪兵集市广场上一道亮丽的风景。"二战"中教堂毁坏严重，1977 年被重建，现已成为胡格诺博物馆。

德意志大教堂

法兰西大教堂的姊妹、著名的德意志大教堂始建于 1705 年，最初也叫作新教堂。最初的时候，被腓特烈大帝称为"一头驴"的卡尔·冯·龚塔德为教堂设计了一个拉长的教堂拱顶。可惜"二战"中教堂同样被毁。1996 年经过重新修缮的德意志大教堂重新对外开放。

柏林音乐厅

柏林音乐厅建于 1812 年，原名皇家剧院。1817 年毁于一场大火。后来普鲁士著名建筑师申克尔在剧院原址的废墟上进行新建，将原有建筑的残余部分融入了新的建筑之中。音乐厅高大宽阔，前面突出，并建有爱奥尼亚式圆柱。这座音乐厅是德国古典建筑和世界同类建筑中最为瞩目的明星。内部华丽的席文地板、彩绘的壁画，还有德国最卓越的一架管风琴——耶姆利希管风琴，让人震撼不已。也是在这里，瓦格纳排演了他最著名的歌剧《漂泊的荷兰人》，贝多芬也在这里举行了《第九交响曲》首演。和柏林很多著名建筑一样，柏林音乐厅在"二战"期间被摧毁，

TIPS

📍 **地址**　沿着腓特烈街的车站向南行进，经过菩提树下大街，然后一直往前，在第三个路口左拐，往前就能达到宪兵集市广场。

德意志大教堂始建于1705年

直到 1984 年才重新修复开放，并成为柏林爱乐乐团的大本营。

圣诞集市

德国号称世界第一大圣诞集市王国，每年全国各地的圣诞集市多达 2500 余个。宪兵广场上的圣诞集市，以奇特的手工艺品、超级的美食享受、精彩的文艺表演，成为柏林所有圣诞集市中最迷人的一个。如果圣诞节来到这里，一定要来宪兵集市广场，逛逛精彩纷呈的圣诞集市。

威廉大帝纪念教堂 GEDAECHNISKIRCHE 06

最美理由 /
　　这座位于柏林繁华闹市区的威廉大帝纪念教堂被人们称为"蛀牙"，是柏林最著名的地标性建筑之一。它的存在不仅代表着柏林由来已久的繁荣，也是为了提醒人们不要忘记战争给人类带来的悲痛，以及

复兴柏林的决心。
最美季节 / 四季皆宜
最美看点 / 塔楼遗址 纪念馆 蓝色八角教堂 钟楼
最美搜索 / 柏林州

　　1891年，德意志帝国皇帝威廉二世下令在柏林建造一座教堂，以纪念他的祖父、德意志帝国第一个皇帝威廉一世，于是就有了这座带有哥特式元素的新罗马式建筑的威廉大帝纪念教堂。

　　教堂刚一建成就成为柏林城西的一个亮点。来自科隆的弗兰茨·施韦希特建筑师为教堂增加了很多莱茵地区教堂的特点，如不对称的走廊和凝灰岩的外墙。教堂有5座钟楼，其中的主钟楼高113米，当时是柏林的最高建筑。由于这座教堂的成功，新罗马式建筑一度风靡整个德国。教堂内部的装修也非常精致，使用了马赛克、浮雕和雕塑作为装饰。1943年11月，威廉大帝纪念教堂在"二战"中盟军的轰炸中被严重损毁。教堂塔顶被炸毁，墙面也斑驳脱落。为了警示后人，教堂保留下了战争所留下的痕迹，成为柏林仅存的"二战"遗迹之一。

　　战后，政府原本希望能重新建造一座威廉大帝纪念教堂，却遭到柏林市民的反对。他们希望保留旧教堂的残骸以示纪念。最终

双方达成了妥协，68米高的旧教堂钟楼残骸得以保留和保护，以警世战争。而其他废墟都被清除，并在此基础上兴建了一座新的蓝色玻璃的八角教堂、一座新的钟楼，以及一座纪念馆，用来收藏见证这座教堂历史的原始的天花板镶嵌工艺、大理石浮雕，以及用于礼拜的物品。新建的教堂是肃静的灰色，但是当夜幕降临的时候，灯光透过蓝色的查尔特斯玻璃建筑石射出来，教堂在灯光中显得无比美丽魅惑。

　　教堂所在大街的圣诞集市集中了柏林最受人们喜爱的各种圣诞物品，据说每年来此的各国游客多达400万人，几乎是圣诞集市期间来德游客的一半。

TIPS

📍 **地址** 柏林西部中心城区布赖特沙伊德广场。
📍 **贴士** 周一到周六，10:00~16:00开放；周日，10:00~18:00开放。

威廉大帝纪念教堂塔顶二战时损毁严重，仅留68米高的残骸

博物馆岛 MUSEUM ISLAND

07

最美理由 /
　　位于施普雷河河心的博物馆岛汇集了5座形态各异而又和谐共荣的博物馆。这里荟萃了德国博物馆的精华，柏林所有博物馆的历史都发源于此。因为是历史和艺术的完美结合，博物馆岛被列入世界遗

产名录。
最美季节 / 四季皆宜
最美看点 / 老博物馆 新博物馆 老国家艺术画廊 佩加蒙博物馆 博德博物馆
最美搜索 / 柏林州

博物馆岛可以说荟萃了德国博物馆的精华

　　军械库东边，宫殿桥相连的博物馆岛绿树成荫，宁静祥和，施普雷河从两侧静静流过，与游人如织的菩提树下大街形成鲜明的对比。这是13世纪时柏林最早的居民聚居点。岛上的主要建筑就是博物馆。老博物馆、新博物馆、老国家画廊、佩加蒙博物馆以及博德博物馆，特立独行而又相依相衬。

老博物馆

　　岛的最南端，紧邻宫殿大桥和柏林大教堂的是老博物馆。这座世界上最美的古典主义建筑，前身是普鲁士王国第一座公共博物馆。收藏了大量来自古罗马和古希腊的艺术品，以及许多不同时期的雕塑、石棺、壁画和建筑残片。最著名的是19世纪在埃及泰勒

阿玛纳考古时发现的"奈弗尔提蒂女王半身像"。老国家博物馆的前面伸展着卢斯特花园。世界上最大的一个70吨重的花岗岩石盆就放置在这里。

新博物馆

最北端是新博物馆和老国家艺术画廊。新博物馆建于1843～1859年，是为分担老博物馆藏品太多的压力而建。主要展出古埃及的艺术品。

老国家艺术画廊

老国家艺术画廊，建于1867～1876年，被称为"柏林最美丽的博物馆之一"。希腊古典风格的外观，带有高大宽阔的阶梯和普鲁士国王弗里德里希·威廉四世骑马铜像。画廊主要收藏19世纪以来，从古典主义到印象派的艺术画作。其中包括卡斯帕·大卫·弗里德里希的神秘风景画，以及莫奈、雷诺阿的作品。

佩加蒙博物馆

面向西侧的佩加蒙博物馆是岛上最年轻的建筑，建于1930年，因其对古老城镇的重建而闻名于世。其错落有致的展厅如同中世纪古堡。博物馆分为文物收藏馆、远东博物馆和伊斯兰艺术博物馆三大部分。收藏了很多19世纪末20世纪初德国探险队在近中东地区考古挖掘的收获，以及古罗马的古老文物。著名的古希腊佩加蒙神坛则是博物馆的镇馆之宝。

博德博物馆

最外侧的是博德博物馆，为典型的巴洛克建筑风格。一个巨大而突出的圆顶凌驾于

TIPS

🔘 **地址**　柏林市东部中心。
🔘 **贴士**　1.开馆时间:星期一、三、五 10:00～18:00，星期二、星期四 10:00～22:00。2.所有国立博物馆联票6欧元，三日票10欧元。

其宏伟的入口大厅之上，宛如横跨在施普雷河上的一条大船。馆内收藏有大量的古钱币、纪念章和东罗马帝国艺术品。而且还被称为"雕塑品之家"，包括很多雕刻大家的作品，如里门施耐德、贝尼尼、卡诺瓦等。

博物馆岛的5座博物馆形态各异，是历史与艺术的完美结合

查理检查站 CHECKPOINT CHARLIE 08

最美理由 /

　　这是德国一段挥之不去的记忆，是德国曾经遭受国家分裂、人民遭受离散之苦的见证。虽然这段历史已经过去，但德国人仍然保留了一部分柏林墙，用它来记录曾经的苦难，提醒人们对和平的珍惜。

最美季节 / 四季皆宜
最美看点 / 查理检查站（柏林墙博物馆）东侧画廊 柏林墙纪念中心
最美搜索 / 柏林州

查理检查站是对德国曾经苦难的记录

　　第二次世界大战以后，德国被分裂成东德和西德，而柏林成了冷战时期东西两大阵营的直接对立场地。最初，柏林市民还能在各区之间自由活动。只是后来随着冷战的升级，为了防止东德人逃到西德，造成东德工人的严重短缺，东德开始修建柏林墙，刚开始只是铁丝网，后来被大量换成真正的墙，并被东德人称为"反法西斯防卫墙"。1989年11月9日，随着冷战的结束，德国最终走向统一。作为冷战产物的柏林墙被推倒。筑墙的大部分瓦片都被用于后来柏林的道路修整。还有一些则被当作纪念品收藏于世界各地的博物馆中。今天的柏林墙只剩下 1.5 公里，成为对那段历史的记录。查理检查站就是其中的一部分。

查理检查站（柏林墙博物馆）

查理检查站原本是 1961 ~ 1990 年间东西柏林间的 3 个边境检查站之一，也是当时东西柏林间盟军军人非德国人以及外交官唯一的出入检查站，以及东西柏林间唯一的一条市内通道。如今我们仍然可以看到当年竖在美军警卫室旁的警告牌（复制品，原件存放在柏林墙博物馆）。警告牌上写着："你现在正离开美国防区。"因为靠近西柏林市区，检查站及其周边也是当年东柏林人逃往西柏林所愿意选择的地点之一。当年，很多试图翻越柏林墙的东德人都倒在这里。所以唯一保存下来的岗亭被改造成了柏林墙博物馆。博物馆通过照片和文字，展示了 1961 年柏林被封锁时的情景，以及东德人为了穿越柏林墙使用过的各种方法和他们的结局，见证、记录了那段辛酸岁月。

东侧画廊

除此之外，人们还可以去施普雷河沿岸的东侧画廊参观。这是最长的、保护最好也是最有趣的一段柏林墙。全长 1.3 公里的柏林墙成为露天的画廊，绘有 100 多幅来自世界各地的画家的壁画作品，被称为"世界最长的画布"。

柏林墙纪念中心

位于贝尔瑙街的柏林墙纪念中心对面就有一段被保存下来的柏林墙。当年柏林墙刚建起来的时候，从边境处的建筑物上，很多人飞身跳下，逃往西柏林。柏林墙纪念中心通过胶片、证言录音、展示廊，全面地呈现了当年的历史。2000 年，纪念中心的旁边还修建了一座和解教堂。

TIPS

📍 **地址**　柏林东部中心区。

查理检查站作为唯一保存下来的岗亭被改造成了柏林墙博物馆

犹太人博物馆 JUDISCHES MUSEUM   09

最美理由 /

　　这是欧洲最大的犹太人历史博物馆，已经成为柏林的代表性建筑物，也是柏林的必看景点之一。这座充满悲伤气氛的博物馆全面展示了德国犹太人2000多年的历史，以及第二次世界大战时经历的那段悲惨

历史

最美季节 / 四季皆宜
最美看点 / 犹太人博物馆 恐怖地形博物馆
最美搜索 / 柏林州

从外面看上去像伤痕的不规则裂缝隐喻着犹太人不同寻常的历史和曾经遭受的苦难

　　1933年，生活在柏林的犹太人曾在柏林奥兰尼安贝格街的一个犹太教教堂专门建了一座博物馆，以彰显自己的成就。后因纳粹政权兴起，被迫关闭，所有物产没收。"二战"

后关于重建犹太人博物馆的讨论持续了几十年。1978 年博物馆作为柏林博物馆中的一个分部首次开馆。一直以来，不断地有人呼吁修建一个单独的犹太人博物馆。但直到 1999 年，博物馆才正式与柏林博物馆分离。到现在，犹太人博物馆已经接待了数百万参观者。

这座博物馆是欧洲最大的犹太人历史博物馆，为纪念死于第三帝国时期的 600 万犹太人而建，全面展示了德国犹太人 2000 年的生活历程，他们对德国艺术、政治、科学和商业做出的卓越贡献，以及德国纳粹迫害和屠杀犹太人的历史，而后者是展览中非常重要的组成部分，还包括对于大屠杀的追念。

从空中俯瞰，博物馆就像一个曲折蜿蜒的通道。馆内所有墙壁、窗户、走廊都带有一定的角度。不规则的裂缝取代了窗户，从外墙上看上去就像伤痕一样。博物馆曲折的通道、沉重的色调，都在隐喻犹太人不同寻常的历史和曾经遭受过的苦难。

博物馆只能经由隔壁的德国历史博物馆的地下通道，象征着德国和犹太人历史是不能分离的。在地下一层中参观者将在岔口处做出选择，三条走廊将通往不同的场所，也隐喻犹太人最初的选择，通往死难、逃亡或者艰难共存。其中一条走廊通向黑暗的、有

TIPS

📍 **地址**　柏林市区第五大道和92街交界处。

回声的"大屠杀塔"，是为了纪念成千上万被屠杀的人。另一条走廊通向"逃亡者之园"，即外院有一组由 49 根高低不等的混凝土柱构成的雕塑，表现犹太人流亡到海外谋生的艰苦历程。最后一条走廊通向一个陡峭的楼梯，去往一般展厅。无论如何，参观者都必须回到地下室才能离开。"没有最后的空间来结束这段历史或告诉观众什么结论。"博物馆的设计者说。

恐怖地形博物馆

除此之外，人们还可以去恐怖地形博物馆了解那段纳粹历史。第三帝国时期，这里是纳粹最重要的盖世太保总部、纳粹党卫军总部，以及第三帝国安全中心，是柏林最恐怖的地方。"二战"结束后，人们在纳粹刑讯室的地下室开设了恐怖地形博物馆，展出了大量的图片、文件等，以铭记那段历史。位于柏林北部大约 30 公里处的萨克森豪森集中营，曾经有约 10 万犹太人命丧于此。强制劳动的房子、纳粹进行活体实验的实验室，无一不在控诉那段历史。

奥林匹克体育场 OLIMPIASTADION　　10

最美理由 /

　　它是1936年第十一届奥林匹克运动会的主会场，岁月在这里凝固成永恒。它是2006年世界杯足球赛决赛的场地，堪称德国最先进的球场之一，曾被欧足联评为5星级。

最美季节 / 四季皆宜

最美看点 / 马拉松入口 圣火台 温布尼广场 塔楼

最美搜索 / 柏林州

柏林奥林匹克体育场曾被欧足联评为5星级体育场

　　1936年，第十一届奥林匹克运动会原本计划在奥林匹克体育场以北5公里的邮政球场举行。只是纳粹上台以后，希特勒为了向世人证明德国的繁荣昌盛，逼迫设计师维纳尔·马赫建造一座容纳10万人的新体育场。

奥林匹克体育场由此诞生。

　　耗费了巨额资金，用花岗石、大理石等兴建的柏林奥林匹克体育场，拥有一个有两万个看台的游泳池，以及体操馆、篮球场等，还修建了一个比洛杉矶奥运会更豪华的奥运村。体育场仿照希腊圆形大剧场的模式，被设计成开放式露天体育场，椭圆形的看台边有一处出口，一直延伸到五月广场（现在的温布尼广场），在当时被视为体育场建筑中的一大特色。而且这个浩大的工程仅用了两年时间就告以竣工，在当时也称得上是建筑奇迹。

在这届奥运会期间，纳粹印了成吨德国"繁荣与昌盛"的材料，四处发散，来宣传纳粹德国的实力。8月1日的开幕仪式上，希特勒宣布奥运会开幕。也是在这届奥运会，引入了采取火炬接力方式从奥林匹亚传到主办国的火炬接力形式。

"二战"期间，奥林匹克体育场在炮火中成了残垣断壁。战后，德国政府秉着修旧如旧的原则将其修复。历史的沧桑在这里似乎随处可见。椭圆形的体育场在马拉松入口处保留了一个缺口，耸立着1936年的圣火台。圣火台旁边的墙上刻着当年的建筑师以及在这里诞生的大赛冠军的姓名。在体育场周边

TIPS

📍 **地址**　柏林市西部地区。
📍 **贴士**　乘坐地铁5号、75号线在Olympiastadion站
　　　　　下车即可。

的椅子上随便坐坐，仿佛可以嗅到当年奥运会的气息。

2006年，为了迎接世界杯，德国政府对奥林匹克体育场进行翻修改造。外部整修"修旧如旧"。内部则增加了一个椭圆形的棚顶，以及舒适的VIP包厢和效果极好的声光影效，堪称德国最先进的球场之一。2006世界杯意大利对战法国的决赛就在这里上演，为柏林奥林匹克体育场的历史上写下了浓墨重彩的一笔。

体育场西侧的温布尼广场曾经是纳粹集结地。广场上矗立着77米高的钟塔。登上塔楼，能看到体育场的全貌，以及远处的柏林城风光。

东部德国　Chapter 7

　　东部德国包括萨克森—安哈尔特州、勃兰登堡州、萨克森州、图林根州，由于历史原因，这里没有西部德国的经济繁华，却保留着迷人的自然风光，古老的风情小镇，这里还有巴赫曾经生活过、留下过传世之作的莱比锡，有舒曼的故乡，也是著名钢琴制造地的茨维考，以及拥有精美中世纪建筑的包岑，德国最美城市之一的格尔利茨，以及风景无限好的哈茨山……

勃兰登堡 BRANDENBURG

01

最美理由 /

　　勃兰登堡是这个地区最古老的城镇之一，精美的红砖建筑、精致的大教堂，处处都在展现这个小城的历史。湖泊、河流和运河环绕着的城镇一派田园风光，美丽而宁静。当年柏林修建的勃兰登堡门就是因为通往这座小城而得名。

最美季节 / 5～10月

最美看点 / 市中心的古老建筑 古城墙 大教堂岛 卡塔琳娜教堂 市立博物馆

最美搜索 / 勃兰登堡州

湖泊、河流和运河环绕的勃兰登堡一派田园风光

位于柏林以西约 50 公里的勃兰登堡市是勃兰登堡州的直辖市，被称为"哈弗尔河畔的勃兰登堡"。这座宁静美丽的小镇曾是勃兰登堡王国和普鲁士王国的发源地，是这一地区最古老的城镇。6 世纪的时候，斯拉夫民族在这里建城，勃兰登堡正式被载入历史。到公元 948 年的时候，勃兰登堡已经成为一个主教区，后来更是成为普鲁士王国的发源地。"二战"期间，纳粹选择这座城市作为对精神残障人士执行安乐死的地方，有数万人命丧于此。

位于哈弗尔河畔的勃兰登堡风景如画。湖泊、河流环绕其中，将小城分成三座小岛。水在城市生活中占有非常重要的地位。德国非常重要的一条运河——易北—哈弗尔运河就起源于此，沟通中德运河和奥得河水系，是德国东部的通航运河。诸水相伴让勃兰登堡风光旖旎，水上泛舟是这里非常受欢迎的一种旅行方式，也成为柏林和波茨坦周边一日游的最佳选择。

勃兰登堡的市中心矗立着德国北部典型的红砖建筑，古老而精致。虽然历经战争的涂炭，这座小城仍然保留下来了大量的历史遗迹。大教堂岛上的罗马式教堂——圣彼得和圣保罗教堂始建于 1165 年，是这里历史最悠久的教堂。教堂有一个非常精美的哥特式捷克圣坛，还有 1518 年波西米亚主祭坛和神龛，以及美丽的有穹顶和彩绘的礼拜堂。教

堂的博物馆中展示了许多精美的中世纪礼服。

除此之外，哥特式的古老城墙、古朴高大的密尔门塔楼、华丽精致的卡塔琳娜教堂，以及藏品丰富的市立博物馆都是这座小镇不可错过的景致。

这座小城保留着大量历史遗迹，古老而精致

施普雷瓦尔德 SPREEWALD

02

最美理由 /
　　这片由青青牧场、苍翠森林、数百条小河以及沟渠纵横的沼泽地构成的区域是世界生物保护区，拥有欧洲独一无二的迷人风光，被称为"勃兰登堡的威尼斯"。在施普雷瓦尔德泛舟，壮丽的自然景观让人

难忘。

最美季节 / 春夏季

最美看点 / 吕本 吕伯瑙

最美搜索 / 勃兰登堡州

施普雷瓦尔德苍翠茂密的森林、清澈平缓的河流、湿润美丽的沼泽，以及宁静祥和的村落组成如画美景

　　大约2万年前，距今最近的一次冰河期后，施普雷瓦尔德诞生了。施普雷是河的名字，而瓦尔德则是森林的意思。这个受到联合国教科文组织保护的生态圈拥有苍翠茂密的森林、清澈平缓的河流、湿润美丽的沼泽，以及宁静祥和的岛屿村落。这是勃兰登堡的威尼斯。一条条传统的木船在岛屿与村落间穿梭，一切纯美如画。被称为 Kahn 的平底船

是这里唯一的代步工具，也是这里最为传统的交通工具。只有乘着这种小船在施普雷瓦尔德穿梭畅游，才能真正领略到这个生态保护区的独特魅力。

吕本

小镇吕本是整个施普雷瓦尔德的中心。围绕着布局紧凑和巴洛克式宫殿而建的吕本原汁原味，清新自然。美丽的小花园、树荫浓密的迷宫、小餐馆……一切都很小巧可爱。在这里，你可以选择乘船，或者租一艘独木舟开始施普雷瓦尔德畅游的旅行。

吕伯瑙

吕伯瑙比吕本更加美丽，也更像一座观光城市。这里拥有一座小巧的巴洛克式教堂，以及一座凡·吕那儿家族的新古典主义建筑。小城的施普雷瓦尔德博物馆是一栋历史悠久的建筑。这里展出的是这个地区的历史文化。最有意思的是农场博物馆，这个有趣的露天馆，展示的是德国的少数民族——索布人的传统房屋和农场建筑。当然，吕伯瑙也是开始施普雷瓦尔德旅行的不错选择。

TIPS

📍 **地址** 　德国东部，勃兰登堡州。

📍 **贴士** 　这里的腌黄瓜非常有名。据说每年，施普雷瓦尔德要生产4万多吨腌黄瓜。

被称为Kahn的平底船是施普雷瓦尔德的代步工具

莱比锡 LEIPZIG

03

最美理由 /

它被称为"博览会之母"，世界上第一届样品博览会和第一届技术博览会都在这里举行，至今这里每年还会举办春秋两次博览会；它被称为"书城"，第一本活字排版的书籍就诞生在这里。这里至今书商云集。这里还有德国最好的音乐厅和歌剧院，以及迷人的城市风光。

最美季节 / 春秋两季

最美看点 / 音乐厅 市政厅 圣尼古拉大教堂 圣托马斯教堂 民族之战纪念碑

最美搜索 / 萨克森州

莱比锡有"博览会之母"的美誉，有德国最好的音乐厅和歌剧院，以及迷人的城市风光

1015 年，莱比锡以要塞的形式出现在历史记载中，1165 年这里获得城镇资格。从此之后，这座城市每年都会举行两次大的商业集会，也就是博览会的雏形，世界第一届样品博览会和第一届技术博览会都在这里举行，因此莱比锡也被称为"博览会之母"。每年的 3 月和 9 月，莱比锡都会举行盛大的博览会。

莱比锡还是有名的"书城"，15 世纪已经是德语地区的出版印刷中心。世界上第一本活字排版印刷的书籍就诞生在这里。莱比锡国立图书馆收藏了自 1914 年以来出版的所有德文图书。这里也是著名的音乐之城。拥有德国最好的音乐厅和歌剧院。莱比锡的音乐厅是世界著名的交响乐团的所在地，也是欧洲最古老的民间交响乐团。音乐厅旁边还有莱比锡的地标性建筑——MOR 塔。顶层的观景平台和餐厅可以眺望莱比锡全城风光。

如果想了解莱比锡的历史，可以去集市广场的历史博物馆参观。这座被称为德国最漂亮的文艺复兴建筑之一的优雅建筑是莱比锡的老市政厅，有着雅致柔和的拱廊、色彩亮丽的黄色墙面和隽秀挺拔的阁楼。老市政厅的后面是一个热闹的小吃广场，美食云集。

集市广场对面的购物中心有着曼德勒拱廊的设计风格，是世界上最漂亮的购物中心之一。广场东侧是著名的莱比锡大学。瓦格纳、莱辛、歌德以及莱布尼茨都曾在这里学习生活过。南侧则是为纪念那场著名的莱比锡大会战而建的民族之战纪念碑。1813 年，为了对抗拿破仑军队的入侵，普鲁士、奥地利和俄罗斯联军有近 10 万人战死沙场。一个世纪以后，人们为那些战死的将士建立了这座纪念碑。南侧的老证券交易所是一座巴洛克风格的建筑，华丽精致。这里常年都会举办各种音乐会、话剧和读书会。

位于尼古拉柯霍夫大街的圣尼古拉大教堂是莱比锡的骄傲，这座建于 16 世纪的大教堂有着让人惊艳的内部装饰，椰树状的柱子、华丽的天花板装饰图案、彩色的长排座椅非常美丽。而迷人的圣托马斯教堂是巴赫的埋葬地，也是巴赫曾经工作过的地方。从 1723 年直到 1750 年去世，巴赫一直在这里担任合唱指挥。他的遗体也被安放在教堂祭坛附近的青铜墓碑下。圣托马斯教堂唱诗班是世界著名的合唱团，每周五晚上和周六下午，唱诗班都会在教堂举行演出，吸引了来自世界各地的音乐爱好者。教堂对面的巴洛克建筑则是巴赫纪念馆的所在地。纪念馆展示了这位伟大的作曲家在莱比锡的生活，以及他在这里创作的著名的《马太受难曲》《约翰受难曲》以及《圣诞神剧》。

TIPS

📍 **地址** 德国东部的莱比锡盆地中央，在魏塞埃尔斯特河与普莱瑟河的交汇处，萨克森州西部。

📍 **贴士** 莱比锡的火车总站是欧洲最大的客运枢纽之一，有通往德国各大城市的列车，非常方便。同时火车总站本身就是一个巨大的购物商城，可以让旅客在候车的同时，充分享受购物的乐趣。

圣托马斯教堂是巴赫曾经工作过的地方

茨维考 ZWICKAU

04

最美理由 /
　　这座生机勃勃的古老城市是音乐大师舒曼的故乡，也是著名的钢琴制造地。这里也是奥迪的诞生地，在德国的汽车制造史上具有举足轻重的地位。这里宏伟的大教堂和古老建筑让小城古意盎然。

最美季节 / 5～9月
最美看点 / 舒曼故居 圣母玛利亚大教堂 茨维考牧师居所 汽车博物馆
最美搜索 / 萨克森州

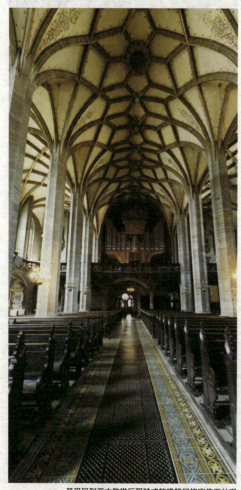

圣母玛利亚大教堂后哥特式的建筑风格宏伟而壮观

　　位于茨维考穆尔德河上游的茨维考城是通往厄尔士山脉的门户。建于12世纪，繁荣发展于15世纪的茨维考曾以繁忙的商贸而闻名。直到现在，这座古城依然保存了大量中世纪的房子以及古老的教堂。

舒曼故居

　　1810年，音乐大师罗伯特·舒曼就出生在小城中央市场后面的一栋文艺复兴时期的古老房子里，并在这里度过了他生命中最初的7年。这栋古宅已经被开发成舒曼故居。

圣母玛利亚大教堂

　　故居旁是修建于1453～1537年间的圣母大教堂。后哥特式风格的大教堂宏伟壮观。教堂内文艺复兴风格的布道坛大门非常精致美丽。教堂里丢勒的老师——迈克尔·沃尔格穆特于1479年修建的主祭坛、迈克尔·赫夫纳尔于1507年修建的圣墓等，都是难得的精品。

茨维考牧师居所

　　圣母大教堂旁边是中世纪时牧师们居住的住宅。这座由若干农舍组成的住宅始建于13世纪，直到19世纪的时候，还有教会的员工在这里居住。这座中世纪风格的住宅是德国现存最古老的住宅之一，破旧的楼梯、狭小的房间、黝黑的厨房……一切都保持着最初的模样。

汽车博物馆

来到茨维考，还有一个不得不参观的地方就是汽车博物馆。这曾经是奥迪汽车厂的厂址，也是特拉比汽车的生产车间。1909年，奥古斯特·霍希曾在这里生产出了世界上第一辆奥迪汽车。民主德国著名的特拉比汽车也在这里诞生。这种用塑料作为车身材料的叫作特拉比的汽车被德国人戏称为"两个点火塞加个盖子"，当年盛行于社会主义国家。德国统一之后，最后一辆覆盆子浆果色的"特拉比"被收藏在汽车博物馆中。每年茨维考都会举办一次特拉比驾车人聚会，来纪念这款曾经风行一时的汽车。

TIPS

📍 **地址** 德国东部萨克森州西部，茨维考穆尔德河上游，东北距开姆尼茨30余公里。

📍 **贴士** 莱比锡、德累斯顿都有直达的火车前往茨维考。

茨维考至今依然保存着大量中世纪的房子以及古老的教堂

包岑 BAUTZEN

05

最美理由 /

　　这座可爱的小镇是德国唯一的本土少数民族——索布人的文化之都，已经有1000多年的历史了。蜿蜒曲折的青石子路已经经历了几个世纪的风霜雨雪，漂亮的中世纪建筑和古老的城墙都是这座古镇的历史见证。

最美季节 / 夏秋季

最美看点 / 帝国塔 中央市场 奥滕堡 索布博物馆

最美搜索 / 萨克森州

帝国塔是一览包岑风光的最佳地，也是阿尔卑斯山北部最斜的塔

帝国塔

施普雷河环抱的包岑已经有 1000 多年的历史了，蜿蜒的青石路面、美丽的巴洛克建筑、古老的城墙、迷人的圣彼得大教堂，以及悬崖上矗立的奥滕堡都是包岑悠久历史的见证。登上老城东面的帝国塔，全城景色一览无遗。这座倾斜的帝国塔也是阿尔卑斯山北部最斜的塔。

中央市场

市中心的中央市场是包岑最迷人的地方。市场四周遍布富丽堂皇的巴洛克建筑。来到这里就仿佛是穿越时空来到了中世纪的欧洲小镇。市场背面的圣彼得大教堂是当年东德唯一的双重教堂。在 1524 年宗教改革运动中，包岑的天主教徒和新教教徒达成协议，共同使用这个教堂。新教徒在中殿做礼拜，天主教徒则在唱诗班区域开展活动。用一道铁栏杆将两个教派的教徒分隔开来。

来到这座迷人的小镇，看着小镇的美丽

TIPS

📍 **地址**　德国东部萨克森州以东，施普雷河上游。

📍 **贴士**　格尔利茨和德累斯顿每天都有开往包岑的火车。或者沿着A4高速公路也能从德累斯顿或格尔利茨到达这里。

景致，很难想象这里曾是让人闻风丧胆的"监狱城"。从 1904 年修建第一座被称为包岑 I 开始，在长达一个世纪的时间里，这里一直是关押罪犯的地方。尤其是城南的包岑 II 更因是民主德国关押政治犯的森严监狱而闻名。

奥滕堡索布博物馆

作为索布人的文化中心，包岑到处都有索布人留下的痕迹。这里的大多数标记都是双语的：德语和索布语。还有好几个索布文化研究机构。包岑西面矗立在悬崖上的奥滕堡气势磅礴。其中的索布博物馆是专门展示索布人的历史、文化习俗的场所，包括索布人的民间艺术、乐器、服饰，以及各种生活物件。

这座迷人的小镇已有1000多年历史，蜿蜒的青石子路，漂亮的中世纪建筑和古老的城墙都是历史的见证

萨克森施韦茨国家公园 SACHSISCHE SCHWEIZ　06

最美理由 /
　　这是德国最著名的国家公园之一，拥有和瑞士一样的旖旎风光。纵横交错的河流、陡峭独立的白垩砂岩岩石景观、幽深的山谷、葱郁的森林、开阔的高原赋予了萨克森施韦茨国家公园迷人的风光。

最美季节 / 春夏季
最美看点 / 巴斯蒂 柯尼希施泰因 巴特尚道
最美搜索 / 萨克森州

萨克森施韦茨拥有和瑞士一样的旖旎风光

　　萨克森施韦茨国家公园其实就是萨克森州的易北河砂岩山脉国家公园。关于这个名字的由来有两种说法。一种说法是：因为德国人觉得这里的风景美丽如瑞士，所以又称它为"萨克森的瑞士"。还有一种说法是：18世纪的时候，有两位瑞士画家来到这里，对这里的优美风景赞叹不已，创作了令人称绝的山水画，命题为"萨克森的瑞士"，从此萨克森施韦茨国家公园声名鹊起。

巴斯蒂

　　萨克森施韦茨国家公园是德国境内最有名的国家公园之一。葱郁茂密的森林、奇特平坦的山头、绿草如茵的山谷、千奇百怪的石林、蜿蜒曲折的易北河、气势磅礴的城堡，萨克森施韦茨国家公园以其独特迷人的景致吸引了大批来自世界各地的游客。易北河岸的巴斯蒂区广袤的田野、连绵的山峦、繁茂的森林、险峻的峭壁组合在一起，成为萨克森施韦茨国家公园最受欢迎的地方。巴斯蒂有一座显赫一时的建于 13 世纪的木结构城堡，现在虽已不见城堡的踪迹，跨越峭壁通往城堡的巴斯蒂桥却依然还在，成为这里最经典的景致。

柯尼希施泰因

同样位于易北河岸的柯尼希施泰因城堡，位于 360 余米高的平坦的山顶上，地形险要，气势雄峻，周边还有很多各具特色的城堡。柯尼希施泰因已经有 700 多年的历史了。从 13 世纪开始，这座要塞式的城堡就在不断地扩建。城堡中有德国最古老的兵营、2 个大军火库、125 米的深井、可容 25 万升的酒库、一所教堂，以及萨克森曾经最恐怖的监狱。

巴特尚道

萨克森施韦茨国家公园还是徒步爱好者的天堂，位于温泉镇的巴特尚道是非常经典的徒步线路，也是游览这里的最佳方式。在这个著名的矿泉疗养区的基尔尼茨河道，还可以乘坐古老的基尔尼茨施山谷观光缆车前行 7 公里，去美丽的里希滕海因瀑布游览。当然，也可以选择乘坐世界上最古老的蒸汽

TIPS

地址 德国东部的萨克森州中部地区。

机轮船，泛舟易北河来欣赏萨克森施韦茨国家公园美丽的水上风光。

地势险要的柯尼希施泰因中有德国最古老的兵营

格尔利茨 GöRLITZ 07

最美理由 /

　　这是德国最东部的城市，也是德国最美丽的城市之一。因为几乎从未遭受战火的涂炭，完整地保存下来了欧洲各个历史时期不同风格的建筑精品，拥有德国保存下来的最古老的市民建筑和文艺复兴建筑，被

称为"欧洲建筑编年史博物馆"。

最美季节 / 5～10月

最美看点 / 上区市场 下区市场

最美搜索 / 萨克森州

圣彼得教堂是格尔利茨最著名的建筑，拥有整个萨克森地区最好的巴洛克风格的家具

　　格尔利茨是德国最东部的一座城市，位于尼斯河的西岸。原本的格尔利茨面积包括尼斯河两岸的土地。只是1945年的时候，尼斯河右岸的部分划给了波兰，也就是今天的波兰城市兹戈热莱茨。

　　由于长期是从波罗的海到波希米亚的商

旅要冲和贸易中心，富裕的格尔利茨修建了大量独特的建筑。而曾经躲过两次世界大战的幸运又让格尔利茨几乎完整地保存下来了各个历史时期的各种不同风格的建筑，成为一座生动丰富的建筑博物馆。哥特风格、文艺复兴风格、巴洛克风格和新艺术风格的美丽建筑都聚集在这座城市的老城区，在老城400公顷的土地上，有超过4000座历史都超过了百年的古老建筑。

上区市场

上区市场是格尔利茨最大的广场。广场两侧是精美的巴洛克式建筑，以及这座城市从中世纪保留下来的防御工事。简洁敦厚的凯泽特鲁茨碉堡就是防御工事的一部分。现在已经被改造成艺术展览馆。位于马利亚广场南侧的 Karstadt 百货商店是德国今天唯一一座幸存下来的第二次世界大战的新艺术运动风格的商店。

下区市场

这座城市最美丽的中世纪建筑都集中在下区市场。宏伟的市政厅就在这里。建于1537年的市政厅有一个外挂的装饰有文艺复兴风格的楼梯，十分独特。格尔利茨最著名的圣彼得教堂也位于下区市场。这座壮丽的大教堂拥有整个萨克森地区最好的巴洛克风格的家具，还有一个非常独特有趣的"太阳管风琴"。

TIPS

📍 **地址** 德国最东部的一座城市，位于尼斯河的西岸。

📍 **贴士** 从德累斯顿乘坐火车前往格尔利茨大约需要一个半小时。如果是从柏林出发的话，则需要先到达科特布斯，然后再换乘前往格尔利茨的火车。

下区广场集中了这座城市最美丽的中世纪建筑，宏伟的市政厅就在这里

德绍—沃利茨园林王国 GARTENREICH DESSAU-WÖRLITZ　08

最美理由 /

　　景致如画的德绍—沃利茨园林王国是欧洲大陆最早的英式风格的园林，也是欧洲园林建筑的典范之一，是世界文化遗产。穿越园林的自行车路线是德国非常著名也是非常享受的路线，很受骑行爱好者的欢迎。

最美季节 / 夏季，沃利茨湖上会举行游船音乐会，成为园林的一大亮点。

最美看点 / 沃利茨湖 沃利茨宫

最美搜索 / 萨克森－安哈尔特州

景致如画的沃利茨园林是欧洲大陆最早的英式风格的园林

始建于 1764 年的德绍—沃利茨园林王国是当时安哈尔特—德绍的弗雷德里克·弗朗茨为王子莱奥波德三世建造的。当时的欧洲大陆，几何式的花园形式已经不再流行，人们开始追求自然清新的园林风格。1763 ～ 1766 年，弗朗茨亲王和他的建筑师冯·爱德曼斯多福特以及园林师艾瑟贝克专程前往英国考察英式园林及历史建筑，然后又去意大利学习文艺复兴建筑风格，回国后于 1769 年开始建造沃利茨宫。接下来，在之后的 40 多年里，在这片区域又建造了乔治吉姆宫、路易西欧姆宫，以及西格利策山上的森林公园，和库瑙尔公园，由于受到英国和意大利园林及建筑的双重影响，沃利茨园林王国将 18 世纪的园林设计与建筑完美地结合在一起，在易北河和穆尔德河河畔 140 平方公里的土地上，建造了宫殿、屋舍，以及形态各异的公园，数不胜数的林荫大道，堤坝小路将一个唯美的园林连接起来，成为自然与艺术相结合的经典作品。

沃利茨园林

沃利茨园林通过长条形的沃利茨湖将公园分为几个景区，有茂密的树林、清澈的溪流、澄清的湖泊、哥特式小屋、神奇的火山模型——斯坦等，被评价为"德国最高贵的园林，第一个值得关注的自然式园林"。

莱奥波德三世居住的沃利茨宫就在沃利茨湖畔。整个建筑一派英式建筑风格，充满了英格兰风味。宫殿花园中的篱笆、小径和华丽的希腊风格小别墅如同童话世界般美好。每年夏天，当湖中的水百合盛开的时候，宁静的沃利茨湖会显得格外美丽迷人。划船在沃利茨湖面畅游成为很多游客的必选之项。而夏季在湖上举行的游船音乐会也是一大亮点。静静地坐在摇曳的罗马式风格的凤尾形游船上欣赏音乐，为人们的沃利茨之旅画上了一个圆满的句号。

TIPS

📍 **地址**　德国东部的萨克森 - 安哈尔特州以东。

📍 **贴士**　每年5~9月的园林王国之夏活动中，这里会举办多场音乐会。

哈茨山 HARZ MOUNTAINS　　09

最美理由 /

　　哈茨山虽然没有雄奇壮丽的磅礴之气，却不乏隽秀雅致的清丽之景。山脉周边的古村古镇更如珍珠般点缀在一片苍翠之间，风光无限好。也许，一年四季络绎不绝的游客就是对这片美景最有力的评价。

最美季节 / 春冬

最美看点 / 戈斯拉尔 哈嫩克莱 布劳恩拉格 韦尼格罗德 托夫豪斯 奎德林堡

最美搜索 / 萨克森－安哈尔特州、图林根州和下萨克森州

戈斯拉尔是哈尔茨西部的旅游集散地，拥有迷人的中世纪老城区

　　绵延 100 多公里的哈茨山是唯一一座完全处于德国境内的山脉。自古以来，哈茨山流传着众多神话和传说。传说魔界的女巫就生活在常年云雾缭绕的哈茨山最高峰——布罗肯峰山顶。这里虽然没有阿尔卑斯山脉的雄奇壮丽，却秀美动人，成为德国著名的度假胜地。每年都会有很多游人来这里远足、骑行、滑雪，或者仅仅只是找一个古老的温泉小镇住上一段。

戈斯拉尔

　　戈斯拉尔是哈尔茨西部的旅游集散地。它所拥有的迷人的中世纪老城区和历史悠久

的拉迈尔斯煤矿是世界文化遗产的一部分。

哈嫩克莱

而离戈斯拉尔大约 15 公里的温泉疗养胜地——哈嫩克莱不仅有出色的温泉，还是哈茨山最负盛名的滑雪场之一。每年冬天，这里的高山滑雪和越野滑雪都会吸引来自各地的游客。小镇还有一座兼具挪威和拜占庭建筑风格的教堂，十分引人注目。

韦尼格罗德

很多去哈茨山旅行的游客都会从韦尼格罗德开始。这座美丽可爱的小镇本身就像一座童话中的城镇。韦尼格罗德是哈茨山脉最吸引人的窄轨蒸汽火车的北端终点站。从这里搭乘已有近一个世纪历史的蒸汽火车前往布罗肯峰，是一次会让人终生难忘的美丽旅程。布罗肯铁路的最后一站就是希尔克。这座典雅古朴的村庄不仅是前往哈茨山徒步远足的集散地，也是攀岩的好去处。村庄附近的悬崖是攀岩爱好者的心仪之地。

托夫豪斯

从布罗肯到哈茨山西部的歌德托夫豪斯远足之旅就是从托夫豪斯开始的。当年歌德

TIPS

📍 **地址**　德国中部地区，跨越萨克森 - 安哈尔特州、图林根州和下萨克森州。

📍 **贴士**　1.从汉诺威搭乘火车约1小时即可到达韦尼格罗德，然后开始哈茨山的旅行。2.最好先从韦尼格罗德乘搭古老蒸汽火车前往最高峰布罗肯峰，沿途风光如童话世界。

就是从这里出发，蹚过沼泽、沿着皇帝小径一直到达巴特哈尔茨堡的。这条徒步线路包揽了哈茨山最秀美的风光。冬天的托夫豪斯还是越野滑雪和拉雪橇的好去处。

奎德林堡

奎德林堡是哈茨山脉的一颗璀璨的珍珠，古老而迷人。这座城市拥有 1400 多座精美的木结构房屋、古老的鹅卵石街道以及保存完好的中世纪城市格局，被称为欧洲中世纪城镇典范。

哈茨山北面的塔勒拥有哈茨山少有的峭壁悬崖的壮丽景观，还有一条非常有名的适合徒步之旅的河谷。很多登山者都喜欢从这里开始他们的哈茨山之旅。

秀美苍翠的哈茨山是德国著名的度假胜地

马格德堡 MAGDEBURG

10

最美理由 /
　　这座萨克森－安哈尔特州的首府城市是德国绿化最好的城市之一，有德国最古老的教堂、有宽阔的林荫大道、有蜿蜒的鹅卵石街道、有绿荫葱葱的公园，还有在德国其他城市很难看到的按社会主义城市规划模式建造的高大厚重的楼房。

最美季节 / 复活节期间，马格德堡市民会在易北河河谷公园举办大型焰火晚会，与寒冬告别。

最美看点 / 马格德堡大教堂 绿色城堡 圣母修道院 黑格尔大街 市政厅

最美搜索 / 萨克森－安哈尔特州

马格德堡是德国绿化最好的城市之一

易北河畔的马格德堡在 10 世纪的时候便已经成为非常繁荣的商业城市。作为欧洲最重要的中世纪城市之一，马格德堡也是神圣罗马帝国皇帝奥托一世居住和去世的地方。他的遗体就埋葬在马格德堡大教堂里。但是战火从来就不曾放过这座古老的城市。只不过，屡建屡毁的曲折历史也为马格德堡留下了丰富多彩的城市面貌，各个历史时期的不同风格建筑彰显了这座古老城市昔日的荣耀与韵味。

马格德堡大教堂

马格德堡大教堂是德国最重要的哥特式教堂之一。这座双塔式的大教堂始建于 1209 年，有着高大的穹顶，使整个教堂看上去高大宏伟。教堂内还珍藏着跨越了 8 个世纪的艺术品，以及神圣罗马帝国皇帝奥托一世的坟墓。

绿色城堡

与大教堂相望的是不规则粉红色与白色相间的绿色城堡，它有着金色的穹顶、不对称的窗户和玻璃的屋顶。绿色城堡也是这座古老城市为数不多的现代派艺术建筑之一。

圣母修道院

修建于 11 世纪末的圣母修道院不仅是马格德堡最古老的教堂，也是德国最重要的罗马式建筑之一。也正是这座修道院为马格德堡赢得了"罗马艺术之路上的明珠"的称号。

黑格尔大街

马格德堡的黑格尔大街有着宽阔的林荫大道、鹅卵石铺就的人行道，周围的成片公寓都带着 20 世纪初期风格的小阳台，一直通

TIPS

📍 **地址** 位于易北河畔，是德国萨克森-安哈特州的首府。

📍 **贴士** 马格德堡还有一座奇妙的水桥——马格德堡水桥，它颠覆了我们脑中原本的建造原理，是一座跨河水道桥，长918米，既可供船只航行，也有人行道供人行走，将米特兰德堡运河与易北—哈维尔河运河跨越易北河连接起来。

往哈塞尔巴赫广场，就像一个曾经的东德小镇，从未因时光流逝而有所改变。

市政厅

老集市广场上有一组马格德堡骑兵的镀金雕塑。这组建于 1240 年的塑像是马格德堡的标志之一，是马格德堡艺术史上最重要的古迹，也是德国最古老的骑兵塑像。当然现在竖立在广场上的只是一组仿制品。真正的塑像收藏在艺术史博物馆内。广场旁的巴洛克风格的市政厅精致华丽。门楣上的一幅马格德堡少女画像是这座城市的象征。

马格德堡是神圣罗马帝国奥托一世居住和去世的地方

图林根林山 THÜRINGER WALD 11

最美理由 /
　　这个有2/3的面积被云杉、山毛榉树和橡树紧密覆盖的森林是德国的绿色心脏。其美丽的林间小路是德国最受欢迎的徒步线路。而森林周边散落的古老小镇不仅是通往森林的门户，本身亦是风景如画。

最美季节 / 5、6月，图林根林山最适合徒步旅行的时节

最美看点 / 雷恩施泰克登山道 爱森纳赫 伊尔默瑙 迈宁根

最美搜索 / 图林根州

图林根林山绵延160公里，是德国的绿色心脏

　　郁郁葱葱的图林根林山绵延 160 公里，从爱森纳赫一直到南部的艾斯费尔德。这片苍翠的高地到处是峭壁悬崖、险峰沟壑。独特的地理地貌、如画的美丽风光、清新的自然空气、古朴的村落小镇，为图林根林山带来如织的游人。

雷恩施泰克古道

　　在图林根林山的山脊上，有一条叫雷恩施泰克的古道，全长 168 公里。古道不知形成于何时，恰巧是历史上的图林根和法兰克尼亚的边界，也是德国南北分界线，因为古道两边的方言、风俗习惯、名称和服饰等从来都是不同的。这里也是德国最著名也是最有人气的长途步行道。一路上风景如画、美不胜收。从 1973 年开始，每年的 5 月份，图林根林山都会举行雷恩施泰克马拉松赛。而

爱森纳赫就是这条登山道的西大门。

爱森纳赫

爱森纳赫这座小巧迷人的小镇是音乐大师巴赫的故乡，也是马丁·路德避难的瓦尔特古堡的所在地。小镇中的乔治教堂曾是巴赫家族成员担任风琴师的地方。马丁·路德也曾在这里进行祈祷。

伊尔默瑙

图林根林山北坡的巴洛克小城伊尔默瑙是"歌德足迹"的起点。歌德曾受雇于萨克森－魏玛公国的领主卡尔·奥古斯特公爵，在这座小城居住了很长时间。终日在小城周边的森林里漫步，歌德在这条 18.5 公里长的步行道上创作了著名的《浪游者的夜歌》。

施马尔卡尔登

森林西南坡的施马尔卡尔登处于宽阔的河谷地带。这个聚集了众多中世纪木质房屋

TIPS

🔘 **地址**　图林根州西部。

🔘 **贴士**　从法兰克福乘坐特快列车，1小时40分钟左右即可到达爱森纳赫。爱森纳赫和其他图林根林山地区的城镇之间都有公共汽车相通。

的小城美丽如画。小城中保存完好的文艺复兴风格的威廉斯堡从 16 世纪以来一直保持着最初的设计。小城北边还有一个建于 1835 年的有趣的古代熔炼工场。这是欧洲少数几个仅存的 19 世纪冶炼厂之一。

迈宁根

宁静祥和的迈宁根是图林根林山地区最美丽的城镇。威拉河从小镇旁静静地流过，青山绿水掩映下的小镇宛若田园诗歌般美好动人。

小巧迷人的爱森纳赫是音乐大师巴赫的故乡

耶拿 JENA

12

最美理由／
这是一座充满魅力的城市，它是德国光学精密仪器的制造中心，以光学工业著名，它也是著名的耶拿大学的所在地，是一座真正的大学城。分散在城市各处的大学建筑使这座城市散发着浓郁的文化气息。

最美季节／夏季，每年的第37周，耶拿都会举办古城节。这是耶拿最受欢迎的节日，到处都有丰富多彩的庆祝活动和各式各样的美食。

最美看点／蔡司天文馆 耶拿大学 集市广场

最美搜索／图林根州

耶拿不仅是光学精密仪器制造中心，也拥有如画的城市风光

这座位于德国图林根州的城市几乎已经成为光学精密仪器制造业的代名词。以生产高质量镜头和精密光学仪器而闻名的德国蔡司公司就在这里。世界上最早的照相机使用的镜头就是这家创建于1846年的公司制造的。现在世界上许多实验室里的光学仪器，就连日本的索尼公司使用的都是蔡司镜头。来到耶拿，千万不要忘记去参观光学博物馆和蔡司天文馆。博物馆展示了蔡司公司的发展历史、公司创始人蔡司的生平事迹，以及从显微镜到望远镜，从照相暗房到数码相机等大量展品。

蔡司天文馆

位于植物园一角的蔡司天文馆是世界上最古老的公共天文馆。现在天文馆拥有一部世界上最先进的大型望远镜，人们可以通过望远镜探寻宇宙的奥秘。

耶拿大学

除此之外，耶拿还有一座非常著名的大学——耶拿大学。建于 1558 年的耶拿大学是德国最重要的大学之一。包括席勒、歌德、黑格尔等德国巨匠都曾在耶拿大学执教。大学的校舍散布在城市的各个角落，让城市散发着浓郁的文化气息。总部位于老城区东北边缘，是一处已有上百年历史的建筑群。而最古老的大学建筑叫耶拿学院，是在一座修道院的原址上建立起来的，整个校舍都透着历史的厚重与沧桑。旁边还有一座小型的歌德纪念室。这是歌德曾经生活过的地方。作为萨克森—魏玛公国的大臣，歌德曾在耶拿生活过 5 年，治理河道、修建街道、设计植物园之余，歌德在这里创作了《浮士德》《威廉·迈斯特》。

集市广场

耶拿的集市广场矗立着建于 15 世纪的后哥特式风格的市政厅。在其巴洛克风格的塔楼里安放着一座天文大钟，每到正点的时候，大钟的小门就会打开，一个傻瓜玩偶会跳出来，拼命想去抓住它面前不停摇摆的金球。广场上的雕塑是选帝侯约翰·腓特烈一世。他是耶拿大学的创建者。广场西边是市立博物馆和艺术收藏馆。

TIPS

◉ **地址** 德国中东部城市，在萨勒河左岸。

◉ **贴士** 从柏林动物园车站乘坐特快列车到耶拿大概需要 3 小时。如果从魏玛出发的话，大约耗时 15 分钟。

耶恩塔

耶恩塔是耶拿的标志性建筑，被人们戏称为"饼干卷"。耶拿还有一座建于 16 世纪的圣米夏埃尔教堂，它是图林根州最大的后哥特式厅堂教堂之一。马丁·路德曾在这里布道。耶拿也是席勒曾经生活过 10 年的地方。如今的席勒故居已经作为席勒花园别墅对外开放，展示席勒在耶拿的生活情况。

集市广场的约翰·腓特烈一世雕像，他是耶拿大学的创建者

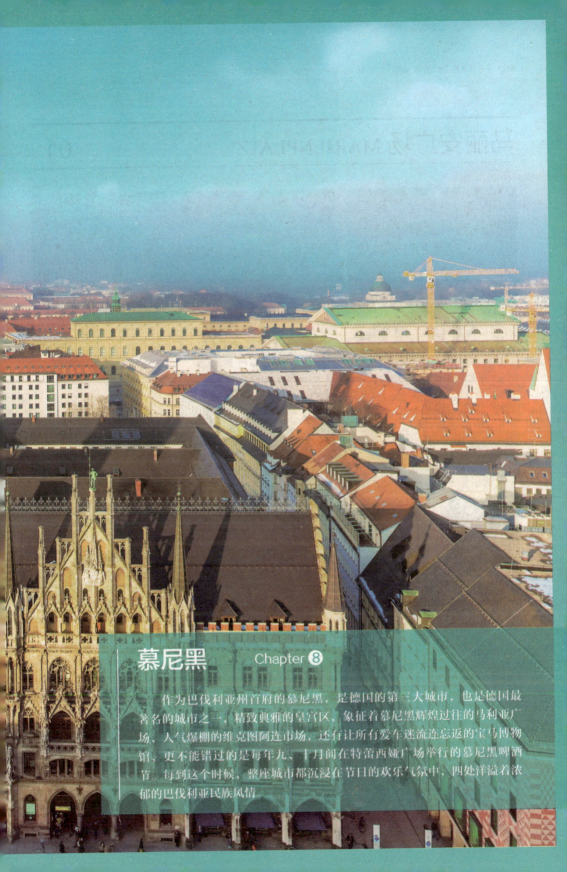

慕尼黑　Chapter ⑧

　　作为巴伐利亚州首府的慕尼黑，是德国的第三大城市，也是德国最著名的城市之一。精致典雅的皇宫区，象征着慕尼黑辉煌过往的马利亚广场、人气爆棚的维克图阿连市场，还有让所有爱车迷流连忘返的宝马博物馆，更不能错过的是每年九、十月间在特雷西娅广场举行的慕尼黑啤酒节。每到这个时候，整座城市都沉浸在节日的欢乐气氛中，四处洋溢着浓郁的巴伐利亚民族风情。

马丽安广场 MARIENPLATZ 01

最美理由 /
　　这个古老的广场已经有数百年的历史，慕尼黑很多著名景点都集中在广场的周边，这里是慕尼黑老城区的中心，也是慕尼黑的精华所在。市政厅、教堂、皇宫、博物馆、酒吧……在这里，慕尼黑的风情得到尽情展示。

最美季节 / 10月，慕尼黑啤酒节
最美看点 / 新市政厅 旧市政厅 德意志狩猎及渔业博物馆 圣米夏埃尔教堂 奥古斯丁酒窖 伯格赛尔教堂 卡尔门
最美搜索 / 拜恩州（巴伐利亚州）

马丽安广场是慕尼黑老城的中心，也是慕尼黑的精华所在

　　1158年，慕尼黑被赐予城镇地位的时候，马丽安广场就是慕尼黑的食盐和谷物交换市场。如今的马丽安广场是慕尼黑老城区的中心。广场周边宏伟的市政厅、高大的教堂、古老的酒窖都是慕尼黑昔日辉煌的象征。

　　广场西北角的马利亚纪念柱建于1638年，为庆祝"三十年战争"结束以后慕尼黑脱离瑞典的统治。在纪念柱顶端有一座金色的圣母马利亚雕塑。

新市政厅

　　广场的北侧是以黑色为主的新市政厅。这座华丽的市政厅建于1867年，新哥特式建筑。市政厅内宽阔的庭院是每年举办节日庆典和音乐会的地方。高85米的塔楼可以眺望慕尼黑的城市风光。这里悬挂着德国最大的挂钟。大钟上雕刻着源自巴伐利亚的神话和

历史人物。顶端的铜质雕像就是著名的"慕尼黑小僧侣",慕尼黑的象征之一。

老市政厅

新市政厅对面是有着华丽内部装饰的圣彼得教堂。旁边是哥特式风格的老市政厅。现在老市政厅的南面塔楼被改建成了慕尼黑玩具博物馆,收藏了大量的玩具,包括芭比娃娃和泰迪熊。

德意志狩猎及渔业博物馆

广场往北有一座被改造成德意志狩猎及渔业博物馆的教堂。这座已改为俗用的教堂内部有着华丽的洛可可装饰。后面的圣母教堂建于 1488 年,是德国南部最大的哥特式建筑之一。其高耸的两座塔楼是慕尼黑的标志性建筑。从老城区的任何地方都可以看到它们的身影。

圣米夏埃尔教堂

教堂北边是圣米夏埃尔教堂。这座欧洲北部最早的耶稣会士教堂建于 1585 年,有着极其空旷高远的内部空间。其中殿上方大而重的拱顶仅次于罗马的圣彼得长方形会堂。教堂的地下室是维特尔斯巴赫家族的墓地。其中就包括赫赫有名的路德维希二世。

奥古斯丁酒窖

对面是慕尼黑最古老、最著名的酿酒厂所建的奥古斯丁酒窖。酒窖包括两座 19 世纪的建筑和一座独特的大钟。

伯格赛尔教堂

再往北就是伯格赛尔教堂了。这座建于 1709 年的教堂保存着一尊"守护天使"的雕塑,是南巴伐利亚洛可可式雕塑的经典之作。

TIPS

📍 **地址**　慕尼黑老城中心。

📍 **贴士**　从步行街的起点卡尔门一直往南就能到达马丽安广场。

卡尔门

教堂北面就是慕尼黑老城的西大门——卡尔门。这座简洁庄重的城门是慕尼黑历史的象征。

建于1867年的新市政厅是慕尼黑每年举办节日庆典和音乐会的地方

慕尼黑的博物馆 MUNICH MUSEUM 02

最美理由/

　　世界上没有几个城市能像慕尼黑一样拥有如此多的世界级的博物馆：德累斯顿市立博物馆、新绘画陈列馆、古绘画陈列馆、现代绘画陈列馆、德意志博物馆……每一座都是世界博物馆中的翘楚，让人流连忘返

最美季节/四季皆宜

最美看点/古绘画陈列馆 新绘画陈列馆 德累斯顿市立博物馆 德意志博物馆 宝马博物馆

最美搜索/拜恩州（巴伐利亚州）

德意志博物馆是世界上最大的科技和机械博物馆

　　慕尼黑拥有众多世界级的博物馆，收藏着世界级的艺术精品。这些博物馆和艺术精品成为慕尼黑的名片，吸引着来自世界各地的游客，只为看一眼这些稀世珍宝。

古绘画陈列馆

　　古绘画陈列馆是世界上最重要的美术馆之一，收藏着曾经的欧洲统治者们珍藏的大部分古代画作，几乎都是维特尔斯巴赫王朝的统治者搜集或委托他人购买来的。这座由路德维希一世主持修建的文艺复兴风格的博物馆始建于 1826 年，从威廉五世开始到 18 世纪为止，收藏了一批 14～18 世纪的名画。其中鲁本斯的画作是这座博物馆的精华，包括《最后的审判》《劫夺列其普》，以及两幅鲁本斯专门献给妻子的肖像画。

新绘画陈列馆

　　巴伐利亚的现代欧洲油画及雕刻艺术品都收藏在建于 1975 年的新绘画陈列馆，尤其是 19 世纪以后的德国绘画作品和法国印象派绘画作品。这些作品大多来自国王路德维希

一世的私人收藏。以收藏 20 世纪的绘画作品为主的现代绘画陈列馆则是德国最大的现代艺术博物馆。现代艺术、设计、雕塑、摄影作品，甚至电视艺术都是这座博物馆的展示品。通俗艺术、极简抽象主义艺术和超级现实主义艺术也是博物馆的典型展品。

德累斯顿市立博物馆

德累斯顿市立博物馆是慕尼黑最具吸引力的博物馆之一，展示着几个世纪以来各个阶层的慕尼黑市民的日常生活，是了解慕尼黑世俗生活的好去处。博物馆内还有一家电影博物馆，在晚上会放映一些英文电影。

德意志博物馆

位于伊萨尔河东南一座小岛上的德意志博物馆是世界上最大的科技和机械博物馆。如果想仔细参观这座博物馆的话，需要花上几天的时间。博物馆几乎展出了人类已获得的所有科技成果，包括交通工具、化学、物理、航空、装饰艺术、天文学、计算机、制药、乐器等，甚至包括一个可供儿童学习和娱乐的儿童王国。

宝马博物馆

当然，喜欢汽车的游客还可以去奥林匹克公园北侧的宝马世界参观宝马博物馆。这座在宝马公司总部原址上新建的博物馆展示了宝马公司的豪华汽车和摩托车收藏品，甚至还可以参观宝马的生产线。

TIPS

📍 **地址**　慕尼黑城区。

📍 **贴士**　除此之外，还可以参观慕尼黑最古老的博物馆——古代雕塑馆。馆内展示了大量的希腊雕塑、罗马国王画像等。还有可以和德国最大的图书馆——柏林图书馆媲美的巴伐利亚州立图书馆。

宝马博物馆展示了宝马90多年的历史

维克图阿连市场 VIKTUALIEN MARKET 03

最美理由 /

在过去的200年时间里，维克图阿连市场一直是慕尼黑最重要的市场，被称为慕尼黑的"乡村心脏"。这里也是欧洲最好的食品市场之一。有人说，

没有到过维克图阿连市场，就没到过慕尼黑

最美季节 / 四季皆宜
最美看点 / 五月柱 卡尔·瓦伦丁雕像
最美搜索 / 拜恩州（巴伐利亚州）

维克图阿连市场可以说是慕尼黑最有人气的地方

从马丽安广场经过圣彼得教堂就到了人声鼎沸的维克图阿连市场。这个已有 200 多年历史的大市场是慕尼黑最重要的市场，是德国最丰富多彩的市场，也是欧洲最好的食品市场之一。如果想体验当地人的生活，或者品尝地道的当地美食，维克图阿连市场绝对是慕尼黑另一个不可错过的好去处。

市场从早上开始营业，一直到 18：00 才会关门。除了各种每天清晨从市郊果园和乡村菜园运来的新鲜蔬菜和水果之外，市场还供应慕尼黑独具特色的啤酒和各种小吃。尤其是慕尼黑的白香肠。夏天的时候，啤酒花园为人们提供优质口感的啤酒，水果店则提供鲜榨的果汁，还出售成束的鲜花、堆积如山的瓜果蔬菜、香草、奶酪、香肠和鲜鱼。这里的蔬果虽然价格比较高，却是绝对的新鲜。市场周边有很多熟食小店，从各色香肠到各种烤猪肉，琳琅满目。市场的热闹从清晨一直持续到夜幕降临。露天的啤酒花园是年轻人的最爱。即便是工作日，这里也是人山人海。到了周六上午则更加拥挤，只能用摩肩接踵来形容。冬天的时候，人们会聚集在市场周边的酒吧，喝一杯杜松子酒，放松心情，品味时光。

广场中央耸立的是巴伐利亚的象征——蓝白相间的五月柱。南端是一尊慕尼黑著名表演艺术家、喜剧家卡尔·瓦伦丁的雕像。这是维克图阿连市场的标志之一。

TIPS

◎ **地址**　慕尼黑老城中心，马丽安广场附近。

◎ **贴士**　在市场闲逛、品著、进餐之后，还可以去旁边的圣彼得教堂参观。虽然教堂不对外开放，但是爬306个阶梯，登上教堂南侧的塔楼顶部，映入眼帘的是慕尼黑古老优雅的身影。

蓝白相间的五月柱是巴伐利亚的象征

宫廷啤酒屋 HOFBRAUHAUS 04

最美理由 /

　　这是每一个去慕尼黑的人都要去的地方，是巴伐利亚最有名的啤酒屋，也是最受慕尼黑市民喜爱的啤酒屋。即使不是啤酒节，宫廷啤酒屋仍然人潮涌动，到处都洋溢着节日的气氛。

最美季节 / 四季皆宜

最美看点 / 二楼宴会厅 啤酒花园

最美搜索 / 拜恩州（巴伐利亚州）

宫廷啤酒屋是每个到访慕尼黑的人都要去的地方，是巴伐利亚最有名的啤酒屋

虽然宫廷啤酒屋的位置有点隐蔽，在一条小巷中，但依然抵挡不了人们来此畅饮的欲望。宫廷啤酒屋是 1589 年威廉五世公爵为了酿造一种符合他个人口味的淡啤酒而建的。最初的地址位于奥尔特霍夫皇家官邸，1654 年搬到现在的地址。作为王室御用的啤酒酿造所，这里的啤酒直到 1830 年才得到许可，建造一所酒馆为公众提供啤酒。

啤酒屋从外面看起来不大，里面却出人意料的宽敞，可以容纳几千人，并且分成几个不同风格的大厅。一层的大厅非常开阔，高耸的屋顶上绘有精美的绘画。二楼是宴会厅。1920 年 2 月 20 日，纳粹的前身——民族社会主义德国工人党大型会议曾在这里举行。据说当年希特勒曾多次在这里举行演说。庭院里有一处栗子树环绕的露天啤酒花园。夏季的时候，啤酒花园是年轻人的最爱。

在这里，男女侍者都穿着巴伐利亚的传统服装，两只手同时拿着多个超大啤酒杯在人群中穿梭，成为宫廷啤酒屋的一大特色。啤酒屋还经常可以听见巴伐利亚风格的现场演奏。欢快的音乐让人们的心情更加愉悦起来。独特的巴伐利亚风情、口感绝佳的慕尼黑啤酒、悠久的历史都为啤酒屋吸引了大量来自世界各地的游客。人们来到这里，不只是为了喝上一杯慕尼黑的啤酒，更为了感受那种欢快愉悦、热闹独特的氛围。如果没有机会去慕尼黑的十月啤酒节，就来宫廷啤酒屋吧。夜幕降临的时候，宫廷啤酒屋的热闹才刚刚开始。

TIPS

地址 慕尼黑老城区，离马利安广场不远。

贴士 1.从地铁马利亚广场站出来，步行大约5分钟即可到达。2.二层的巴伐利亚风格表演是需要另外付费的。

二楼宴会厅高耸的屋顶上绘有精美的绘画

皇宫区 RESIDENZ MUSEUM 05

最美理由 /

这个建造时间横跨16～19世纪、建筑风格兼容3个世纪的建筑群是慕尼黑的骄傲。这些或辉煌、或古朴、或精致、或优雅的建筑展示的是几百年来巴伐利亚的富庶和统治者的权威。

最美季节 / 四季皆宜

最美看点 / 皇宫博物馆 屈维利埃剧院

最美搜索 / 拜恩州（巴伐利亚州）

皇宫是巴伐利亚国王权威的象征

位于慕尼黑市中心皇家花园正南面的皇宫区，是慕尼黑从 16 世纪到 19 世纪重要建筑的汇合区。这片由始建于 14 世纪的维特尔斯巴赫家族的城堡扩建而来的宫殿群是曾经的巴伐利亚国王的居住地。持续数个世纪的扩建使皇宫兼容并蓄了各种不同时期的不同建筑风格。这些建筑或恢宏、或简单、或朴素、或繁复，虽风格迥异，却拥有共同的特征——大气优雅，是巴伐利亚国王权威的象征。皇宫区由皇宫博物馆、官邸博物馆、珍宝馆、屈维利埃剧院、将军纪念堂等多栋建筑组成。

皇宫博物馆

作为皇宫中心的皇宫博物馆陈列着大量的奇珍异宝。移动式《圣经》、匈牙利皇后镶满珍珠的十字架、鸡血石雕刻的杯子……无数非常罕见的黄金饰品和宝石饰品琳琅满目。庞大的官邸博物馆则有 130 余间房间，展示着巴伐利亚王国的统治者们曾经使用过的各种日常用具、皇家勋章、王冠以及礼拜用的器皿等。博物馆内的祖先纪念长廊两边摆放的是维特尔斯巴赫家族的 121 位统治者的画像。而古典艺术长廊则以华丽的半圆形穹顶和大量精美的壁画令人震撼。

屈维利埃剧院

建于 1751 年的屈维利埃剧院是欧洲最经典的洛可可式剧院之一。莫扎特的歌剧《伊多美纽斯》的首场演奏就是在这里举行的。皇宫的大门口蹲着两头石狮子。传说摸到狮子的鼻子就可以得到福佑。有兴趣的话，可以去摸一摸。

TIPS

◎ 地址　慕尼黑市中心皇家花园正南面。
◎ 贴士　皇宫区浏览，可租借一个中文导游器。

皇宫区以南的马丽安广场是慕尼黑市中心的标志，慕尼黑市政厅、慕尼黑圣母大教堂和圣彼得教堂都位于这里，每处都是慕尼黑的必看景观。

皇宫是慕尼黑16~19世纪重要建筑的汇合区

特蕾西娅广场 THERESIENWIESE 06

最美理由 /
　　这是慕尼黑最著名、最吸引人的十月啤酒节的狂欢地。平日里闲适悠然的广场突然喧闹起来，来自世界各地的人们齐聚在这里，开怀畅饮、放声歌唱，特蕾西娅广场顿时成为世界的焦点。

最美季节 / 9～10月，慕尼黑啤酒节
最美看点 / 巴伐利亚女神雕像 名人纪念馆
最美搜索 / 拜恩州（巴伐利亚州）

　　1810年10月12日，巴伐利亚的王储路德维希亲王与萨克森—希尔登豪森王国的特蕾西·夏洛特·黛丽丝公主举行了盛大的婚礼。婚礼的主广场就是特蕾西娅广场。为了这场盛大的婚礼，当时的巴伐利亚王国专门酿制了一种叫作Wiesenbier的啤酒。这种啤酒比一般的啤酒颜色更深，酒劲更大，上酒的时候使用的是一种叫作"Maesszlig"的大酒杯。这就是慕尼黑啤酒和啤酒节的来历。

　　从1810年开始到如今，慕尼黑啤酒节只在第一次世界大战时停办了5年，第二次世界大战时停办了7年。而特蕾西娅广场就是传统举行慕尼黑啤酒节的场地。1946年以后，啤酒节的规模越办越大。近两个世纪以来，这个为期16天的节日每年都会吸引超过600万游客前来。每年9～10月，人们会在位于老城区西南方的特蕾西娅广场搭建起容纳3000～10000人的大帐篷，饮酒狂欢。这是真正属于特蕾西娅广场的时刻。集市、货摊、帐篷、音乐会，还有各个啤酒厂摆放的巨大啤酒桶。这片椭圆形的草地一片欢腾。啤酒节的第一天上午是啤酒工人的游行活动，为整个活动拉开序幕。下午，慕尼黑特蕾西娅广场兴奋激动的人群，用木槌猛击啤酒桶，当啤酒喷涌而出的时候，慕尼黑啤酒节就正式开始了。

　　广场上有一座高18米的淡绿色巴伐利亚女神雕像。这座1844年创作的巴伐利亚女神像的内部有通往雕像头部的楼梯。登上雕像头部的观景平台，特蕾西娅广场的景色尽收眼底。很多人都喜欢坐在巴伐利亚女神像的嘴唇部位，细细地打量女神像深邃的目光。雕像背后是著名的名人纪念馆，这座著名的新古典主义建筑建有很多的柱廊，大厅的墙壁上雕塑有很多杰出的巴伐利亚名人的半身像。

TIPS

📍 **地址**　慕尼黑老城区西南方向1.5公里处。

📍 **贴士**　1.虽说慕尼黑啤酒节被称为十月节，其实是从9月的最后一个星期开始，到10月的第一个星期日结束，历时16天。2.啤酒节第一天，来自巴伐利亚、德国其他州以及奥地利、瑞士、法国的游行队伍汇聚在一起，身穿艳丽的民族服装及传统古装，在慕尼黑市长及酒厂老板乘坐的华丽马车引导下涌向特蕾西娅广场。

特蕾西娅广场是慕尼黑最著名、最有吸引力的十月啤酒节的狂欢地

奥林匹克公园 OLYMPIA PARK 07

最美理由 /

在慕尼黑的任何一个地方都能看到这座为1972年奥林匹克运动会而建造的宏大的奥林匹克运动场。这座已有40年历史的公园至今仍是慕尼黑城市生活的重要组成部分，是慕尼黑的标志性建筑之一。

最美季节 / 四季皆宜

最美看点 / 奥林匹克体育场 奥林匹克体育馆 游泳馆

最美搜索 / 拜恩州（巴伐利亚州）

据说，从慕尼黑的任何一个地方都能看到这座建于1972年的运动场

1972 年，德国迎来自 1936 年后的首次国际性赛事——第 20 届夏季奥林匹克运动会。慕尼黑为此还专门建造了一座巨大的奥林匹克公园。设计者别出心裁地将一座拥有 6200 个席位的奥林匹克体育场、一座游泳馆和一座奥林匹克体育馆用一个巨大的透明树脂玻璃建造的不规则帐篷形屋顶覆盖起来，成为设计史上的一大突破。同时还修建了一座高 290 米的奥林匹克电视塔。这是德国最高的塔。在其 190 米高度的地方还建有 3 座瞭望台和餐馆。天气晴朗的时候，从瞭望塔上甚至可以遥望见美丽的阿尔卑斯山脉。

为了向世界展示当年联邦德国自信乐观的形象，慕尼黑对这届奥运会进行了巨大的投入。并将奥运会的口号定为"快乐奥运"，会徽也设计成一个"明亮的太阳"。只是原本顺利进行的奥运会在进入最后一周的时候，巴勒斯坦恐怖组织"黑色九月"的几名成员在奥运村射杀了两名以色列运动员，并带走了 9 名运动员作为人质，要求以色列释放关

TIPS

⊙ **地址**　慕尼黑市中心以北。
⊙ **贴士**　奥林匹克公园北面是宝马公司建造的云朵形状的宝马世界。

押的巴勒斯坦政治犯。德国安全部门虽全力营救，却最终失败。导致所有人质被枪杀，大部分恐怖分子也饮弹自尽。这一事件成为整个奥林匹克运动史上最沉重的记忆。曾经的奥斯卡获奖影片《九月的某一天》讲述的就是这一事件。

如今的奥林匹克公园已经成为慕尼黑大型专业运动会的比赛场地，也是举办大型庆典、户外摇滚音乐会和夏季焰火表演的场地。公园内的运动场还有"足球之旅"，可以参观体育场、VIP 区和球员更衣室，也有"探险之旅"，乘坐小型列车游览整个奥林匹克公园。还可以登上奥林匹克塔远眺，或者在塔顶的餐厅品尝美食，参观奇特的摇滚乐大事记展览。

南部德国 Chapter 9

　　拜恩州、巴登-符腾堡州所在的南部德国是德国田园风光最浓郁的地方，也是巴伐利亚风情最浓郁的地区，更接近传统中的德国模样，无论是慕尼黑、斯图加特、纽伦堡这些著名的大城市，还是费森、帕绍、雷根斯堡等风情小镇，抑或是加米施-帕腾基兴、基姆湖、贝希特斯加登一带的湖光山色，都洋溢着原汁原味的德国风情。

阿沙芬堡 ASCHAFFENBURG

01

最美理由 /
作为当年美因茨主教教会的第二据点，阿沙芬堡的每个角落都渗透着大主教和选帝侯们生活的痕迹。恢宏的约翰尼斯堡、精致的舒恩伯赫夏宫以及奢华的皇家花园都是阿沙芬堡昔日辉煌的历史呈现

最美季节 / 四季皆宜
最美看点 / 约翰尼斯堡 皇家花园
最美搜索 / 拜恩州（巴伐利亚州）

约翰尼斯堡是阿沙芬堡的象征，是德国文艺复兴时期最重要的建筑之一

这座遍布鹅卵石街道和木质房屋的迷人小镇有着德国不多见的温暖舒适的气温，被路德维希二世称为"巴伐利亚的尼斯"。美因河从阿沙芬堡陡峭的悬崖边流过。气势磅

礴的约翰尼斯堡就位于河边的红色砂岩之上。在城市的任何一座屋顶都能窥见其壮阔巍峨的身姿。

约翰尼斯堡

建于 1605 ～ 1614 年的约翰尼斯堡是阿沙芬堡的象征，由阿沙分堡国王格奥·瑞德主持修建，一度成为美因茨选帝侯与大主教的第二座行宫，也是德国文艺复兴时期最重要的建筑代表之一。现在已经改为宫殿博物馆的约翰尼斯堡收藏了一批 15 ～ 18 世纪的优秀欧洲名画，以及许多珍贵的中世纪手抄本。而且还复原了美因茨主教全盛时代城堡的内部装饰，生动地再现着昔日人们的生活情形。此外，城堡入口的左侧还有一家出售当地名酒弗兰肯葡萄酒的餐馆，吸引了众多的美食爱好者。宫殿花园后面的波姆佩雅努姆宫当年受庞贝古城的启发，按路德维希一世的命令在 1840 ～ 1848 年间建造。墙上的壁画以及马赛克地板都是按照罗马样式装修的。里面收藏着路德维希一世收藏的古代艺术珍品。

阿沙芬堡皇家别墅

阿沙芬堡皇家别墅是阿沙芬堡的最后一座王家宫殿，曾是阿沙芬堡王室的避暑离宫，也是大主教的乡村度假别墅。房内的马赛克图案精致奢华，其中又以夏季休憩厅最为精致奢华。

阿沙芬堡的广场上还有一座始建于 10 世纪的修道院教堂，以一种奇怪的角度微微倾斜，却坚强矗立。

很多户外运动爱好者都喜欢骑自行车沿

TIPS

地址 德国中南部城市，属拜恩州（巴伐利亚州）。在美因河右岸，阿沙芬河河口附近。

贴士 从法兰克福或者维尔茨堡几乎每隔1小时左右就有一班特快列车往返于阿沙芬堡。从法兰克福到阿沙芬堡大约耗时30分钟，从维尔茨堡前往，则需要1小时左右。

着美因河从阿莎芬堡一直到法兰克福，沿途欣赏美因河两岸的秀美风光。

阿沙芬堡皇家别墅是阿沙芬堡最后一座王家宫殿

菲森 FÜSSEN

02

最美理由 /
　　这座美丽的袖珍小城是德国浪漫之路的终点站，与东面不远处的施万高共同构成皇帝角。这里拥有德国最大的旅游景点——新天鹅堡。这座如梦幻般美丽的宫殿是菲森的骄傲。

最美季节 / 5~9月
最美看点 / 新天鹅堡 旧天鹅堡 泰格尔贝格缆车 霍厄宫（主教夏宫）
最美搜索 / 拜恩州（巴伐利亚州）

这座美丽的袖珍小城是德国浪漫之路的终点站

　　古老的菲森在中世纪的时候就已经成为巴伐利亚的经济重镇。小城内华丽的奥格斯堡采邑主教宫殿——霍厄宫、郊外童话般的新天鹅堡和旧天鹅堡，以及古老的旧城、美丽的洛可可式维斯教堂都是菲森昔日繁华的记忆。

新天鹅堡 旧天鹅堡

　　新旧天鹅堡已经成为巴伐利亚乃至德国之旅的必看景点，是德国浪漫之旅上最闪耀的明珠。尤其是如童话般美丽的新天鹅堡已经成为世界最美丽的城堡之一。这座美轮美奂的乳白色行宫充满中世纪的浪漫风格，从不同的角度能看到完全不同的美景。明黄色的旧天鹅堡虽然不如新天鹅堡般明亮照人，但依然是一座让人无法忽视的美丽城堡。新哥特式风格的城堡看上去更显宏伟些，而不似新天鹅堡的秀美。城堡的房间里有很多精美的装饰性壁画。尤其出彩的是路德维希二世在自己卧室的天花板上描绘的壁画。

泰格尔贝格缆车

新天鹅堡不远处的泰格尔山是户外运动爱好者的天堂。尤其是其非常著名的泰格尔贝格缆车，因能俯瞰壮丽的阿尔卑斯山脉、秀美的富根湖以及美丽的新天鹅堡而成为游人的挚爱。泰格尔山还有一条非常优秀的徒步线路。同时也是进行滑翔机、滑翔伞运动的好去处。

霍厄宫（主教夏宫）

位于山区阿尔格伊河畔的菲森老城海拔

TIPS

⊙ **地址**　位于德国最南边，巴伐利亚阿尔卑斯山区。

⊙ **贴士**　1.菲森老城充满了浪漫气息。那里同时也是舒适的漫步及购物场所。2.霍厄宫中还有巴伐利亚州立美术收藏的一个分馆，这里展出歌德时代后期和文艺复兴时期的雕塑和木版画，还有19世纪慕尼黑众多画家的作品。

808 米，是拜恩州（巴伐利亚州）最高的城市。小城中始建于 1291 年的霍厄宫曾是奥格斯堡大主教的住处。这座建于巨石上的宫殿有着梦幻般美丽的庭院。宫殿的一部分与圣蒙恩修道院所组成的菲森博物馆展示了菲森在 16 世纪作为小提琴制造中心的辉煌历史。

在这座巴洛克风格的霍厄宫中可以看到700多年的城市历史遗留下来的丰富艺术宝藏

奥格斯堡 AUGSBURG

03

最美理由 /

　　奥格斯堡是巴伐利亚第三大城市，也是德国最古老的城市之一。2000年的建城史、繁华的贸易为这座浪漫之路上的第一大城市留下了很多文艺复兴风格和巴洛克风格的宫殿和贵族官邸，成为这座城市的名片。

最美季节 / 春秋两季

最美看点 / 市政厅广场 圣母大教堂 福格尔庭院 圣安娜教堂

最美搜索 / 拜恩州（巴伐利亚州）

奥格斯堡是巴伐利亚第三大城市，也是德国最古老的城市之一

奥格斯堡建于公元前15年罗马皇帝奥古斯都时代。作为一个繁荣的贸易聚集地，奥格斯堡在15、16世纪的时候达到顶峰，成为德国最富有、最有影响力的城市之一。也就是在这一时期，奥格斯堡产生了德国乃至欧洲最有势力的两大商人家族——福格尔家族和威尔斯家族。经营远方贸易和银行业务的两大家族富庶到连国王和国家都要向他们借钱。就是在那个时代出现的建筑物，至今影响着奥格斯堡的市容。

市政厅广场

古老的市政厅广场位于整座城市中心。广场上文艺复兴风格的市政厅建于1615～1620年，其第三层装饰得金光璀璨，极尽奢华，被认为是德国奢华建筑艺术的典型代表。市政厅顶端高达4米的松果形装饰是奥格斯堡的标志，代表着丰收富饶。市政厅对面是建于1558年的奥格斯特斯喷泉。

圣母大教堂

北面的橘红色建筑是古老的圣母大教堂，

历史可以追溯到11世纪初。大教堂有着华丽的入口、14世纪增加的青铜大门，以及古老的珍藏有珍贵壁画的地下室和1140年的带有夸张图案的彩绘玻璃窗。

福格尔庭院

沿着市政厅旁边的电车线路一直往前就可以看到福格尔庭院。这是世界上最古老的社会福利院，建于1516年，由欧洲最富有的家族之一的福格尔家族修建。当初主要是为那些贫困的天主教徒尤其是有孩子的家庭提供庇护。直到今天，福格尔庭院一直保持着最初的模样，每个房门外都系着门铃的拉绳，仍然住着上百的老人，房租非常便宜。

圣安娜教堂

圣安娜教堂是奥格斯堡的大富商世家福格尔家族的墓地。这座外观简朴的教堂却有着相当奢华的礼拜堂。富格尔家族的先辈们就长眠于此。宗教改革运动期间，马丁·路德曾经拜访过这座教堂，并在这里为捍卫自己的信仰而与教廷特使进行了艰苦卓绝的斗争。他曾经居住过的房间现在被开辟成了宗教改革纪念堂。

**市政厅广场是奥格斯堡的中心，
其文艺复兴风格的市政厅是奥格斯堡的标志**

帕绍 PASSAU

04

最美理由 /

　　这里是神圣罗马帝国曾经的最大主教辖区。据说，德国的史诗巨著《尼伯龙根之歌》所讲述的屠龙男士的故事就发源于此。这里由于意大利建筑师的规划和设计而充满了德国别处所没有的别样的意大利风情。

最美季节 / 5～9月

最美看点 / 老市政厅 帕绍玻璃博物馆 圣斯蒂芬大教堂 高山城堡

最美搜索 / 拜恩州（巴伐利亚州）

由于意大利建筑师的规划和设计，帕绍有着德国别处所没有的意大利风情

　　位于德国与奥地利边境的帕绍，因多瑙河、因河和萨尔茨河的交汇，也被称为"三河城"。发达的水路交通使帕绍成为重要的商贸中心。商业的繁荣也带动基督教在这里的传播和推广。739 年，一位名叫博尼费斯的僧人在这里创立了主教教区，使帕绍逐渐发展成为神圣罗马帝国最大的主教辖区。1662 年和 1680 年，帕绍遭遇了两次毁灭性的大火，殃及城市的绝大部分建筑。之后的重建工作由意大利建筑师主持。这些来自意大利的建

筑师为帕绍带来了华丽的巴洛克、洛可可以及新古典主义风格的建筑，让帕绍成为一座洋溢着异域风情的城市。只有在小巷的鹅卵石路面以及拱门上才能寻觅到中世纪的味道。

老市政厅

位于多瑙河畔的老市政厅是一栋华美的哥特式建筑。这是一座将原来的8座贵族房屋结合起来而建造的奇妙建筑，有着高耸的尖顶的塔楼。市政厅的大会议室中由当地艺术家费迪南·瓦格纳创作的精美壁画非常珍贵，值得仔细品味。

帕绍玻璃博物馆

旧市政厅的正对面就是独特的帕绍玻璃博物馆。馆内展示了3万余件超过250年历史的博贝米安、奥地利和巴伐利亚等地的玻璃及水晶制品。

圣斯蒂芬大教堂

城中的圣斯蒂芬大教堂被称为真正的意大利式巴洛克建筑风格的精品。这座有着独特的绿色半圆形穹顶的大教堂成为帕绍的一张名片。教堂内部装饰着精美的壁画，还拥有一架世界上最大的管风琴，并且定期举办音乐会。

高山城堡

建于高地之上的高山城堡是俯瞰帕绍全城风光的最佳地点。尤其是它的瞭望塔更是帕绍唯一可以欣赏到三河交汇壮丽景致的地点。城堡现在已经被改为历史文化博物馆，展示了中世纪城堡建筑的神秘和骑士经过时举行的仪式。

TIPS

地址 拜恩州（巴伐利亚州）东部。

贴士 *1.老市政厅的小会议室经常有当地人在这里举办婚礼。2. 游览帕绍的最佳方法是坐观光船漫游多瑙河，所有帕绍的游船都在多瑙河岸开行，行程约1小时，天然景致美不胜收。*

圣斯蒂芬大教堂有着独特的绿色半圆形穹顶

巴伐利亚森林 BAVARIAN FOREST 05

最美理由 /
　　这是欧洲最大的一片连续分布的森林，是德国的第一座国家公园，始终保持着原始天然的状态，几乎未受人类活动的影响。充满野趣的自然风光、保存完好的传统工艺，是这片森林对人类最好的赐予。

最美季节 / 5 ~ 10月

最美看点 / 玻璃之路 布劳瑙

最美搜索 / 拜恩州（巴伐利亚州）

这里始终保持着原始天然的状态，充满野趣

位于多瑙河、伯尔默森林和奥地利国界之间的巴伐利亚森林，是 1970 年成立的德国第一座国家公园。这里保存着欧洲中部最大的一片森林，森林覆盖率高达 95%。免于人类活动干扰的巴伐利亚森林一直保持着原始的天然野趣，成为难得的一片净土。这里不仅有一望无垠的壮丽森林景观，还有沼泽地、冰川湖泊——拉赫尔湖、玻璃博物馆等。巴伐利亚森林是人们旅行和休息的天堂。也正因为如此，这里受到众多户外运动爱好者的青睐。生长着无数高大云杉的浓密森林中纵横交织着上百公里的徒步、骑行和越野滑雪线路。其中的欧洲远程路线 E6 和 E8 更是横穿巴伐利亚森林，深受徒步爱好者的喜爱。

TIPS

⊙ **地址** 拜恩州（巴伐利亚州），多瑙河、伯尔默森林和奥地利国界之间。

⊙ **贴士** 从慕尼黑、雷根斯堡或者帕绍乘火车到普莱特林，然后换乘即可抵达巴伐利亚森林地区最大的城镇茨维泽尔镇。小镇上的森林火车可以前往这一地区的其他地方。

玻璃之路

还有一条热门徒步线路就是玻璃之路。从中世纪开始，巴伐利亚森林就有人定居。他们在森林里建造小木屋，以农业、木业、采矿业和玻璃制造业为生。发达的玻璃吹制业曾使当地出产的窗玻璃和玻璃杯深受欧洲各地宫廷的喜爱。如今，传统精致的玻璃吹制业仍旧在巴伐利亚森林中的古老小镇中完整地保留着。玻璃之路就是将这些小镇串起来的线路。沿着这条长约 250 公里的特色线路，人们可以去那些已有几百年历史的古镇参观玻璃吹制工作室、玻璃制品厂和商店。如果感兴趣的话，还可以购买一些别致精美的玻璃制品作为纪念。

布劳瑙

布劳瑙就是这一地区古老的玻璃制品生产中心之一。这座小镇还建有一座新玻璃博物馆，不仅向人们展示这里已经延续几千年的玻璃制作的历史，还设有专门的工作室，现场展示小玻璃瓶的吹制过程。

贝希特斯加登地区 BERCHTESGADENER LAND 06

最美理由 /
　　传说，这里是被希望天使播撒过奇迹与希望的土地。被6座壮美的山峰环抱的山谷森林苍翠、河流缓行、湖泊碧绿、村庄祥和、炊烟袅袅。这里是德国乃至整个欧洲最美丽的地区之一。

最美季节 / 夏冬两季
最美看点 / 鹰堡 盐矿 国王湖
最美搜索 / 拜恩州（巴伐利亚州）

被6座壮美山峰环抱的贝希特斯加登地区是欧洲最美的地区之一

这个位于贝希特斯加登阿尔卑斯山脉的地区，以白雪覆盖的阿尔卑斯山脉为背景、以挺拔苍翠的冷杉为主角，其中还点缀着蓝宝石般的湖泊、川流不息的河水、宁静祥和的村庄、古老精巧的教堂、神秘有趣的盐矿，一年四季景色各异，如梦如幻，美不胜收。这里是德国境内阿尔卑斯山地区最早的保护区之一，包括湖水清澈翠绿的国王湖。德国第二高峰瓦茨曼山，以及因希特勒而闻名的鹰堡。

鹰堡

位于克尔史坦山山顶的鹰堡是希特勒50岁的生日礼物。这座盘踞在欧洲最美地区的建筑能让你看到贝希特斯加登最壮美的景色。而通往鹰堡的山路更是体现了当时的建筑师们卓越的才能。这段山路需要通过5个隧道，途中景色美丽如画。最后一段上坡山路甚至需要借助一点电梯才能通行。可惜这座独具匠心的建筑和希特勒缘分太浅。据说希特勒一到就感觉头晕，从此很少在此居住。现在的鹰堡已经被改造成一座饭店，深受游客的喜爱。

盐矿

贝希特斯加登地区有着丰富的盐矿资源。

TIPS

地址 拜恩州（巴伐利亚州）贝希特斯加登阿尔卑斯山脉地区。

贴士 1.从慕尼黑乘坐快速列车到Freilassing，然后换乘到达贝希特斯加登地区的火车。2.贝希特斯加登地区有RVO公共汽车将其周围的城镇连接起来。从火车总站乘坐9541路或者9542路公交车可以到国王湖，乘坐9538路可以到鹰堡。

这里的岩盐从16世纪开始就成为当地的主要收入。已被废弃的盐矿矿井如今重新开放。人们可以穿上传统的矿工保护服，沿着木滑道滑到矿井深处，参观神秘的天然盐洞以及神奇的地下盐湖。

国王湖

而位于贝希特斯加登以南5公里左右的国王湖，群山环绕，林木浓密，清澈见底的湖泊如蓝宝石般闪耀。湖畔的美丽村庄质朴祥和。夏天的时候，远处山顶的冰雪融化的时候，清冽的雪水奔流而下，汇入国王湖。从国王湖畔的圣巴特洛梅礼拜堂到瓦茨曼—奥斯万德是德国最好的徒步线路之一，景色之美，难以言表。

基姆湖 CHIEMSEE 07

最美理由 /

作为巴伐利亚最大的湖泊的基姆湖，被称为"巴伐利亚之海"。这里宽阔而平静的水面是水上运动爱好者真正的天堂。湖光山色造就的美景中还有路德维希二世为世人留下的德国最美的宫殿之———基姆湖赫伦基姆塞宫

最美季节 / 夏季

最美看点 / 女人岛 基姆湖赫伦基姆塞宫馆

最美搜索 / 拜恩州（巴伐利亚州）

基姆湖是巴伐利亚最大的湖泊，被称为"巴伐利亚之海"

基姆湖是拜恩州（巴伐利亚州）的旅游胜地之一。以阿尔卑斯山脉为背景的基姆湖远处奇峰高绝、冰雪不化，近处树木滴翠、碧波盈盈。湖面白帆点点，湖畔村落点缀。美，难以言表。美丽的湖光山色、精彩纷呈的水上运动项目、悠闲轻松的氛围是基姆湖的招牌。

女人岛、男人岛

基姆湖中有三个岛，分别是男人岛、女人岛和至今无人居住的香草岛。所谓的男人岛和女人岛，最先是男女修士分别修行的地方。女人岛因766年塔西罗三世公爵在岛上建造了一座教堂，并于9世纪中期被本笃会修女接管而得名。女人岛清幽宁静，岛上还有一个风景如画的小渔村。沿着狭窄的小巷在温馨的渔村里徜徉，时光都会因此停留。

基姆湖最大的岛屿——男人岛则因岛上有座"男人修道院"而得名。在宗教禁忌严格的早期，男女神职人员之间是禁止交往的，所以，两座小岛虽然近在咫尺，却老死不相往来。后来，当地渔民提出捕鱼时希望能在女人岛靠岸，以规避大风或补充给养。他们的请求居然得到了修女们的同意。从此，禁忌被打破了，男人岛也相继对女人开放。

基姆湖赫伦基姆塞宫

男人岛之所以闻名主要是因为路德维希二世在这里建造了一座美轮美奂的基姆湖赫伦基姆塞宫。这座历时8年，几乎掏空国库而建的宫殿被称为"德国的凡尔赛宫"。这座奢华的宫殿有着比凡尔赛宫更为华丽的镜厅。

由于资金短缺，宫殿的修建数次停工，直到路德维希去世，宫殿的一角仍未完工，直到现在仍然保持着当初粗糙裸露的墙体。

美轮美奂的赫伦基姆塞宫被称为"德国的凡尔赛宫"

加米施—帕滕基兴 GARMISCH-PARTENKIRCHEN 08

最美理由 /
　　加米施–帕滕基兴是巴伐利亚阿尔卑斯山地区最著名的旅游胜地。这片被阿尔卑斯山脉环绕的地区远离尘世的喧嚣，如世外桃源般美好。优质的滑雪场地吸引着来自世界各地的滑雪爱好者，以及众多社会名流。

最美季节 / 冬季
最美看点 / 加米施—帕滕基兴 楚格峰 窄轨火车
最美搜索 / 拜恩州（巴伐利亚州）

加米施–帕滕基兴点缀在绿荫环绕的阿尔卑斯山脉下，远离尘世的喧嚣，祥和而迷人

　　阿尔卑斯山脉怀抱的加米施－帕滕基兴其实是两个村庄的名字。这两座宁静美丽的村庄合二为一，点缀在绿荫环绕的山脚下，远离尘世的喧嚣，祥和而迷人。小镇的民居精致华丽，白色的墙面常常画有精美的壁画，搭配上老房子沧桑斑驳的黑色屋檐，就像童

话中的世界，别有一番韵味。远处阿尔卑斯
山脉的韦特尔斯坦山和楚格峰巍峨矗立，成
为小镇风光最气派的点缀。小镇周边还有许
多名胜古迹，如韦尔登费尔斯城堡遗址、国
王路德维希二世的沙亨狩猎宫等。优质的温
泉和滑雪环境使这座小镇逐渐成为国际疗养
和欧洲滑雪胜地。也因此成为 1936 年的冬季
奥林匹克运动会以及 1978 年、2011 年世界滑
雪锦标赛的地点。这里也是德国著名音乐家
查理·施特劳斯的家乡，每年举办的"查理·施
特劳斯音乐节"吸引着无数的音乐爱好者的
目光。

楚格峰

小镇西边的德国最高峰楚格峰巍峨耸立，
山顶上能眺望群山起伏、大气磅礴之景。这
里的滑雪场也是德国最好的滑雪场之一。

窄轨火车

从小镇的火车总站乘坐这里独特的窄轨
火车，经过苍翠浓密的森林、波光粼粼的湖泊、
流水潺潺的冰河，来到楚格峰的山腰，然后
换乘空中缆车到达山顶，领略一览众山小的
气魄。或者从山脚徒步而上，一路上，湖光
山色，美不胜收。

TIPS

🔘 **地址**　德国南部，拜恩州（巴伐利亚州）。
🔘 **贴士**　每当冬季到来的时候，加米施-帕滕基兴的
旅游旺季便来临了。来自世界各地的滑雪爱
好者们汇集在这里，只为滑雪板滑过洁白的
雪面，风在耳旁呼啸而过，森林迅速后退时
的畅快淋漓。

小镇精致迷人，就像童话中的世界

雷根斯堡 REGENSBURG 09

最美理由 /
　　多瑙河畔的雷根斯堡是德国最古老的城市之一，是欧洲保存最完好的中世纪城市之一，也是《世界遗产名录》中的一员。两千多年的历史为这座城市留下了大量的建筑瑰宝。

最美季节 / 5 ~ 10月
最美看点 / 古石桥 旧市政厅 圣彼得大教堂
最美搜索 / 拜恩州（巴伐利亚州）

旧城区的圣彼得大教堂是雷根斯堡的地标性建筑

　　位于上拜恩多瑙河与雷根河交汇处的雷根斯堡，是继慕尼黑、纽伦堡、奥格斯堡、维尔茨堡之后的拜恩州（巴伐利亚州）第五大城市。雷根斯堡的历史可以追溯到公元179年。那时，罗马皇帝奥勒尔下令在这里为古罗马军团建一个露营地。这个营地的北门Porta Practoria 今天还矗立着。而圣彼得大教堂的周围如今依然能看到昔日军队驻扎的痕迹。后来的雷根斯堡成为巴伐利亚第一个公国的首府，从此一直是皇亲贵族喜爱的居住地。两千多年的历史为雷根斯堡留下了大量的历史建筑，每一座都是独特而瑰丽。中世纪的繁华似乎从未远离过这座城市。那些精致的中世纪建筑、狭窄蜿蜒的石板路、秀美的石拱桥将雷根斯堡永远地留在了中世纪的遥远岁月中，让这座城市散发着来自历史的光辉。

古石桥

　　横卧在多瑙河上的史丹尔内大桥是雷根斯堡的骄傲。这座长310米的古石桥建于1135 ~ 1146年，一度是多瑙河上唯一的防御要道。古石桥也是观赏雷根斯堡美丽风光的最佳点。

旧市政厅

市政厅广场上的旧市政厅曾经承担着帝国议会所在地的角色长达 150 多年，也是现在雷根斯堡市长的官邸。13 世纪的钟楼、装修奢华的大厅都在向人诉说这座华丽建筑的悠久历史。

圣彼得大教堂

旧城区内的圣彼得大教堂是雷根斯堡的地标性建筑，被视为巴伐利亚最重要的哥特式大教堂之一。这座 13 世纪建于古罗马军团露营地遗址上的教堂有着奢华的装饰和饰有浮雕的外墙，独特的镶嵌着金银丝的 19 世纪的尖顶，以及色彩斑斓的十三四世纪的彩绘玻璃窗。大教堂与周围的各式砖红色房子，构成一幅古老的风景画，特别是隔着多瑙河眺望街市的时候。

TIPS

🔘 **地址** 拜恩州（巴伐利亚州）的多瑙河畔，在慕尼黑以北140公里处。

🔘 **贴士** 从法兰克福、慕尼黑或者纽伦堡都有火车可以直达雷根斯堡。从法兰克福出发大约需要3小时。如果是从慕尼黑出发的话，大约一个半小时即可到达。

两千多年的历史为雷根斯堡留下了大量的建筑瑰宝

曼海姆 MANNHEIM

10

最美理由 /

　　这是一座魅力无穷的城市，是莱茵河畔的名城。这里沿用至今的18世纪早期的如棋盘式的街道布局纵横交错、别具一格。古老而著名的大学城和朝气蓬勃的学生，也赋予这座城市浓郁的文化氛围和欣欣向荣的激情活力。

最美季节 / 5～9月

最美看点 / 水塔 基督教堂 选帝侯宫 耶稣教堂

最美搜索 / 巴登—符腾堡州

水塔是曼海姆最醒目的建筑

　　位于莱茵河上游河谷北部，莱茵河和内卡尔河交汇处的曼海姆分布在莱茵河的右岸和内卡尔河的两岸。这座在公元766年还是一个小渔村的地方，因1606年选帝侯腓特烈四世下令在这里修建一座堡垒而逐渐发展起来。之后的曼海姆迅速地成长为一座繁华的城市，虽历经战乱却兴旺不减。如今的曼海姆依然保留着许多古建筑，吸引着人们的目光。

水塔

　　城中的弗里德里希广场中央矗立着一座高60米的水塔，这是曼海姆最醒目的建筑，也是这座城市的标志性建筑，被认为是欧洲最重要的青年艺术风格建筑之一。水塔内部可蓄水 2000 立方米，塔上还有人面马身的雕塑。水塔周边是精心设计修建的公园。许多红砂岩建造的带拱廊的房屋围绕着成行的绿树。夏季，公园成为曼海姆市民聚会的首选，人们在这里休闲和逗留。

基督教堂

弗里德里希广场东北侧的长条形的基督教堂有着独特的绿色的穹顶，非常经典。

选帝侯宫

德国最大的巴洛克风格的选帝侯宫也坐落于曼海姆。这座建于 1720 ~ 1760 年的宫殿，由柔和的黄色和深沉的红色砂岩建造而成，是德国最华丽的宫殿之一，也是曼海姆整个市中心的焦点。"二战"中，宫殿的大部分被毁坏，直到 1968 年宫殿的修复工作才完成。现在，这里的大部分建筑已经被改造成了曼海姆大学的校舍，只有谒见厅、曾举行音乐会的骑士厅以及宫殿礼拜堂等向公众开放。

耶稣教堂

距离宫殿只有一个街区的耶稣教堂是曼海姆最耀眼的建筑。这座建于 18 世纪的巴洛克式教堂有着美轮美奂的内部装饰。

此外，曼海姆还有矿泉疗养浴场，是著名的疗养胜地。曼海姆也是汽车发明者卡尔·本茨和自行车发明者德赖斯的故乡。这里的州立技术劳动博物馆内珍藏着世界上第一辆自行车和第一辆摩托车，值得一看。

TIPS

📍 **地址** 德国西南，莱茵河和内卡尔河的交汇处，巴登—符腾堡州和黑森州的交界处。

选帝侯宫是德国最大的巴洛克风格建筑

卡尔斯鲁厄 KARLSRUHE

11

最美理由 /
　　这座19世纪才繁荣起来的城市是德国最年轻的城市之一，但其拥有的优秀精湛的历史建筑却毫不逊色于德国的其他城市。不仅如此，卡尔斯鲁厄还拥有很多光彩夺目的博物馆，让人流连忘返。

最美季节 / 5~9月

最美看点 / 王宫 巴登州立博物馆 马略尔卡陶瓷博物馆 艺术和媒体中心

最美搜索 / 巴登—符腾堡州

卡尔侯爵当年所建的别墅现在已经形成了一座从巴洛克到新古典主义兼容的宫殿群

卡尔斯鲁厄翻译过来的意思就是"卡尔的休憩之地"。1715 年，当时巴登公爵卡尔·威廉侯爵下令在其最喜欢的狩猎场中央建造一座别墅。别墅建好以后，侯爵因为对此地的挚爱而决定长居于此，平静地度过余生，于是就有了这座城市的名字——卡尔斯鲁厄。如今，卡尔斯鲁厄已经是德国最高法院——联邦宪法法院的所在地。

王宫

卡尔侯爵当年所建的别墅经过不断的改造和扩建已经形成了一座从巴洛克到新古典主义兼容的宫殿群，并带有一座英伦风格的美丽花园，成为附近大学的学生最喜爱的聚会地。

巴登州立博物馆

如今，宫殿内改造出了一座巴登州立博物馆，收藏了大量从中世纪以来的珍贵文物。光彩夺目的王冠、巴登公爵家族的权杖和宝剑、装饰性艺术品、雕塑以及陶瓷、家具等。

马略尔卡陶瓷博物馆

以一条由 1645 片瓷砖铺设而成的道路与宫殿花园草坪相邻的是马略尔卡陶瓷博物馆。博物馆收藏了 1000 多件陶瓷作品，都是从 1901 年至今，卡尔斯鲁厄马略尔卡陶器厂制造的。与宫殿花园相连的那条独特的小路所用的瓷砖就是这家陶器厂生产的。

宫殿是这座城市的中心，32 条街道就像车轮的轮辐一样向四处辐射开来。宫殿花园以南不远处是这座城市的焦点——集市广场。在这里纵横交错的几条街道是卡尔斯鲁厄的主要街道。

艺术和媒体中心

卡尔斯鲁厄的艺术和媒体中心是这座城市的骄傲。这里融合了艺术学院和博物馆的特点，以一家旧军需品工厂为中心，将艺术和新兴电子媒体技术完美地结合在一起。它的核心是现代艺术博物馆，展示有装置、计算机艺术、影像和当代艺术家创作的各种作品，非常值得一游。

施瓦本哈尔 SCHWABISCH HALL 12

最美理由 /
　　这座位于施瓦本河畔的小镇风景如画，很容易就让人着迷。这里保留着大量中世纪面貌的木质房屋，就像来自童话中的世界。这里的一切都那么悠然淡雅，如世外桃源般让人流连。

最美季节 / 5～9月

最美看点 / 集市广场 圣米迦勒教堂 维特艺术馆

最美搜索 / 巴登—符腾堡州

早在公元前 500 年的时候，凯尔特人就已经在这里繁衍生息，并成为人们熟知的盐的产地。到 12 世纪的时候，施瓦本哈尔开始成为神圣罗马帝国的钱币铸造地，铸造一种叫"哈尔"的银币。施瓦本哈尔也因此而繁荣发展起来。到如今，这座古老的小镇已经度过了 850 多个春秋。

宁静的科赫尔河将施瓦本哈尔一分为二。河畔绿草茵茵，河面小岛苍翠，河右岸分布着大量中世纪保留下来的木质房屋，古老而精致；河左岸的新城区则充满现代时尚气息。施瓦本哈尔总在不经意间让人沉醉。

集市广场

老城区的集市广场是这座迷人小镇的灵魂所在。这里分布着大量 15～16 世纪的半木结构房屋。最著名的就是后哥特式风格的圣米迦勒教堂。

与集市广场相隔两个街区的剧院是一座 16 世纪的尖顶兵工厂及粮仓改建的，登上剧院南侧的石级，可以俯瞰美丽的科赫尔河，以及小镇鳞次栉比的美丽的红色屋顶。

圣米迦勒教堂

这座始建于 12 世纪中叶的教堂，主体部分却是在 15 世纪前后完成的。教堂唱诗班的上方有着非常古老华丽的网状拱顶。教堂外壮观的台阶从 1925 年开始就被当作夏季室外剧的舞台，以及每年圣灵降临节的"蛋糕和泉水节"的举办场地。

维特艺术馆

小镇上的维特艺术馆位于一栋宏伟的超现代主义建筑中，大楼外面装饰着粗质的石头。这里经常举办一些高质量的展览，是小镇的文化中心。艺术馆还拥有一家上百年历史的酿酒厂。这里的啤酒店经常在晚上举办现场音乐会。有时间的话，不妨晚上前往参观。

TIPS

地址　巴登—符腾堡州科赫尔河畔。

贴士　从斯图加特乘坐RE快速列车，大约需要1小时30分钟到达。如果从纽伦堡出发的话，大约耗时1小时40分钟。

这座位于施瓦本河畔的小镇保留着大量中世纪的木质房屋

蒂宾根 TÜBINGEN

13

最美理由 /

　　这座有着大量砖红色屋顶和彩色墙壁的木质房屋、鹅卵石小径、四周苍翠森林的美丽大学城，与海德堡大学、弗赖堡大学并称德国南部最著名的三所大学。赫尔曼·黑塞、黑格尔、开普勒都曾在这里度过他们的青春年华。

最美季节 / 5、6月，圣体节狂欢

最美看点 / 霍亨蒂宾根城堡 集市广场 施蒂夫特教堂 荷尔德林塔

最美搜索 / 巴登—符腾堡州

集市广场是蒂宾根大学的学生们最喜爱的聚会场地

1078 年，蒂宾根在内卡河畔开始了自己的建城史。1231 年获得城镇称号。1477 年，从意大利游历回来的埃伯哈德伯爵决定在蒂宾根创办一所大学。这所时至今日已经 500 多年历史的蒂宾根大学，已经成为德国南部最著名的三所大学之一。不少德国的著名作家、哲学家、学者，包括天文学家开普勒、哲学家黑格尔、诗人荷尔德林等都曾在这里求学。这座人口 8 万人的城市，大学师生员工就达 3 万多名，因此也被称为"学者共和国"。

清澈的内卡河从美丽的蒂宾根城中流过，河岸是色彩明快、精致典雅的阁楼屋宇。天气好的时候，人们会在河中划船畅游，享受宁静美好的假日时光。城中蜿蜒曲折、高低起伏的鹅卵石小径纵横交错，那是来自中世纪的气息，悠远祥和。

霍亨蒂宾根城堡

位于老城区西部边缘的霍亨蒂宾根城堡是这座城市的标志。建于 1606 年的城门华丽气派，典型的文艺复兴风格。城堡中有多个大学机构，以及一座埃及文物与考古学博物馆。在这里可以观赏到老城区层层叠叠的红瓦尖顶，非常美丽。

集市广场

从城堡沿着下坡路往下就能到达市中心的集市广场。被古老的半木质房屋围绕的广场是学生们最喜爱的聚会场地。在这里晒晒太阳、喝杯咖啡、翻两页书，悠然自得。广场上的市政厅有着奢华的 19 世纪巴洛克装

饰。市政厅高大的钟楼上有月相指示表和天文钟。

施蒂夫特教堂

不远处霍尔茨集市的施蒂夫特教堂是这座城市最重要的教堂。建于 15 世纪晚期的教堂拥有保存完好的中世纪的彩绘玻璃。教堂中还埋葬着蒂宾根大学的创办人——埃伯哈德。每周六晚上，教堂都会举办音乐会。施蒂夫特教堂对面是赫尔曼·黑塞曾经工作过的赫肯豪厄书店。

荷尔德林塔

蹚过埃伯哈德桥就可以看到有着尖尖屋顶的圆形建筑。这是德国著名诗人荷尔德林曾经居住过 36 年的地方，被称作"荷尔德林塔"。桥的南端还有蒂宾根最受欢迎的啤酒花园。这家店不仅能欣赏到美丽的内卡河风光，还提供美味的斯瓦比亚食物。从桥中央的阶梯向下可以到达河中央的小岛。每年 5 月底 6 月初的圣体节，兄弟会都会在内卡尔河举办非常受欢迎的撑船比赛，成为蒂宾根的一个盛大节日。

康斯坦茨 KONSTANZ 14

最美理由 /
位于博登湖（康斯坦茨湖）畔的这座城市是德国最引人入胜的地区之一，远处白雪皑皑的是瑞士山峰，近处宝蓝宁静的是康斯坦茨湖，还有红瓦屋顶的特色建筑、花木繁茂的小岛、古老迷人的教堂。

最美季节 / 4、5月，繁花盛开。
最美看点 / 大教堂 尼德堡区 迈瑙岛 赖谢瑙岛 梅尔斯堡
最美搜索 / 巴登—符腾堡州

这座位于博登湖湖畔的城市是德国最引人入胜的地方之一

位于德国、奥地利和瑞士边境的博登湖（康斯坦茨湖）风景如画，是著名的旅游胜地。湖畔四周的小镇和村庄就像康斯坦茨湖边闪耀的珍珠，浪漫优雅。其中位于德瑞边界的康斯坦茨是博登湖的文化经济中心。这座美丽的城市从未遭受过战火的摧毁，因而完整地保留下来了中世纪以来的街市面貌，成为博登湖地区的旅游集散地，每年都会吸引大量来自世界各地的游客。

大教堂

康斯坦茨老城区的制高点是一座始建于1000年的大教堂。经过不断扩建和改造，这座教堂融合了罗马风格、哥特式风格以及文艺复兴风格。教堂北侧的螺旋状楼梯非常别致。

尼德堡区

从大教堂开始一直延伸到莱茵河畔的尼德堡区是康斯坦茨最古老的部分。迷宫般的碎石小径、已有数百年历史的半木质建筑、精致古老的商店、舒适浪漫的酒吧，让尼德堡区成为康斯坦茨的明珠。

迈瑙岛

位于康斯坦茨北部约 5 公里的迈瑙岛被称为"漂浮在博登湖上的鲜花之岛"。这座以种植大量亚热带植物而著名的岛屿从中世纪开始的很长一段时间里一直是德国骑士团的领地，后被巴登公爵腓特烈一世购买。岛上四季鲜花盛开，就像一座巨大的地中海式花园，一直都是康斯坦茨湖区最受欢迎的景点。

赖谢瑙岛

博登湖最大的岛屿赖谢瑙岛位于康斯坦茨以西约 10 公里。岛上完整地保留着 3 座中世纪的教堂。其中 10 世纪的君主奥托时期因其泥金装饰手抄本而名声显赫的本笃会修道院最为著名。修道院有一座漂亮的哥特式教堂和一个迷人的芬芳药草园。正因为这 3 座教堂的存在，使赖谢瑙岛在 2000 年被联合国教科文组织列为世界文化遗产。

梅尔斯堡

环境优美的梅尔斯堡有着绝佳的地理位置。这座风景如画的浪漫村庄位于一个可以俯瞰康斯坦茨湖的高地上，四周环绕着的是

TIPS

📍 **地址** 位于德国西南，与瑞士边界处。

📍 **贴士** 1.天气暖和的话，还可以搭乘渡轮前往迈瑙岛、赖谢瑙岛和迈尔斯堡。2.德国20马克的纸币的安内特·冯·德罗斯特-许尔斯霍夫是德国著名的女诗人，她的大多数作品都创作于梅尔斯堡。

花果飘香的葡萄园和果园。村庄内纵横交错的小巷、古老精致的半木质房屋、庄严的巴洛克式老王宫和新王宫，还有一条美丽的游人如织的海滨步行街，美不胜收。

融入了罗马风格、哥特式风格以及文艺复兴风格的大教堂是康斯坦茨老城的制高点

林道 LINDAU

15

最美理由 /
　　它是博登湖上的明珠，岛上的老藤玫瑰相伴着色调明快的老房子，落英缤纷，美得让人晃眼。城内蜿蜒曲折的碎石小巷，城外碧波万顷的博登湖水，远处是白雪皑皑的阿尔卑斯山峰，林道的一切

都让人沉醉。
最美季节 / 夏季，鲜花怒放的林道美丽如画
最美看点 / 巴伐利亚雄狮标志 老市政厅 前彼得教堂
最美搜索 / 拜恩州（巴伐利亚州）

绘有精美壁画的老市政厅是林道非常有名的地标式建筑

　　林道的名字 Lindau 源于 Linden Au，即"生长菩提树的湖边洼地"，意思是在菩提树下繁荣兴旺起来的小岛。所以林道的市徽是一棵枝繁叶茂的绿色菩提树。

　　这座风景秀丽的小岛，历史可以追溯到公元 2 世纪，那时候林道附近出现了小群罗马人的定居点，但是当时居民的主要活动范围依然在大陆上，岛上依然荒无人烟。公元 9 世纪左右，在一些圣加仑教派信徒的书信中，林道第一次作为地名出现。到中世纪的时候，归功于南北贸易干线的开通，位于这条线路上的林道兴旺发展起来，成为一座自由的帝国城市。直到今天，人们依然能从那些绘着精美壁画的房屋山墙、建于十六七世纪的木质房屋、巴洛克风格的基督教教堂、11 世纪的圣斯特凡教堂、古老幽深的石头小径、12 ~ 15 世纪的城防遗迹发现林道曾经的繁华。

巴伐利亚雄狮标志

　　如果坐船从博登湖进入林道港的话，首先映入眼帘的是矗立在港口的一座巨大的石狮子，这是一只巴伐利亚雄狮。与其对面高

33 米的白色灯塔共同组成林道的标志。

老市政厅

镇中心的集市广场上，建于 1422 年的老市政厅有绘着精美壁画的阶梯状山墙，非常醒目。当年神圣罗马帝国议会曾经在这里召开过重要会议。老市政厅一楼曾经是神圣罗马帝国的图书馆，至今还珍藏着 23000 册珍贵的书籍资料。老市政厅旁边矗立着的盗贼之塔曾经是一个小监牢，用来关押那些偷盗之徒。

前彼得教堂

镇上的前彼得教堂已经有上千年的历史

TIPS

📍 **地址** 拜恩州（巴伐利亚州）的城市，位于博登湖东岸的岛上，德国、奥地利和瑞士三国的交界处。

📍 **贴士** 林道面积不大，且景色如画，非常适合徒步游览。

了。现在已经被改造成一座战争纪念馆。

每年 6 月，这里都会举办诺贝尔奖得主年度聚会。当年的诺贝尔化学、物理和医药奖得主将和许多科学界人士齐聚林道，倾心交谈，并与来自世界各地的学生见面，为这座风光旖旎的小岛平添了不少人文气息。

风景秀美的林道是博登湖上的明珠

黑森林 SCHWARIWALD 16

最美理由/

　　黑森林是许多格林童话的发生地，《白雪公主》《灰姑娘》这些脍炙人口的故事中，都少不了黑森林的踪影。黑森林中流淌着清冽的泉水、茵茵草场、牛羊成群，还有那若隐若现的农舍小镇、咕咕钟形屋顶上的鲜花，构成了一派独特的田园风光。这里也是世界著名的"行山"运动地点，咕咕钟和黑森林蛋糕的正宗产地。坐落在黑森林中的巴登—巴登是一处充满贵族气息的世外桃源，它拥有世界上最好的温泉、最漂亮的赌场，还有绝世风景，被誉为"欧洲夏都"。

最美季节/四季皆宜
最美看点/卡拉卡拉浴池 弗德列巴希浴场 休闲宫
最美搜索/巴登—符腾堡州

群山连绵起伏的黑森林地区是德国著名的旅游区

　　黑森林林区呈三角形，森林覆盖面积达60%，遍布着墨绿的松树和参天的杉木，远望去墨绿近乎黑色，因而得名。森林南北长160公里，东西长60公里，林区内群山连绵起伏，林山总面积约6000平方公里。黑森林的西边和南边是莱茵河谷，最高峰是费尔德山（Feldberg），海拔1493米。黑森林还孕育了著名的多瑙河与内卡河。

黑森林根据树林分布稠密程度分为北部、中部和南部。北部黑森林最茂密，由大片松树和杉树构成原始森林，有小湖点缀其间。中部黑森林汇集了德国南部传统风格的木质农舍建筑，颇有田园风情。南部黑森林中的树林不再是大片相连，林间的山坡被开辟成草地牧场，牛羊悠然漫步于此。

来黑森林旅游，根根巴赫小镇的哥特式建筑、古塔赫的民居博物馆、多瑙河源头等都不容错过。位于黑森林腹地的著名小镇特里贝格被认为是黑森林地区最浪漫的温泉酒店，也是德国最古老的酒店之一，四百多年来从未中断过营业。1806 年，拿破仑就曾下榻在此。在黑森林还可以见到许多罕见的行业，如玻璃吹制、管风琴制造、打铁和制革业等。黑森林的钟表业至今仍是真正的传统手工艺术，著名的杉木布谷钟就产于此。

巴登—巴登

地处德法交界的黑森林边缘，属于北部黑森林。这是座气派高雅的城市，四周群山环抱，奥斯河穿城而过，城市处处有花园绿地，别墅宫殿，实现了"以天空为屋顶"的设计构想。"巴登"是德语中"泡澡"的意思，"巴登—巴登"则充分体现了欧洲的泡澡文化。因此在全世界休闲客中流传着这样一句话："来巴登—巴登若不到温泉池游泳、泡澡，等于白来。"巴登—巴登温泉来自两千米的山涧，拥有一千多年历史，吸引了罗马皇帝、拿破仑三世、维多利亚女王等名流。至今城里还保留着罗马时期的弗德列巴希浴场。而卡拉卡拉浴池则是一所现代化浴池，全部用白色大理石建成，高大的落地玻璃窗透出绿树白云的风景。另外，巴洛克风格的休闲宫是德国规模最大、最古老的赌场，以其豪华而闻名于世。

乌尔姆 ULM   17

最美理由 /
　　这是爱因斯坦的诞生地，至今这座城市的每个角落依然保留着与这位伟人的千丝万缕的联系。这里有世界上最高的教堂，其高达161.6米的尖顶让所有人都为之震撼。这是一座因一个名人和一座教堂而闻名于世的城市。

最美季节 / 5～9月

最美看点 / 乌尔姆大教堂 城市大厅 爱因斯坦喷泉 市政厅

最美搜索 / 巴登—符腾堡州

精致华丽的市政厅是典型的文艺复兴风格

　　虽然早在新石器时代就有人居住，多瑙河畔的乌尔姆发展并不是很快。850年左右的时候，这里还只是一座国王的行宫。到1184年的时候才成为一座帝国直辖的城市。1377年，为了解决市民做礼拜的需求，乌尔姆开始在城中建一座大教堂（之前的教堂在城外，被敌人包围的时候市民无法去教堂）。这是乌尔姆历史上最重要的决定。这座气势恢宏的教堂如今已经成为乌尔姆的标志性建筑，成为世界最著名的教堂之一。

乌尔姆大教堂

　　这座拥有三座塔楼的大教堂当初的设计高度是156米，建造却是断断续续，几经反复，直到1890年才终于建造完成，其主塔的高度达到 161.6 米，超过举世闻名的科隆大教堂，成为世界上最高的教堂。这座历时 600 多年，凝结了数代工匠心血的教堂被当地人誉为上帝赐予他们的荣誉。站在教堂 70 米、102 米和 143 米高度的环形平台上，远处风景如画的多瑙河、苍翠浓密的施瓦本山和近处层层叠叠的红瓦屋顶、别致有趣的爱因斯坦喷泉历历在目。

城市大厅

教堂所在的大教堂广场上还有一座白色的玻璃建筑——城市大厅。这座极富现代气息的时尚建筑与古老的哥特式风格的大教堂并肩而立，给人强烈的视觉冲击力，象征着这座城市的传统与时尚。

爱因斯坦喷泉

大教堂不远处的 16 世纪的军械库前有一座非常有趣的爱因斯坦喷泉，为的是纪念这位生于乌尔姆的名人。这座城市的每个细节中都透露出与爱因斯坦的千丝万缕的联系。虽然其故居已不存在，但位置仍用红线画出来，上面还竖立着爱因斯坦的纪念像。城里的成人教育中心被命名为爱因斯坦大楼，市政厅特别出品爱因斯坦出世纸供游人购买，乌尔姆大教堂特辟大玻璃镶上爱因斯坦的头像，以及代表其理论的抽象画面。甚至古老的咖啡店还可购买名为爱因斯坦的巧克力和咖啡杯。当中最为游客津津乐道的是爱因斯坦喷泉。雕塑用了大师著名的鬼脸，代表其相对论理念；喷泉对面墙则镶有一块大石，代表他的姓氏 "Ein Stein"，整个设计十分别致风趣。

TIPS

📍 **地址** 德国巴登-符腾堡州，多瑙河畔。距奥格斯堡东约70公里。

📍 **贴士** 从斯图加特出发，乘火车前往乌尔姆，大约耗时1小时；从慕尼黑前往的话，大约耗时1个半小时。

市政厅

市中心集市广场上精致华丽的市政厅建于 14 世纪，典型的文艺复兴风格。市政厅壮观的占星钟每 15 分钟报时一次。其后的乌尔姆的图书馆是一座玻璃金字塔形建筑，独特壮观。广场南面的养鱼池非常有趣。每当集市日，鱼贩们就将待出售的鱼养在这里，以保证其鲜活。

乌尔姆大教堂是乌尔姆的标志性建筑，也是世界上最著名的教堂之一

西部德国

Chapter ❿

　　莱茵河流经的西部德国包括莱茵兰—普法尔茨州、萨尔兰州、北莱茵—威斯特法伦州、黑森州。这里因莱茵河的滋养，不仅有着旖旎的河畔风光，童话般的美丽小镇，还有悠久的葡萄酒生产历史，有世界上最负盛名的旅游线路——德国葡萄酒之路，走在这条路上，不仅可以欣赏到绝美的自然风景、如画的童话小镇，还能品尝到出色的美食和优质的葡萄酒。

特里尔 TRIER

最美理由／

　　摩泽尔河畔的特里尔青山绿水环绕，是德国最古老的城市之一，也是卡尔·马克思的诞生地。这里因为保留着大量的罗马风格和哥特式风格建筑瑰宝而被联合国教科文组织列为世界文化遗产。

最美季节／5～9月

最美看点／尼格拉城门 集市广场 圣彼得教堂 选帝侯官邸 皇家浴场 马克思故居

最美搜索／莱茵兰—普法尔茨州

特里尔的集市广场是德国最有魅力的地方之一

　　位于摩泽尔河中游河谷的特里尔城青山绿水环绕，山坡上种满了葡萄。公元前 16 年，罗马皇帝奥古斯都将这里建成后方重镇，命名为奥古斯都—特瑞罗姆。三四世纪罗马帝国统治下的特里尔进入黄金时代，成为帝国的皇城。虽然后来历经战乱，特里尔仍然是德国现存古罗马时代遗迹最多的城市。罗马时期的城门，古朴的罗马式大教堂，历代罗马皇帝下令修建的豪华宫殿、大浴池、气势恢宏的竞技场和十几里长的城垣。

　　尼格拉城门

　　建于 2 世纪后期的尼格拉城门是特里尔的象征性建筑。这座由黝黑的巨石砌成的黑色城门是德国最古老的防御性建筑，雄伟壮丽。城门右侧是市立博物馆。博物馆罗马风格的回廊是德国最古老的回廊。

集市广场

特里尔的集市广场是德国最有魅力的地方之一。这座建于 10 世纪的广场有一个象征着特里尔对这个集市拥有权的集市十字架。还有一个建于 1595 年的彼得喷泉，以及一个建于 13 世纪的德国最早的药店。

圣彼得教堂

这座城市的圣彼得教堂至今仍完好无损地保存着大片古罗马建筑，这些建筑大都建于公元 4 世纪。

与大教堂相邻的是建于 1235 ～ 1260 年的圣母教堂。这座教堂将早期哥特式建筑风格展现得淋漓尽致，被认为是德国最大的早期复式基督教建筑之一。圣安东尼教堂是建于 15 世纪晚期的古老的教堂，它最引人注目之处在于其中纤巧华丽的洛可可式讲道坛。

选帝侯官邸

现在被改造成政府部门所在地的选帝侯宫是世界上最漂亮的洛可可式风格的宫殿之一。这座建于 17 世纪的宫殿，当初属于大主教。

皇家浴场

建于 4 世纪的皇家浴场是当时罗马帝国第三大浴场。即使今天，从残存的城墙和地基中依然能辨认出昔日的宏大场面。位于市郊的圆形剧场与皇家温泉浴场相隔不远，它大约建于公元 100 年，豪华而精美，可以同时容纳 20000 名观众，西半部分建有专供贵族使用的包厢和座椅。

马克思故居

值得一提的是，特里尔还是卡尔·马克思的故乡。1818 年 5 月 5 日，马克思就诞生在这里。位于布吕肯街 10 号的马克思故居，是一座典型的 18 世纪德国巴洛克式民居，灰白色的 3 层楼房，淡黄的粉墙、棕色的门楣和窗沿、乳白色的窗扉。故居内展示有马克思亲笔书写的信件，幼年时的照片，以及《资本论》的初版书和原稿等。

TIPS

📍 **地址** 德国西南部莱茵兰—普法尔茨州，狭长的摩泽尔河谷盆地中。

📍 **贴士** 1.从科隆乘坐IC特快列车大约需要2小时35分钟才能到达特里尔。而从这里到相邻的卢森堡大公国大约需要50分钟。2.精致的选帝侯宫现在不对外开放。除非预约，游客是不允许进入楼内。

即使今天，从残存的城墙和地基中依然能辨认出皇家浴场昔日的宏大

摩泽尔河谷 THE MOSEL VALLEY 02

最美理由 /
　　摩泽尔河是莱茵河最长的支流。摩泽尔河谷被认为是德国风景最美的地方之一，也是世界著名的葡萄酒产地。河流两岸古朴浪漫的城堡塔楼高耸于一望无垠的葡萄园之上，每一处河湾都有不同风景在等候。

最美季节 / 8月，葡萄成熟的季节，摩泽尔河谷的葡萄酒节也开幕了。
最美看点 / 埃尔茨堡 爱伦堡 特里尔 贝恩卡斯特尔—库斯 科赫姆 拜尔施泰因
最美搜索 / 莱茵兰—普法尔茨州

摩泽尔河谷被认为是德国风景最美的地方之一

　　位于特里尔和科布伦茨之间的摩泽尔河谷有着连绵起伏的葡萄园、古老壮观的中世纪古堡，妖娆的摩泽尔河蜿蜒盘旋于山崖之间。这里是世界著名的葡萄酒产地，欧洲地势最险峻的葡萄园和德国最昂贵的葡萄园都在这里。河谷中到处可见田园诗般的葡萄种植区、葡萄酒小酒店，以及醇正而又果味浓郁的雷司令葡萄酒。这里的每一个小地方都有葡萄酒节。每一个来这里游览的人都不忘在酒窖里品酒，这是摩泽尔河流域的固定节目。

埃尔茨堡 爱伦堡

　　摩泽尔河谷还是一座美丽的城堡博物馆。每一道河湾的峭壁上都矗立着一座中世纪城堡，德国最早的城堡——爱伦堡、高耸的斯兰特堡、宏伟的埃尔茨堡、迷人的科赫姆堡……每一座城堡都是河谷曾经风云岁月的象征。

特里尔

特里尔是摩泽尔河谷的开篇之作。这座有着 2000 多年历史的城市保存着大量古罗马时代的建筑瑰宝，也是卡尔·马克思的故乡。

贝恩卡斯特尔—库斯

特里尔下游 50 公里处的贝恩卡斯特尔与库斯是一对迷人的双子城镇。贝恩卡斯特尔有着河谷最漂亮的集市广场，有中世纪保留下来的石板路、精致的半木质房屋，以及无数在街边小巷的葡萄酒馆。城镇旁的高地连绵的葡萄园、茂密的森林，一座 13 世纪的古堡废墟悠然独立。这里是欣赏摩泽尔河谷壮丽风光的绝佳点。库斯的美景都集中在圣尼古拉斯收容所。这座建于 1458 年的老房子有哥特式的小礼拜堂和修道院，还有一座藏有大量珍贵书籍的图书馆，以及一座小型的摩泽尔葡萄酒博物馆。在博物馆里，游人甚至可以参加"开怀畅饮"的葡萄酒品尝活动。

科赫姆

千年古堡弗希斯堡所在的科赫姆有中世纪的广场、完整保存的半木质房屋，华丽风格的市政厅，甚至是欧洲仅存的古老芥末磨坊之一。老城总是熙熙攘攘，来自世界各地的游人在这里漫步畅饮。突兀于摩泽尔河上方的弗希斯堡冷峻而孤傲。城堡、城镇与摩泽尔河的结合成就了科赫姆的美丽。

TIPS

📍 **地址**　德国西部莱茵兰—普法尔茨州，科布伦茨和特里尔之间。

📍 **贴士**　1.绝大多数的人都选择从科布伦茨开始摩泽尔河谷之旅。进出科布伦茨的火车非常多。无论从波恩、科隆，还是美因茨、法兰克福都非常方便。2.摩泽尔河谷还是风景如画的徒步旅行之地。这里长达390公里的徒步之旅非常受欢迎。

科赫姆弗希斯堡突兀于摩泽尔河河畔，冷峻而孤傲

拜尔施泰因

摩泽尔河右岸的拜尔施泰因是一座仿佛来自童话世界的袖珍小镇。小镇四周葡萄园和森林环绕，山顶的古堡废墟沧桑古朴，小镇四处弥漫着葡萄酒香，让人陶醉。

莱茵河谷 THE RHEIN VALLEY 03

最美理由 /
这段被称为"浪漫莱茵河"的河谷是所有来德国旅行的人不可错过的地方。莱茵河在这里蜿蜒曲折流过，河岸是陡峭的葡萄园和沧桑古堡，再远一点是浓密的森林以及田园诗般的村庄、壮丽的教堂尖顶。

最美季节 / 夏季
最美看点 / 科布伦茨 布劳巴赫 博帕德 圣戈阿 圣戈阿斯豪森 巴哈拉赫 宾根 吕德斯海姆
最美搜索 / 莱茵兰—普法尔茨州

漫山的葡萄园和沧桑古堡、娟秀小镇、诗意村庄、蜿蜒莱茵河组成的莱茵河谷是所有来德国旅行的人不可错过的地方

科布伦茨与宾根之间的莱茵河是最美丽的。奇迹、童话与历史、自然交织出的梦幻景致已经成为德国的标志性景点。悬崖峭壁上几近垂直的葡萄园梯田、炊烟袅袅的田园村庄、突兀壮丽的教堂尖顶、古老沧桑的城堡建筑、优雅别致的半木房屋共同组成了莱茵河谷图画。

科布伦茨

莱茵河与摩泽尔河交汇处的科布伦茨已有数千年历史。悠远的历史为这座城市留下

了宏伟坚毅的爱伦布埃斯坦要塞和华丽优美的史特巨岩宫。这里还有作为德国统一和平象征的"德意志角"以及美丽如画的自然风光。

布劳巴赫

科布伦茨以南 8 公里处的布劳巴赫是一座拥有 1300 多年历史的宁静小镇。这座被葡萄园和玫瑰园拥抱的小镇有高耸壮观的马克思堡作为背景，更凸显其柔美清秀。

博帕德

弯过马蹄形急弯后的博帕德曾是罗马军队野营团驻扎的地方，罗马风格的遗迹随处可见。这里还有莱茵河地区地势最险峻的葡萄园，以及醇正香浓的雷司令白葡萄酒。

圣戈阿

顺流而下的圣戈阿是雄伟的费尔斯城堡的所在地。这里还有一座华丽气派的修道院，其哥特式壁画、美丽的拱形屋顶以及罗马风格的地窖都非常有名。

圣戈阿斯豪森

圣戈阿的双子小镇圣戈阿斯豪森。小镇前的莱茵河上有块著名的巨石，叫罗蕾莱岩石。传说，莱茵河的女儿罗蕾莱住在这块巨石上，有着举世无双的美妙歌喉。每当她坐在河畔的巨石上梳理自己的金色头发并且唱着动听的歌谣时，船夫就会被深深吸引，以致无心驾船，结果船毁人亡。如今在巨石伸入莱茵河的一块地带中竖着一座妖娆丰腴的美人雕塑，已经成为莱茵河谷的标志性景点。圣戈阿斯豪森还有两座古堡——老鼠堡

TIPS

🔘 **地址**　德国西部莱茵兰一普法尔茨州，美因茨和波恩之间。

🔘 **贴士**　1.科布伦茨是开始这段梦幻之旅的最佳地点。2.游览莱茵河谷的最佳方式就是乘坐莱茵河上的游船。从4月到10月，莱茵河上每天都有船只往返于吕德斯海姆、宾根、圣戈阿、博帕德、科布伦茨之间。

和猫堡，隔着河岸遥相呼应，十分有趣。

巴哈拉赫

巴哈拉赫是莱茵河沿岸最美丽的村镇之一。14 世纪的古城墙环绕下的村镇就像来自中世纪的童话世界。曲径通幽、木屋精致、城堡壮丽。从巴哈拉赫到宾根之间有三座雄伟的城堡。新哥特式风格的苏奈克城堡、珍藏着大量珍品的雷欣斯泰因城堡以及曾作为普鲁士皇室夏宫的莱茵施泰因城堡，令人印象深刻。

宾根

美丽的宾根是这段梦幻之旅的终点。从壮丽的科洛普城堡俯瞰小镇，街巷纵横交错，高耸的教堂尖顶、优雅的木质民居，连绵的葡萄园，美如画卷。

吕德斯海姆

河对岸的吕德斯海姆是"莱茵河上的明珠"，因其上等的雷司令葡萄酒而闻名，有"酒乡"之称。小镇的街道两旁是不计其数的小酒吧和商店，聚集着来自世界各地的游人，在这里畅饮品味。

施派尔 SPEYER

04

最美理由 /
　　这是一座因其宏伟的大教堂而闻名的城市，已有千余年历史，高贵而典雅。这里雄伟的教堂、出色的美食、华丽的巴洛克建筑以及一流的博物馆都成为游人流连忘返的理由。

最美季节 / 5～10月
最美看点 / 施派尔大教堂 马克西米连大街 密克威浴池
最美搜索 / 莱茵兰—普法尔茨州

马克西米连大街两旁都是华丽的巴洛克式建筑

从 1294 年至 1779 年，这里一直是神圣罗马帝国的自由城市，曾经召开过 50 次帝国会议。其中最著名的是 1529 年的会议。当时神圣罗马帝国信奉新教的州公开抵制多数信奉天主教的州所作出的决定，"新教"的名字从此诞生。

施派尔大教堂

这座城市最重要、最著名的建筑就是施派尔大教堂。这座被称为欧洲最大的具有罗马式建筑风格的教堂，是神圣罗马帝国时代最著名的建筑之一。1030 年，当时的萨利王朝的康纳德二世亲自为这座后来名扬世界的教堂奠基。1061 年教堂落成，包括 3 间正殿、长方形的基督教堂、纵横交叉的通道、华丽的唱诗班、半圆形的后殿以及几座塔楼。鹅黄色与各种红色石头混杂而成的色彩、宏伟壮丽的外观、教堂内部高达 134 米的拱顶所产生的巨大的空间感，让所有进入教堂的人都不由升起一种神圣敬畏之感。装饰有华丽拱门的地下墓保存着包括康纳德二世大帝在内的许多中世纪的国王、王后的墓室。

马克西米连大街

与施派尔大教堂相连的马克西米连大街是观赏教堂风光的最佳地点。大街两旁是华丽的巴洛克式建筑，红色华丽的市政厅、浅蓝优雅的苏菲·冯·拉·罗什故居，以及一座建于 11 世纪的犹太人浴室——密克威浴池。

施派尔还有几座一流的博物馆。皇家历史博物馆保存着一顶完好的镀金礼帽、几件康纳德二世的青铜王冠，非常珍贵。除此之外，还有展品丰富的科技博物馆，以及极具生态意识的海洋生物馆，值得游览。

TIPS

📍 **地址** 德国西部莱茵兰—普法尔茨州。

📍 **贴士** 1.距施派尔大教堂不远的55米高的城门，是德国最高的城门之一。2.有时间的话，还可以乘船游览莱茵河。

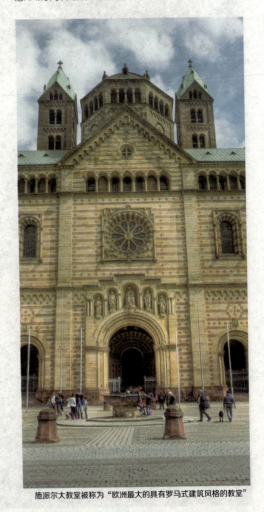

施派尔大教堂被称为"欧洲最大的具有罗马式建筑风格的教堂"

德国葡萄酒之路 DEUTSCHE WEINSTRABE   05

最美理由 /
　　这是一段让人沉醉不愿醒的旅途。这段长达85公里的世界上最负盛名的葡萄酒旅游线路被称为"葡萄种植区的脊梁"。这里温暖的气候、美丽的景致、出色的美食，以及优质的葡萄酒都是不得不去的理由。

最美季节 / 9、10月，葡萄丰收的季节
最美看点 / 诺伊施塔特 代德斯海姆 巴特迪克海姆
最美搜索 / 莱茵兰—普法尔茨州

这条从博根海姆一直延伸至法国边境施威根的葡萄酒之路被称为"葡萄酒种植区的脊梁"

这条从博根海姆一直向南延伸至法国边境施威根的葡萄酒之路有着每年长达 1800 小时的日照时间，温暖到一到 3 月杏树就早早开花的气候、茂密苍翠的森林、绵延起伏的葡萄园、恬静安详的村庄，以及开朗可爱的居民。

诺伊施塔特

诺伊施塔特是葡萄酒之路的中枢。这座繁忙时尚的城市依然保存着大量迷人的历史建筑。老城区中心的集市广场就坐落着华丽的巴洛克式市政厅，建于 14 世纪的由红色砂岩筑成的哥特式修道院教堂。

代德斯海姆

代德斯海姆是德国葡萄酒之路上风景最美的小城。这座几乎湮没在紫藤树中的小城仿佛出离于世，在红尘之外。城市中古老的街道、精致的民居、高耸的教堂，以及 30 多家葡萄酒酿酒厂都是小城的名片。

巴特迪克海姆

巴特迪克海姆是这条路上的明星，是一座漂亮的温泉小镇。镇上的温泉公园绿树成荫，这里的绝大多数温泉都其中。尤其是温泉中心还提供大量这里的传统服务。巴特迪克海姆还有世界上最大的葡萄酒桶。这只容量达 170 万升的巨大酒桶其实是一家餐厅。因为超大的内部空间，甚至可以同时容纳 650 人用餐。小镇每年 9 月都会举办一年一度的香肠集市。虽然以香肠命名，却是个葡萄酒节，

TIPS

🔘 **地址** 德国西部莱茵兰—普法尔茨州，从博根海姆一直向南延伸至法国边境的施威根。

🔘 **贴士** 德国葡萄酒之路最适合自驾车或骑自行车游览。当地旅游局都会有关于这一地区的自行车路线图出售，详细标出了大量自行车路线和自行车可以通过的小路。

为的是庆祝当年的葡萄大丰收。

不过，葡萄酒之路附近的确荟萃了不少大师名厨，总能品尝到很多颇具地方特色的美味。葡萄美酒、特色美食是德国葡萄酒之路上不可错过的项目。

巴特迪克海姆是座漂亮的温泉小镇

卡塞尔 KASSEL

06

最美理由 /
　　它是浪漫的童话之路上的第二大城市。这里有美丽的花园、繁茂的森林以及童话之路上非常重要的景点——格林兄弟博物馆。卡塞尔是《格林童话》的源泉，童话的整体框架和构思就是在这里完成的。

最美季节 / 5 ~ 10月
最美看点 / 格林兄弟博物馆 威廉山公园 勒文堡 威廉山城堡
最美搜索 / 黑森州

宏伟华丽的威廉山公园是眺望卡塞尔的最佳点

　　这是童话之路上最重要的城市之一，是当年格林兄弟生活时间最长的城市。在这里，他们完成了《格林童话》的整体框架，并开始撰写童话。对于喜爱这本童话的人来说，卡塞尔是不可错过的地方。

格林兄弟博物馆

　　如今的卡塞尔依然保存着一座格林兄弟博物馆。这座建于 1714 年的小贝尔维尤王宫在 1960 年被改建成现在的博物馆。博物馆本身就像一个童话的世界，随处可见童话中的场景和痕迹。同时还展示了《格林童话》的原始书稿，格林兄弟的生活、肖像等。

威廉山公园

宏伟华丽的威廉山公园位于威廉山山顶。这座面积约 240 公顷的公园建于 1781 年，制高点耸立着卡塞尔的标志性雕像——大力神雕像，冷峻地注视着这片土地。这里是眺望卡塞尔的最佳点。雕像脚下是呈阶梯状流淌的瀑布，清新自然。公园最精彩的就是喷射高达 50 米的喷泉。每年的基督升天节，喷泉都会进行精彩华丽的表演，在灯光照射下格外美丽炫彩。

勒文堡

效仿中世纪苏格兰城堡风格建造的勒文堡就像童话中的城堡。城堡内的军械博物

TIPS

📍 **地址** 德国西部的黑森州，坐落在威悉河中游最大支流Fulda河左岸。

📍 **贴士** 从法兰克福或者慕尼黑乘坐ICE特快列车到卡塞尔威廉山火车站，大约分别需要80分钟和3小时45分钟。

馆和骑士博物馆可以看到精美的玻璃绘画、16 ~ 18 世纪的武器和葛布兰织品等。

威廉山城堡

威廉山城堡是德国最好的收藏地之一，其收藏的佛兰德斯和荷兰的巴洛克风格绘画尤为珍贵。

卡塞尔还有世界上唯一的壁纸博物馆，展示有中世纪非常珍贵的壁纸，不仅有纸质的，还有豪华的金、皮革质地的。不仅有欧洲的壁纸，甚至还有中国的。

卡塞尔是《格林童话》的源泉，是浪漫的童话之路上的第二大城市

马尔堡 MARBURG

07

最美理由 /
　　马尔堡不仅是著名的大学城，有欧洲最古老的新教大学，还是一座遍布古老建筑的城市，有德国最古老的纯哥特式大教堂，有高低起伏的鹅卵石小径，纵横交错的小巷，以及精致小巧的酒吧和咖啡馆。

最美季节 / 5～10月
最美看点 / 伊丽莎白教堂 集市广场 巴尔菲瑟街 伯爵城堡
最美搜索 / 黑森州

集市广场四周大都是建于14～17世纪的半木结构建筑

伊丽莎白教堂

很多人都是从伊丽莎白教堂开始在马尔堡的旅行的。这座被称为"德国最好的纯哥特式教堂"的建筑是马尔堡的骄傲。13 世纪的时候，匈牙利公主伊丽莎白嫁给了图林根伯爵——路德维格四世。伯爵去世后，伊丽莎白来到马尔堡居住，虽然日子清苦，但她依然坚持接济那些穷苦之人。并在 24 岁的时候离开人世。1527 年，马尔堡建造了一座新教大学，为的是纪念这位善良的公主。教堂有一个高大的圣伊丽莎白祭坛和美丽的彩绘玻璃。彩绘玻璃上能够清楚地了解到教堂从最初的罗马式风格向哥特式风格转变的过程，以及伊丽莎白一生行善的历史。教堂内还收藏着用于庆典的精美的道具，以及公主的灵柩。

集市广场

教堂不远处的集市广场历史已经很悠久了。四周的半木结构建筑大都建于 14 ~ 17世纪。南侧的文艺复兴风格的市政厅华丽精致。而最有特色的是 14 号的太阳楼、17 号的靴楼，以及 18 号的石楼。每个周六的早上，这里都会成为热闹的集市。

巴尔菲瑟街

马尔堡的巴尔菲瑟街是这座城市街景最美的地方。格林兄弟就曾经在这条街上的木屋里居住过。至今他们生活居住过的房屋墙壁上还镶嵌着纪念碑。

伯爵城堡

伯爵城堡是这座城市的制高点，建于

TIPS

📍 **地址**　德国中西部城市，位于兰河畔。

📍 **贴士**　从法兰克福和卡塞尔前往马尔堡都非常方便。从法兰克福出发大约需要1小时。从卡塞尔出发的话，大约耗时75分钟。

1248 年，当时是作为黑森州的公爵议院所在地而建的。站在城堡上，马尔堡的景色一览无遗。1529 年，路德、茨温格里和梅兰希顿在这里进行了宗教论战。城堡内部现在已经被改造成大学文化史博物馆，介绍从史前时代开始的整个文化史。

伊丽莎白教堂是马尔堡的骄傲

富尔达 FULDA

08

最美理由 /
　　这是德国为数不多的保存着一片大型巴洛克城区的城市。这里有德国最古老的教堂之一。行走在这座城市就像穿越时空，来到了中世纪的美丽城镇。这里还有美丽的自然风光以及丰富多彩的户外运动场地。

最美季节 / 5 ~ 10月
最美看点 / 巴洛克风格的老城区 市政城堡 大教堂
最美搜索 / 黑森州

市政城堡有大量巴洛克式和洛可可式装饰

744年，本笃会的修道士根据教士 St. Boniface 的遗愿，在这里修建了一座修道院，之后发展成今天的规模。由于富尔达独特的发展史，这里至今都是德国受宗教传统影响比较大的地区之一。这一历史也为富尔达留下了许多独具魅力的教堂、保存完好的巴洛克街区以及古老浓厚的历史气息。

巴洛克风格的老城区

巴洛克风格的老城区始于大学广场。这里集中了大量精美的巴洛克风格的中世纪建筑。穿梭其中就像来到了童话里的中世纪城镇，历史感扑面而来。

市政城堡

建于1707年的市政城堡以前是王子修道院院长们的官邸，拥有大量巴洛克式和洛可可式装饰，还拥有一间豪华的巴洛克式宴会厅，装饰着壁画、修道院院长们的肖像画。城堡里珍藏着大量瓷器珍品。市政城堡背后是美丽的宫廷花园。

大教堂

城堡旁边是雄伟壮丽的大教堂。这座建于1704～1712年的巴洛克式大教堂，是在原有的修道院的基础上设计修建的。圆形大厅和地下室都是9世纪卡洛林王朝时期修建的。顶部则采用了非常经典的"巫婆帽塔楼"设计。中央祭坛下设有8世纪中叶到德国传教的基督教圣人卜尼法斯的坟墓。大教堂博物馆珍藏有犹太人墓碑、精美的银圣坛，以

TIPS

📍 **地址**　德国西部黑森州。

📍 **贴士**　德国的南北主干线正好穿过富尔达。从法兰克福乘坐ICE火车到富尔达大约需要50分钟。

及传说是教士 St. Boniface 头骨的骨骸。透过衣帽间的玻璃地面可以看到原始教堂的地基。大教堂北面的卡洛林王朝教堂建于822年，是德国最古老的教堂之一。

雄伟壮丽的大教堂有着非常经典的"巫婆帽塔楼"设计

威斯巴登 WIESBADEN 09

最美理由 /
　　这是一个极具魅力的温泉之城，是著名的温泉疗养胜地，是欧洲最古老的疗养地之一。这里被称为"北欧的尼斯"。这里的城市公园不仅有繁茂的树林、遍地的鲜花，还有氤氲的温泉，美丽如画。

最美季节 / 5～9月
最美看点 / 威斯巴登温泉馆 黑森州州立剧院 市政广场
最美搜索 / 黑森州

威斯巴登温泉馆历史悠久，连歌德、瓦格纳和陀思妥耶夫斯基也曾慕名前来

这座拥有 2000 多年历史的城市，源于古罗马时代的罗马人发现了这里的温泉，并在草地上修建了一座洗澡堂。威斯巴登的意思就是草地上的澡堂。这些温泉一直到今天还在使用。从此以后，威斯巴登一直深受达官贵人的青睐。很多人慕名前来，从此不再离开。即使到今天，幸运躲过第二次世界大战破坏的威斯巴登仍随处可见昔日的富丽堂皇。800多栋或精美或大气的古老别墅成为威斯巴登历史的见证。

威斯巴登温泉馆

位于城市中心的威斯巴登温泉馆历史已经非常悠久了。连歌德、瓦格纳和陀思妥耶夫斯基都曾慕名前来，在这里浸泡温泉，享受美好时光。温泉馆的赌场曾让陀思妥耶夫斯基沉迷长达 10 年之久，最后陷入穷困潦倒的境地，而他为威斯巴登留下的是小说《赌徒》。直到今天，每年仍然有很多俄罗斯人慕名前来，为了这里的温泉，也为了这里的赌场。威斯巴登还有一处著名的温泉叫腓特烈皇帝温泉，环境幽雅。在这里，甚至允许人们不穿游泳衣享受温泉。

黑森州州立剧院

温泉馆旁边的黑森州州立剧院建于 1902 年，拥有一个华丽的洛可可大厅，曾是欧洲上流社会在威斯巴登进行社交的地方，处处透露着高雅优美。

TIPS

📍 **地址** 德国中部黑森州的州府。坐落在莱茵河右岸，正对着莱茵兰—普法尔茨州的首府美因茨，并与之构成一个双子中心。

📍 **贴士** 威斯巴登周边还有茂密的森林、丘陵起伏的 *Rheingau*（莱茵高）地区。早在罗马时期，这里就开始种植葡萄。今天的莱茵高已经成为举世闻名的雷司令葡萄酒产区。

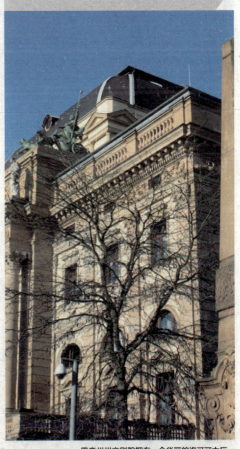

黑森州州立剧院拥有一个华丽的洛可可大厅，曾是欧洲上流社会在威斯巴登进行社交的地方

埃尔特维勒 ELTVILLLE

10

最美理由/

　　这里是德国最大的葡萄酒产地，是德国出产顶级葡萄酒的地方。久负盛名的雷司令白葡萄酒就产自这里。这里被称为"玫瑰小镇"，因为玫瑰开放的季节，小镇是一片玫瑰花的海洋。

最美季节/ 6、7月

最美看点/ 葡萄园 葡萄酒庄 玫瑰节 香槟节

最美搜索/ 黑森州

莱茵高这片向阳的斜坡是德国顶级葡萄酒的出产地

平静的莱茵河由南向北经过美因茨附近时突然转了一个 90° 的弯，意外地赠予了这一块西南的向阳斜坡。这块向阳斜坡就是著名的 Rheingau（莱茵高），德国最顶极葡萄酒的出产地。自罗马时代起，这里就开始种植葡萄，狭窄河谷中连绵起伏的葡萄园让人痴迷。

由于与意大利、法国、美国加利福尼亚和南非葡萄枝蔓即使在平原也可以生长迥然不同，气候寒冷的德国只在有阳光的丘陵和山脉南坡生长葡萄，以出产白葡萄酒为主，其中最有名也最为我们所知的就是雷司令。当年就是德国人将这个葡萄品种引进到中国的烟台，造就了现在的张裕葡萄酒。

在威斯巴登和吕德斯海姆之间绿色的陶努斯山坡上，在大约 3000 公顷的葡萄种植区，被称为"葡萄酒小镇"的埃尔特维勒则是这一地区的名镇，是德国乃至欧洲都是赫赫有名的葡萄酒小镇。这座全称为莱茵河畔的埃尔特维勒的漂亮小镇宁静而古老，保存着大量历史悠久的特色民居，以及满城的玫瑰花。

每当 6 月来临，小镇上的玫瑰节开幕的时候，整个小镇都沉浸在花香之中。紧接着是可爱的草莓节。每年 6 月中，埃尔特维勒都会举办一次盛大的草莓节，草莓蛋糕，草莓点心，草莓饮料，草莓酒，草莓糖果，草莓饰品……应有尽有。7 月份还会举行香槟节。葡萄就统领整座小镇，鲜花美酒相映成趣。

TIPS

◎ **地址**　德国西部黑森州莱茵河畔。

◎ **贴士**　从法兰克福乘火车能非常方便地到达这座美丽的小镇。也可以选择从威斯巴登或吕德斯海姆乘船前往。

有"葡萄酒小镇"之称的埃尔特维勒是德国乃至欧洲赫赫有名的葡萄酒小镇

明斯特 MÜNSTER

11

最美理由 /
　　这座温柔的小城曾被评为"世界上最值得生活的城市"。这座城市的老城区，虽然在"二战"时几乎被完全破坏，却得到了及时而精准的修复，这里几乎每样东西都有60年以上的历史。

最美季节 / 5 ~ 9月
最美看点 / 市政厅 兰贝蒂教堂 圣保罗大教堂 阿湖
最美搜索 / 北莱茵—威斯特法伦州

明斯特曾被评为"世界上最值得生活的城市"

这座已有 1200 多年历史的城市起源于主教辖区建立的 9 世纪。因为靠海又有河流经过，便利的交通成就了明斯特的繁荣发展。13 世纪，明斯特加入汉萨同盟，谱写了其最辉煌的历史篇章。这里是签署著名的《威斯特法利亚合约》的地方。1648 年，欧洲 30 年战争因为和平条约的签订，结束于此。

市政厅

这座阳光明媚的小城安静、奢华却不张扬。大部分的房屋都有着亮丽的橙黄色屋顶、纯净的白色窗子，明媚动人。华美的哥特式市政厅是明斯特的骄傲。1648 年的《威斯特法利亚合约》就是在这里签署的。市政厅前的广场是这座城市的中心。四周林立着许多经过修复的贵族式城市住宅；是明斯特最时髦、最美丽的地方。住宅的拱廊下是雅致的咖啡屋和精品店。

兰贝蒂教堂

市政厅往北不远的兰贝蒂教堂是明斯特的标志建筑。这座被称为"威斯特法利亚最美厅堂式教堂"的建筑建于 1375 ～ 1450 年，虽然没有科隆教堂的大气磅礴，却独具匠心。教堂独特的镂空式尖顶使人们即使站在教堂内也能看见蓝天。明斯特最受欢迎的街头咖啡之一，就在兰贝蒂教堂旁。

圣保罗大教堂

明斯特最珍贵的历史建筑就是建于 1225 ～ 1265 年的圣保罗大教堂。罗马式与哥特式兼容的传统风格十分和谐。这座拥有三个中殿的大教堂有 16 世纪的精美彩绘玻璃窗、哥特式的枝状大烛台，以及一条精美的装饰使徒雕塑作品的门廊。最著名的就是回廊里那个制作于 16 世纪的天文钟。每天中午，伴随着悠扬的音乐，移动的画卷上就会浮现东方三博士伏拜圣婴耶稣的画面。

阿湖

明斯特还有一座心形的湖泊"阿湖"，虽然不大却很耀眼。明斯特的市民都喜欢来这里度过自己的休闲时光。

TIPS

📍 **地址** 德国西部北莱茵—威斯特法伦州，埃姆斯河和多特蒙德—埃姆斯运河河畔。

📍 **贴士** 这里也是欧洲的"自行车之城"，拥有德国最宽的自行车道。这里两万多居民拥有一万多辆自行车，是低碳环保的先行者。

明斯特的每栋房子都有60年以上的历史了

多特蒙德 DORTMUND

12

最美理由 /
这座古老的城市同时也是鲁尔区最受欢迎的购物
区之一。这里不仅因为高度发达的工业而闻名于世，
也拥有爽口醇厚的啤酒，是与慕尼黑齐名的啤酒之
都。这里还有德国最著名的足球队之一，是一座被足

球渲染的城市。
最美季节 / 夏季
最美看点 / 圣莱诺尔特大教堂 艺术和历史文化博
物馆
最美搜索 / 北莱茵—威斯特法伦州

威斯特法伦球场被誉为"世界级的足球梦之殿堂"，曾承办过1974年和2006年世界杯的部分赛事

这座有着1000多年历史的古老城市就位于鲁尔河北面，还有美丽的埃姆斯河从市区悠然而过。多特蒙德港更是德国及欧洲最大的运河海港，每天都承载着繁忙的贸易活动。在中世纪时，多特蒙德就因优越的地理位置和繁荣的商业贸易而加入汉萨同盟，大批的富商权贵

定居于此，为这座城市留下了大量弥足珍贵的建筑遗产。罗马帝国的衰亡曾让多特蒙德衰败了一段时间。但是，自从 1845 年巴伐利亚的啤酒酿造技术引入多特蒙德以后，现代大型啤酒酿造工业体制的建立，让这座古城重新焕发光彩，并一举成为与慕尼黑齐名的啤酒产地。

圣莱诺尔特大教堂

这座北莱茵—威斯特法伦州美丽的"绿色都市"，有 50% 以上的土地为公园、绿地和森林所有，处处绿意盎然，清新自然。建于 13 世纪的圣莱诺尔特大教堂是多特蒙德的象征。这是多特蒙德的教徒圣莱诺尔特捐赠修建的 。教堂将 13 世纪的早期哥特式主体建筑和 15 世纪的后哥特式风格的祭坛融为一体，别具特色。

艺术和历史文化博物馆

多特蒙德还是一个博物馆城，拥有 14 座不同类型的博物馆，其中最著名的就是艺术和历史文化博物馆。这座建于 1883 年的博物馆展出了从 1900 年至今的各个时期的绘画和雕塑作品，以及不同时期的室内装饰设计。还有一座啤酒博物馆，展示了从 1880 年到现代的 400 件啤酒行业用具，别有一番风味。除此之外，著名的东墙博物馆专门展出 20 世纪和 21 世纪的艺术，这里收藏的阿里克谢·冯·亚夫伦斯基的画作尤其值得一看。

威斯特法伦球场

这座城市还拥有一支德国非常著名的足球队——多特蒙德队。市内的威斯特法伦体育场就是为 1974 年的世界杯而建造的。曾经承办过 1974 年和 2006 年世界杯的部分赛事，被誉为"世界级的足球梦之殿堂"，是欧洲最著名的球场之一，现在成为多特蒙德队的主场。足球为这座城市注入的激情与活力渗透到了城市的每一个角落。

TIPS

⦿ **地址**　德国西部北莱茵—威斯特法伦州鲁尔区。鲁尔河从市内南面流过，埃姆斯河流过多特蒙德市区。

⦿ **贴士**　1.威斯腾赫尔路是多特蒙德乃至德国最受欢迎的购物街之一，中世纪的围城土堤内有 600 多家商店，众多的咖啡馆，小酒馆和露天广场可供休憩。2.威斯特法伦公园是北莱茵—威斯特法伦州非常受欢迎的旅游休闲目的地。

杜塞尔多夫 DÜSSELDORF

13

媒体港湾集中了杜塞尔多夫最前卫、最富想象力和最耀眼的建筑

　　位于莱茵河畔的杜塞尔多夫是德国北莱茵—威斯特法伦州首府。德语 Dorf 是"村庄"之意，因此杜塞尔多夫也被戏称为"欧洲最大的村庄"。700 多年前的杜塞尔多夫还只是莱茵河畔的一个小渔村，并未受到太多重视。直到 13 世纪，因为莱茵河畔的优越地理位置，以及靠近当时德意志第一大城市科隆，杜塞尔多夫开始繁荣发展起来。1288 年 8 月 14 日杜塞尔多夫被赐城市地位。第二次世界大战的时候，这座城市几乎被同盟国军的日夜轰炸夷为平地，但在战后被及时重建。目前的杜塞尔多夫已经成为德国最富有的城市之一，拥有繁荣的商业、前卫的建筑、顶级的博物馆以及精彩的夜生活。

老城区

紧靠莱茵河的老城区是这座城市最精彩的部分。这里被称为"世界上最长的酒吧"，精彩纷呈的夜生活成为这里的标志。纵横交错的小巷里随处是喧闹闪耀的酒吧。这里还有很多优秀的博物馆，为人们在喧嚣之余，留有一份宁静迷人的空间。历史悠久的集市广场上，文艺复兴风格的市政厅成为老城区的核心。市政厅前的选帝侯扬·韦勒姆的青铜骑像是这一区域的标志。广场周围还有如艺术画廊般美丽的圣安德鲁教区礼拜堂、收藏有大量中世纪珍品的圣兰伯特斯教堂，以及庄重的纳粹政权受害者纪念馆。

媒体港湾

紧挨着老城区，曾经一片萧条的老海港现在已经变成了生机勃勃的媒体港湾。这座城市最前卫、最有想象力和最耀眼的建筑都集中在这里。

K20 博物馆

杜塞尔多夫的 K20 博物馆是德国最有趣的美术馆之一，有着波浪状的亮黑色表面，十分独特。博物馆集中了以保尔·克雷为首的艺术家的佳作。还有毕加索、夏加尔、沃霍尔等 20 世纪巨匠的作品。其中最引人注目的是由三座扭曲和动态弯曲的建筑组成的新式住宅。它的旁边是一座像远洋邮轮的建筑物。

国王大街

杜塞尔多夫是德国的时尚之都。沿着老城护城河而建的 19 世纪初的国王大街，是欧洲最繁华的商业街之一，也是欧洲最昂贵的商业街之一。这条街上聚集了很多豪华的美术馆、独特的服装店、新艺术风格的百货商店以及标志性的海神喷泉。除此之外，周围星罗棋布地分散着很多酒吧、餐馆和咖啡小馆，让人在购物之余还能尽情享受悠闲时光。

TIPS

📍 **地址** 位于莱茵河畔，德国北莱茵一威斯特法伦州首府。

📍 **贴士** 从科隆乘坐ICE、IC、EC特快列车需要大约20分钟。从法兰克福出发的话，大约需要1小时40分钟。作为莱茵一鲁尔地区的交通枢纽，杜塞尔多夫还有去往鲁尔地区各个城市的乘机铁路线，交通非常方便。

杜塞尔多夫的老城是这座城市最精彩的部分

科隆 KöLN   14

最美理由 /
　　科隆是德国最古老的城市之一。这座古老而美丽的城市不仅保留了其强大的教会中心，拥有12座罗马式教堂和著名的哥特式大教堂，同时也拥有极现代化的时尚气息。高楼大厦鳞次栉比，商品琳琅满目

最美季节 / 11月，科隆狂欢节
最美看点 / 科隆大教堂 古罗马教堂 路德维希博物馆 巧克力博物馆
最美搜索 / 北莱茵—威斯特法伦州

因科隆大教堂而闻名的科隆，是德国最古老的城市之一

　　公元前38年，罗马人在这里建造了一座坚实的古罗马要塞，成为这座城市的源头。中世纪，因为莱茵河畔的优越地理位置，让它成为汉萨同盟的主要成员。这是一座因一座教堂而闻名的城市。这里就像一本历史与建筑的立体教科书一样，让人着迷，使人沉醉。

　　漫步在这座古老的城市，随时都有可能遇见一堵古罗马的城墙，或邂逅一座中世纪的教堂，或者发现一栋前卫时尚的博物馆。这就是科隆。

科隆大教堂
　　屹立在莱茵河左岸的科隆大教堂高得总

是让所有初次见面的人惊叹、震撼——157.31
米的高度，两座分别高 157.38 米和 157.31 米
的哥特式尖塔。科隆大教堂带给所有人的是
那种难以想象的巨大感和崇敬之心。它是世
界上目前最高的双塔教堂，已经成为科隆市
的象征。站在高高的塔顶，莱茵河犹如一条
白色的缎带从旁边静静流过。每年的 5～9 月，
每逢周末人们都要在教堂前的广场上举行各
种民俗庆典活动，十分热闹。喧闹的广场与
教堂内的静谧形成了鲜明的对比。

古罗马教堂

中世纪的繁荣为科隆留下了众多珍贵的
古罗马教堂。这些基本上修建于 1150～1250
年间的教堂是先人留给这座城市的珍宝。拥
有迷人的三角形内殿和巨塔的圣马丁教堂是
这些教堂中最美丽的一座。教堂顶端高耸的
中央尖塔和围绕在其周围的四座精致玲珑的
塔楼成为科隆的一大特色。此外，还有科隆
唯一具有回廊的圣玛利亚教堂、拥有巧夺天
工壁画的圣玛利亚吕思教堂等。

路德维希博物馆

建立 1976 年，被认为是欧洲的后现代艺
术胜地的路德维希博物馆有着与众不同的外
表和极具后现代感的屋顶轮廓。博物馆里收
藏有大量 20 世纪出现的后现代艺术作品。包
括罗伊·利希滕斯坦、安迪·沃霍尔，以及
大量毕加索的作品，是欧洲最大的现代艺术
收藏馆之一。这座博物馆同时也是欧洲除巴

TIPS

📍 **地址**　德国西部北莱茵—威斯特法伦州，横跨莱茵
河两岸。

📍 **贴士**　每年11月11日，科隆还会举办盛大的科隆
狂欢节。这是欧洲最好的、最盛大的狂欢活
动。狂欢节将一直持续到第2年的2月。

黎毕加索博物馆和西班牙毕加索博物馆外，
收集毕加索作品最多的博物馆，收藏有 900
多件毕加索的作品，包括雕塑、油画、版画、
陶器制品等。

巧克力博物馆

科隆还有一座非常特别的巧克力博物馆。
专门介绍巧克力的起源、可可的种植过程，
以及巧克力的制作工艺。这里还有真正的巧
克力生产车间可以参观。还有一座诱人的巧
克力喷泉。

每年的2月末到3月初举行的科隆狂欢节是欧洲最盛大的狂欢活动

亚琛 AACHEN   15

最美理由 /
　　这座位于欧洲中央地区的城市被称为"欧洲的心脏"。这是一座和科隆一样，因为一座教堂而闻名的城市，但是城市的兴起却是因为其具有神奇治愈功能

的温泉。温泉至今仍然是这座城市的一张名片。
最美季节 / 5 ~ 9 月
最美看点 / 亚琛大教堂 市政厅 路德维希博物馆 温泉
最美搜索 / 北莱茵—威斯特法伦州

这座被称为"欧洲的心脏"的城市，也是一座因为教堂而闻名的城市

　　公元前 3 世纪，四处征战的罗马人在这里发现了能治愈伤病的温泉，于是建起了温泉设施，为战场中受伤的士兵疗伤。后来，日耳曼民族中的一支——法兰克人迁徙到此，为一片有着神奇温泉水的地方取名为 Ahha（亚哈），即"水"的意思。法兰克人查理曼大帝非常喜欢这里，他在亚琛营建夏佩尔宫

时，就梦想要建成一座罗马般显赫辉煌的城市。公元 794 年，查理曼大帝把亚琛定位为法兰克王国的首都，并在这里度过他的晚年。正是因为查理曼大帝，亚琛开始了自己辉煌的历史。10 ~ 14 世纪所有的德国君王都在亚琛的大宫殿教堂里加冕。随后的 18 世纪，亚琛发展成为一个重要的温泉疗养地。这座城

市很多的宏伟建筑都是在这段时间出现的。

亚琛大教堂

亚琛有一座美丽无比的教堂，是这座城市的标志。这座修建于 790 ~ 800 年查理曼大帝时代的大教堂是查理修建的宫殿的教堂，整体结构呈长方形，屋顶是八角形穹形，是加洛林王朝时期奢华建筑的典型代表。教堂的设计灵感来源于罗马帝国时代的东方式教堂。外面围着十六边形的双层回廊，由从意大利进口的古代支柱支撑。高达 31 米的穹顶上悬挂着黄铜枝形吊灯。楼上的查理曼大理石宝座，从 936 年到 1531 年，有 30 位德国国王在这里加冕。大教堂西侧的珍宝馆摆放着查理曼大帝巨大的金色半身像、精美的大理石水晶棺，以及精致的刻有奥古斯都大帝的宝石头像的洛塔尔圣十字架等，都是亚琛曾经荣耀历史的见证。

市政厅

建于 14 世纪的市政厅是一栋庄严的哥特式建筑，装饰着 50 位德国统治者的真人大小的雕像。

路德维希博物馆

亚琛的路德维希博物馆虽然外观不太醒目，内部却有着非常丰富的藏品。大量 18 ~ 19 世纪的绘画作品以及中世纪末期德国和蒂罗尔地区的木雕圣像都是博物馆的珍贵藏品，非常有名。

温泉

在亚琛古镇东北的温泉区，是人们最喜爱的放松心身的地方。温泉公园里有东方风

TIPS

📍 **地址** 德国西部北莱茵—威斯特法伦州，靠近比利时与荷兰边境。

📍 **贴士** 1.亚琛老咖啡店是亚琛最古老的咖啡店，已经有180多年的历史，屋内的陈设几乎还保持着最初的原貌，有时间的话，可以坐下来品尝一杯浓郁的咖啡，吃一块美味的亚琛烤饼。2.因温泉而出名的亚琛是著名的疗养地，其中疗养公园、卡罗斯温泉、新疗养院都是非常好的疗养休闲场所。

格的浴池，还有专业的 SPA，令人心旷神怡的桑拿。在游览历史古迹之余，来这里享受亚琛神奇的温泉也是个不错的选择。

中世纪的城市见证着亚琛历史的悠久

北部德国   Chapter ⑪

　　位于北海和波罗的海沿岸的北部德国包括下萨克森州，石勒苏益格—荷尔斯泰因州，梅克伦堡—前波美拉尼亚州。如果说，南部德国因阿尔卑斯山脉而湖光山色无限好的话，北部德国则靠海而地势平缓，海岸风光无敌。当然，除了自然风光，北部德国还有很多美丽的城镇，不说历史悠久、鼎鼎大名的汉堡和不来梅，即便是中世纪建筑随处可见的希尔德斯海姆，学术气氛浓郁的大学城格丁根，五彩斑斓的策勒，犹如童话世界的吕讷堡……都是不容错过的风景。

东弗里西亚群岛 OSTFRIESISCHE INSELN 01

最美理由 /
　　这些如三重晃上的钻石一般排列的七座小岛是德国最受欢迎的度假胜地。这里有灿烂的阳光、清新的空气、细软的沙滩、开放的空间、湛蓝的海洋、宁静

的气氛、舒适的生活……
最美季节 / 5～9月
最美看点 / 于斯特岛 诺德奈岛 旺格岛
最美搜索 / 下萨克森州

致力于保护浅海独一无二的生态系统的下萨克森浅滩国家公园是世界自然遗产

　　七座东弗里西亚群岛的岛屿就像一串珍珠镶嵌在德国北海海岸线。自西向东有博尔库姆岛、于斯特岛、诺德奈岛、巴尔特鲁姆岛、朗格岛、施皮克岛和旺格岛。围绕在岛屿四周的是下萨克森浅滩国家公园。这座建

于1986年，致力于保护浅海独一无二的生态系统的公园与石荷州以及荷兰的浅滩公园一起同属世界自然遗产。

　　湛蓝的天空下，红色的灯塔矗立在白色的沙丘之间。风从一望无际的海洋吹过来，

清爽而略带海腥味，那是自然的味道。置身于这样的海滩上，你会不由自主地深呼吸。

于斯特岛

小巧的于斯特岛形状就像一条蛇，17 公里长，却不足 500 米宽。岛上没有汽车，也没有高楼大厦。天然的环境带给人的是淳朴原始的乐趣。岛上还有一个美丽的湖泊，是东弗里西亚群岛唯一的淡水湖，也是鸟类自然保护区。

诺德奈岛

诺德奈岛被称为"东弗里西亚群岛的女王"，是欧洲最著名的海边度假胜地之一。从1797 年普鲁士国王腓特烈·威廉二世在这里建造度假地开始，这座小岛就再未沉寂过。新古典主义风格的老别墅与后现代风格的新饭店成为小岛上一道亮丽的风景。

旺格岛

旺格岛也是一座值得游览的地方之一。三座俏丽的灯塔——西塔、老灯塔和新灯塔静静地矗立在小岛旁的亚德河河口，静看云卷云飞、岁月沧桑。不时有巨轮驶过，却仿佛与这座小岛无关。站在洁净沙滩上的你，有如在红尘之外，静看尘世。

TIPS

◎ **地址**　德国北海海岸。

◎ **贴士**　1.埃姆登有前往各个小岛的渡轮。不过具体的时间最好事先询问渡船操作员或进入德国铁路局网站查询。2.只有博尔库姆岛和诺德奈岛允许汽车行驶。其他5座小岛都只能步行，或是骑自行车，或是乘坐马车。

诺德奈岛灯塔

希尔德斯海姆 HILDESHEIM 02

最美理由 /

　　这是一座作为前主教教区的具有典型的罗马风格的城市。有美丽如画的中世纪风格的市中心，以及被联合国教科文组织认定为世界文化遗产的大教堂。11～12世纪的历史建筑在这里随处可见。

最美季节 / 5～9月

最美看点 / 集市广场 希尔德斯海姆大教堂 圣米迦勒教堂 安德里斯教堂

最美搜索 / 下萨克森州

一直保持着中世纪罗马风格的集市广场

建于 815 年的希尔德斯海姆到 11 世纪的时候已经成为德国北部文化中心。1300 年成为汉萨同盟成员。即使到今天，人们仍然能从那些或宏伟、或精致的历史建筑中体会这座城市曾经的繁华。

希尔德斯海姆是德国北部最古老的城市之一，也是一座著名的大学城。因希尔德斯海姆大教堂有千年玫瑰树丛，城镇被玫瑰花环绕，再加上街道旁的一些建筑绘有玫瑰花图案，因而常被称为"玫瑰小镇"。

集市广场

自从 11 世纪获得市政建设权力之后，集市广场就一直是这座城市的政治、经济和文化中心。这片曾经在"二战"中被战火摧毁的地方如今已被精准地复制了出来。这个十分小巧的集市广场却总是能给人震撼。精致美丽的半木质结构建筑如童话中的世界。广场上的屠夫行会会馆始建于 1529 年，是德国最著名、最宏伟的半木质结构建筑。而在它对面傲然挺立的是哥特式风格的市政厅。

希尔德斯海姆大教堂

希尔德斯海姆大教堂有着近 5 米高的浅浮雕铜门。这扇制造于 1015 年的铜门因为"二战"时期被保存在地下室中而幸运地保存了下来。门的一边精心雕刻的是《旧约》全书中的《创世记》的三维浮雕，另一边则描绘的是《新约》全书中基督的生活，非常精美，是联合国教科文组织认定的世界文化遗产。大教堂中的半圆室内还有一棵神奇的千年玫瑰树丛。1945 年，教堂被战火摧毁后，玫瑰

TIPS

📍 **地址** 下萨克森州南部，哈茨山西北麓丘陵地带，汉诺威东南、因讷斯特河畔。

📍 **贴士** 1.希尔德斯海姆的景点都比较集中，完全可以步行游览。2.希尔德斯海姆的罗埃默和佩利措伊斯博物馆是欧洲最好的埃及艺术品和手工品展出场之一，值得一看。

树丛却在废墟中重新生长起来。

圣米迦勒教堂

圣米迦勒教堂是这座城市的另外一个世界文化遗产。这座于 1022 年在贝恩瓦尔德大主教的指示下修建的教堂就像一本阐述奥托王朝早期罗马建筑风格的教科书，大气宏伟。被保存下来的 12 世纪的顶棚有着非常珍贵的油画，值得仔细品味。

安德里斯教堂

安德里斯教堂是重建的哥特式建筑，规模宏大。教堂高达 115 米的塔楼是眺望希尔德斯海姆城市风光的绝佳地点之一。

圣米迦勒教堂就像一本阐述奥托王朝早期罗马建筑风格的教科书

格丁根 GöTTINGEN

03

最美理由 /

　　格丁根是与蒂宾根、马尔堡以及海德堡齐名的著名的大学城。这里曾向世界输送了40位诺贝尔奖得主。维生素D是在这里被发现的。铝的发现也源自这里。这是一座充满浓郁学术气氛和生机活力的大学城。

最美季节 / 5~9月

最美看点 / 集市广场 老市政厅 格丁根森林

最美搜索 / 下萨克森州

已有300多年历史的格丁根充满了浓郁的历史气息和学术氛围

　　这座建于 1737 年的大学城原本是为了培养德国、英格兰和俄国贵族子弟而建的。

它的建立者是当时汉诺威的统治者——来自英格兰的乔治二世。数百年来，这座大学城

吸引了很多著名的学者，如《格林童话》的
作者格林兄弟、作家海涅、探索家亚历山
大·冯·洪堡等，也"出品"过很多的优秀学生，
如普鲁士宰相奥托·冯·俾斯麦，以及40位
诺贝尔奖获得者。

集市广场

集市广场是格丁根的中心。广场上的牧
鹅女孩喷泉是这座城市的象征。传说，只要
亲吻这个牧鹅女孩的脸颊，就能通过考试。
所以这里即将毕业的博士学位研究生都有亲
吻这座雕塑的风俗。这座建于1901年的雕塑
也被称为"世界上被亲吻得最多的女孩"。

老市政厅

广场附近的老市政厅有着哥特式风格的
外形，内部装修却是壮观华丽。尤其是其包
括"汉萨同盟"城市和当地上流人物的徽章
的湿壁画，更是难得的珍品。广场周围还有
格丁根的4座主要教堂：南部的圣米歇尔教
堂、西部的圣约翰尼斯教堂、东部的圣阿尔
巴尼和北部的圣雅各比教堂，见证了这座城
市曾经的辉煌岁月。

这座城市因为熙熙攘攘的人流而充满生
机和活力。大学城内到处都是热闹的酒吧和
优雅的咖啡馆。

格丁根森林

格丁根森林也是这座城市的学生们非常
喜欢的地方。那里不仅有美丽的自然风光，
而且还是一个非常不错的徒步天堂。

TIPS

📍 **地址** 德国下萨克森州格丁根区，莱茵河支流的支流莱讷河河畔。

📍 **贴士** 汉诺威定期有ICE列车开往格丁根，大约30分钟就能到。而且从法兰克福和慕尼黑、柏林也有直达格丁根的火车。

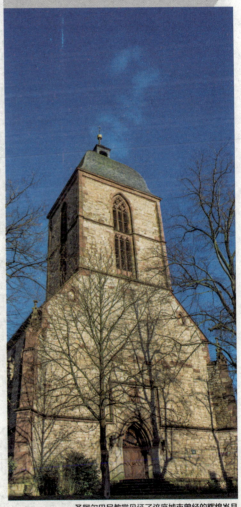

圣阿尔巴尼教堂见证了这座城市曾经的辉煌岁月

策勒 CELLE

04

最美理由 /
　　在这座城市的老城区，任何一条路上都可以看到五彩斑斓的木结构房屋、黄的、红的、粉的、蓝的、绿的……在这里漫步，就像走在一座来自童话中的城市中。也许这就是策勒被称为"德国北部的明珠"的原因。

最美季节 / 5～9月
最美看点 / 老城区 公爵宫殿 艺术博物馆
最美搜索 / 下萨克森州

策勒的老城区就如同来自童话世界的城市

在吕讷堡灌木林南边的木质房屋之城策勒，在14世纪的时候是统治不伦瑞克—吕讷堡地区的维尔夫家族远亲的居住地。1533年，策勒被按照文艺复兴风格进行了大规模的修缮。这次修缮为策勒留下了别具风格的八角塔楼、山墙和凸窗，成为现在德国文艺复兴早期最重要的代表性建筑。

TIPS

📍 **地址** 下萨克森州州府汉诺威市的北部。

📍 **贴士** 老市政厅门口有两处带镶铐的"鞭打点"，是1786~1850年间用于惩罚轻罪犯的，罪犯们并不会受到鞭打，而是被铐在这里12个小时，让路过的人朝他们吐口水，羞辱他们或朝他们扔鸡蛋。

老城区

策勒最精彩、最迷人的部分都在老城区。策勒的老城集中了500多座半木质房屋，是策勒最引以为豪的景观。走在老城的街头，随处可见各种颜色的木质房屋，一家挨着一家。其中最漂亮也是最大的一处木房子——荷佩纳之家就位于珀斯特大街8号。壮观的市政厅建于1579年，是文艺复兴建筑中的代表，有一面漂亮的阶梯形三角墙，墙上挂着公爵徽章，还有一个金色的风标。

公爵宫殿

白色和粉红色相间的装饰奢华的公爵宫殿集文艺复兴风格和巴洛克风格于一身，是策勒的另一个历史标志。这座建于17世纪的宫殿拥有一个壮丽的巴洛克风格的剧院，有一个哥特风格外形、文艺复兴风格内在的小礼拜堂，历代大公及妃子的起居室，以及他们收集的陶瓷器具等，非常值得参观。

艺术博物馆

公爵宫殿的对面是艺术博物馆，是"世界上第一座24小时开放的博物馆"。全玻璃外墙的外形与古老的透着中世纪气息的宫殿形成鲜明的对比。

在策勒西北大约20公里处，还有一座集中营遗址——贝尔肯—贝尔森集中营遗址。著名的《安妮日记》的安妮·福兰克就是在这里结束了她15年的短暂生命。

白色和粉红色相间的公爵宫殿是策勒的另一个历史标志

吕讷堡 LÜNEBURG   05

伊尔默瑙河畔的吕讷堡安详而迷人，在光阴荏苒中仿佛从未改变，一直保持着中世纪的城镇风光

　　位于伊尔默瑙河畔的吕讷堡处在德国最大的自然保护区——吕讷堡灌木林的环抱之中。1000多年前，人们在吕讷堡发现了盐矿。当时，盐是唯一的食物防腐剂，被称为"白色金子"。盐给这座城市带来了巨大的财富和整个中世纪的繁荣。现在仍可以在小城中寻觅到各色中世纪城市富裕贵族建成的砖砌老房子。吕讷堡盐的开采一直持续到20世纪80年代。即使到今天，小城仍然四处是盐的踪迹。很多商店都出售五颜六色的盐纪念品，城市各处也竖立着有关盐的雕塑。从956年一直生产到1980年的盐矿矿山如今已被改建成了

盐矿博物馆，讲述着这座城市与盐之间的姻缘。吕讷堡，盐，无处不在。

市政厅

市政厅是吕讷堡最重要的历史建筑。这座建于 1720 年的市政厅有着壮丽的巴洛克风格的外表，上面装饰着徽章和三层雕像。其中最高的一排雕像从左向右依次代表力量、贸易、和平。市政厅的顶上有 41 只迈森瓷钟的尖塔，是 1956 年这座小城建市 1000 周年时建造的。市政厅的主大厅内镶着茶色玻璃的哥特式窗户和源于 16 世纪的油画《最后的审判》。市政大厅的博物馆中收藏了大量的银质品。

圣约翰尼斯教堂

圣约翰尼斯教堂是吕讷堡的哥特式教堂之一。教堂最著名的就是其倾斜达 2 米的 108 米高的塔楼。由于吕讷堡一直是采盐重镇，

TIPS

📍 **地址** 德国北部城市。在伊尔默瑙河畔、汉堡东南 35 公里处。

📍 **贴士** 在吕讷堡可以乘坐传统的马车游览。马车从集市广场出发，经过小城主要的景点和最有特色的街巷，带你穿梭在中世纪的城镇中。

数百年来，人们一直不断地从土壤中提取盐，地面的松动和下陷导致很多建筑的倾斜。教堂塔楼的倾斜就是这样形成的。此外，教堂还珍藏着 15 世纪的木版画，以及精美的彩绘玻璃窗。

圣米迦勒教堂

圣米迦勒教堂建于 1409 年，宏伟壮观。尤为有趣的是从集市广场通往圣米迦勒教堂的小街。两旁的建筑或向路旁倾斜，或因为当初建筑用材的失调而从中间发生扭曲。

在吕讷堡，时间仿佛都停下了匆匆的脚步，人们悠闲地吃着早餐，享受着阳光的温暖，轻松惬意

叙尔特岛 SYLT   06

最美理由/
　　这座位于德国最北部的海岛是德国最大的度假
岛屿。绚丽多彩的海滨风光、洁白细软的沙滩、壮
美的红色悬崖、繁华的商业服务，使叙尔特岛成为
德国的富豪们钟爱的度假地，也为德国的小报提供

了不少材料。
最美季节/夏季
最美看点/韦斯特兰 坎彭 凯图姆 利斯特
最美搜索/石勒苏益格—荷尔斯泰因州

被称为"北海皇后"的叙尔特岛是德国富豪们钟爱的度假地

　　这座只有99平方公里的小岛被称为"北
海皇后"，是北弗利西亚群岛中最大的岛屿。
虽然面积不大，但是由于特殊的地理位置，
让叙尔特岛呈现出多样的风光。岛的西岸风
力强劲、波涛汹涌，成为世界一流的帆板训
练场地。每年9月，这里都会举办世界杯冲
浪巡游赛的决赛。而岛的东面却非常宁静，
柔柔的海风、浅浅的海水、平和的海岸线，

成为非常有人气的度假胜地。岛的北面是高
低起伏的沙丘、金黄的油菜花海以及遍地的
石楠树丛。

韦斯特兰

　　位于岛中央的韦斯特兰在19世纪中叶的
时候已经成为旅游度假点。现在这里已经满
是高楼大厦、繁华商铺、一流商店，以及美
食场所，也是叙尔特岛的交通枢纽。

坎彭

相比韦斯特兰的繁华喧闹，坎彭则显得宁静祥和得多。不过，这片遍布传统茅屋的地方却是岛上最时髦的地方。Hermes、Cartier、LV 等奢侈品牌都栖息在这些外表朴素的茅屋中，成为坎彭的一大亮点。坎彭高25 米的 Uwe Dune 沙丘是叙尔特的制高点。爬上沙丘，叙尔特岛的全景近在眼前。天气晴朗的日子，还能眺望到相邻的阿姆鲁姆岛和弗尔岛。

凯图姆

韦斯特兰往东 5 公里，有一座美丽的村庄叫凯图姆，被称为叙尔特岛最美丽的村庄。村庄保留了大量美丽的茅草屋，屋前是生机盎然的花园。而且每栋房屋的入口也设计得非常漂亮。村庄里晚期罗马式风格的圣谢韦林教堂是曾经的水手教堂。

利斯特

利斯特是德国的最北端，这里的瓦登海，海边是绵延的沙滩和高高的沙丘，靠近陆地的地方是浅滩，涨潮时被浅浅的海水覆盖，退潮时就变成泥滩，沙丘高低起伏，成为非常受欢迎的徒步天堂。利斯特还有一个独特的海边桑拿浴场，经营北欧别具特色的冷热桑拿浴。先在桑拿房中将身体加热，然后赤身跳入冰冷的北海海水中。冷与热的瞬间交替极大地刺激着人们的感官，是北欧国家最受欢迎的桑拿浴场。

TIPS

📍 **地址**　德国北部石勒苏益格—荷尔斯泰因州，与丹麦接壤。

📍 **贴士**　1.在韦斯特兰的冲浪学校，可以学习冲浪课程，如风筝冲浪，风帆冲浪等。2.岛上有很多自行车租赁点。骑自行车环游叙尔特岛是非常受欢迎的游览方式。3.凯图姆西面的沙滩上分布着约1.2万个海滩沙发。——带遮阳伞的椅子，可遮风挡雨，防晒，脚凳可以抽出来，带锁的抽屉可以放毛巾、贵重的物品等。海滩沙发成为凯图姆海滩上的独特标志。

干草和水芦苇覆盖房顶的茅草房子是凯图姆的一大亮点

基尔 KIEL

07

拥有106米高塔的市政厅是基尔的地标性建筑

　　作为德国最北部的石勒苏益格—荷尔斯泰因州的首府，基尔是德国造船业中心，也是德国主要的海军基地。位于基尔湾入海口的基尔是著名的基尔运河的起点。优越的地理位置使这座城市在 1242 年获得了建市的资格。1284 年，基尔加入汉萨同盟。19 世纪后半期，又因其优良的港口条件成为德国海军的军港。虽然"二战"时基尔被严重摧毁，但是重建后的城市依然美丽宁静、绿树成荫。每年的 6 月下旬，这里都会举办已经有 100 年历史的"基尔周"——世界上最大的航海赛事之一。世界各地的帆船手们都会聚集在这里。

市政厅

沿路堤漫步，可以看到建于 1911 年的市政厅。拥有 106 米高塔的市政厅宏伟高大。

尼古拉斯大教堂

集市广场上的尼古拉斯大教堂曾在"二战"期间遭到破坏。重修后的教堂内有洗礼盆和哥特式圣坛。教堂外面竖着一座非常著名的雕像——幽灵战士。这座雕像在德意志第三帝国的时候，被认为是"堕落艺术"而被推倒。后来人们在吕讷堡的荒地里找到了它，幽灵战士才重新回到基尔。

石勒苏益格—荷尔斯泰因露天博物馆

这里的石勒苏益格—荷尔斯泰因露天博物馆非常有趣，坐落在摩尔弗湖畔，展示了建于 16 ~ 18 世纪的基尔传统建筑，以及可以出售的陶器、烤面包机等。

离基尔大约 20 公里的拉博还有一座德国海军纪念馆和潜水艇博物馆。纪念馆前的海滩上还保存着曾经使用过的潜水艇 U995，供游人参观。

基尔运河

基尔运河，又名北海—波罗的海运河，是沟通北海和波罗的海的重要水道，西起北海畔易北河口的布伦斯比特尔科格，直到荷尔台瑙（波罗的海的基尔湾），全长 98.7 公里。

TIPS

📍 **地址** 德国北部港口城市，基尔运河东口。石勒苏益格-荷尔斯泰因州首府。

📍 **贴士** 在基尔有一棵百多岁的老橡树，被人们称为月老树。每年有很多的求爱信从世界各地寄到这里，希望月老树能帮助他找到意中人。德国联邦的邮政车每天都会往老橡树送信，并有专人负责处理这些信件。

每年 6 ~ 9 月，人们还可以从基尔出发，沿着运河游览运河风光。这条世界上通航能力排名第三的运河，仅次于苏伊士运河和巴拿马运河，两岸风光无限。

圣尼古拉斯大教堂外面有一座非常著名的"幽灵战士"的雕像

吕贝克 LÜBECK

08

最美理由 /
　　这座波罗的海海边的美丽城市是世界文化遗产古城，是北欧著名的旅游城市；曾是欧洲最富有和最强大的城市之一，是汉萨同盟城的中心，曾被称为"汉萨女王"。其杰出的古建筑保护使其再现了欧洲中世纪汉萨城市的典型风貌

最美季节 / 5～9月
最美看点 / 圣马利亚教堂 市政厅 霍尔斯滕门
最美搜索 / 石勒苏益格—荷尔斯泰因州

吕贝克一直保留着欧洲中世纪汉萨城市的典型风貌

　　819 年，吕贝克以一座城堡的形式出现在历史上，被称为"老吕贝克"。11 世纪时，吕贝克改名为"留比斯"，意为迷人的地方。1143 年，霍尔斯泰因伯爵阿道夫二世在"可爱之城"的基础上重建吕贝克。当时的"留比斯"城是一处皇家所在地和贸易中心。1159 年的一场大火之后，吕贝克城重新布局，其鱼骨状的大街和四通八达的小巷成为日后北欧城市布局的模式。1241 年，吕贝克与汉堡结成"汉萨同盟"，并逐渐控制了北欧的海上贸易，成为汉萨同盟的盟主，称为"汉萨同盟的女王"，14 世纪更是达到了它的鼎盛时期。1987 年，有着上千栋历史建筑的吕贝克老城作为德国第一座城市，被认证为世界文

化遗产古城。

吕贝克是那种让人一见钟情的城市，紧凑的古城中精致华丽的建筑错落有致。这座城市有两个昵称，一个叫"汉萨女王"，另一个叫"七尖顶城"。前者来自它的历史，后者则是因为城中的5座著名教堂共有7个尖顶。

圣马利亚教堂

位于集市广场旁的德国第三大教堂圣马利亚教堂有两个高达125米的尖顶，还有一座1472年制造的天文钟和一架世界上最大的机械型管风琴。其优美的琴声曾经吸引巴赫专程前来欣赏。

而拥有着一座7层楼高的塔楼的圣彼得教堂现在已经成为高雅文化艺术展览和音乐会场地。从圣彼得教堂的塔楼可以眺望老城和港口。而建于1173年的大教堂兼具罗马式和哥特式风格，是吕贝克甚至波罗的海边最古老的教堂。

市政厅

圣马利亚教堂几步开外就是巴洛克风格的门廊突出的市政厅。市政厅始建于1230年，是德国最古老也是最美丽的市政厅之一。二楼顶层的巴洛克风格的宴会大厅用于音乐会演出。近800年来，这座市政厅一直是政府办公的地方。

霍尔斯滕门

位于古城西侧建于1466～1477年的霍尔斯滕城门一直是吕贝克城的象征。"二战"中吕贝克的许多古建筑被战火摧毁，但霍尔斯滕门侥幸保存下来。城门的后哥特式风格

TIPS

📍 **地址** 德国北部石勒苏益格—荷尔斯泰因州，距离汉堡60公里。

💡 **贴士** 吕贝克的瓦尔内明德海滨浴场，有100米宽的沙滩，宁静的林荫道、漂亮的房子、美味的海鲜馆、航行在旧港口航道上的捕鱼船和帆船，给人悠闲的海滨生活气息。

的墙壁厚达3.5米。登上城门，可以眺望整个吕贝克旧城。其巨大的双圆塔互相倾斜交叉，庄重而古朴，成为德国的经典形象之一。这一景观不仅出现在吕贝克的明信片、著名的吕贝克特产杏仁蛋白软糖的包装纸上，甚至是曾经50马克纸币上的图案。

圣马利亚教堂两个高达125米的尖顶是吕贝克7个尖顶中的两个

什未林 SCHWERIN

09

最美理由 /
　　这是一座被森林和湖水环绕的童话般的城堡，一座美丽如画的老城，一座被称为"北部的佛罗伦萨"的华丽城堡。这里的美被人们称为"没有任何照片可以表达"，这里的美难以言语，只能领会。

最美季节 / 5～9月

最美看点 / 城堡 国立博物馆 集市广场 舍尔夫城区

最美搜索 / 梅克伦堡—前波美拉尼亚州

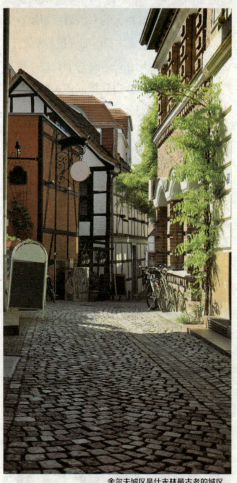

舍尔夫城区是什未林最古老的城区，鹅卵石路面的小街巷，静谧而悠然

梅克伦堡—前波美拉尼亚州的首府什未林坐落于水的环抱中，七大湖泊像七块翡翠镶嵌在周围。阳光、湖泊、森林、皇宫、沙滩、老城，共同构建了这座城市的美丽。如画的风景让曾经梅克伦堡的君主在数百年的时间里一直定居于此。

城堡

什未林湖的小岛上有一座城堡犹如童话中的宫殿，静静地矗立在湖边，被誉为"梅克伦堡的新天鹅堡"。城堡的 6 个表面结合了 16 ～ 19 世纪的主要建筑风格。哥特式和文艺复兴风格的塔楼，金色灿烂的金色圆顶、斯拉夫式的伊斯兰风格屋顶，以及中世纪汉萨风格的山墙。城堡内有豪华的皇室房间、装饰有镀金灰泥画的红色听众席房间和奢华的宫殿咖啡馆以及具有地中海风格的巴洛克式花厅。从 1990 年起，梅克伦堡—前波美拉尼亚州议会就落户于此。城堡的花园有一个可以看到湖光水色的温室，里面还有温室饭店和阶梯咖啡馆。

国立博物馆

城堡对面是什未林国立博物馆。博物馆

收藏了和天主教国王路德维希二世相关的艺术品，以及 17 世纪荷兰和佛兰德斯绘画作品。甚至还收藏了一些杜飞、塞尚的作品。

集市广场

集市广场上的 14 世纪的哥特式大教堂是什未林和北部德国红砖建筑的典型代表作，也是中世纪的建筑丰碑。特别引人注目的是后哥特风格的木质耶稣受难像和 14 世纪的洗礼盆。每年都有很多来自世界各地的管风琴音乐家举办音乐会。登上大教堂的塔楼，城市风光尽收眼底。广场周围环绕的都是曾经什未林的富豪贵族们的宅第，是这座城市辉煌历史的见证。

TIPS

🔘 **地址** 德国北部，易北河以北。地处北德平原北部、梅克伦堡高地。

🔘 **贴士** 市政厅的下面有一条地下通道。从这里可以到达叫作肉市场的露天市场。每周二到周六早上，这里都会有热闹的集市。

舍尔夫城区

从集市广场沿着普希金大街一直往北，就到了这座城市最精华的部分——舍尔夫城区。这是什未林最古老的城区，拥有大量历史悠久的巴洛克风格的木结构房屋。踏着鹅卵石路面的小街巷，穿梭在古老的房屋间，时间静谧而悠然。

静静矗立于什未林湖中小岛的城堡犹如童话中的宫殿

罗斯托克 ROSTOCK　　　　　　　　　　　　10

最美理由 /
　　这是一座散发着明快的北欧气息的汉萨同盟城市，老城区的半木质房屋五颜六色、色彩缤纷。这里曾是东德最大的港口城市，有着非常美丽的海岸风光，以及多姿多彩的城市夜生活。

最美季节 / 夏季

最美看点 / 马利亚教堂 新集市广场 克鲁普林街 大学广场 瓦尔讷明德

最美搜索 / 梅克伦堡—前波美拉尼亚州

位于波罗的海沿岸的罗斯托克保留着很多汉萨时代的砖石哥特式建筑

　　这座繁华的汉萨同盟城早在 15 世纪的时候就已经成为繁忙的贸易港口城市，与挪威的卑尔根、拉脱维亚的里加市、比利时的布吕赫建立了频繁的贸易业务往来。如今的老城已经成为罗斯托克夜生活最丰富的地方。

色彩缤纷的中世纪房屋成为它美丽的身影，深深吸引着来自世界各地的人们。

马利亚教堂

　　位于市中心的马利亚教堂是罗斯托克人的骄傲。这座最初计划要在高度上超越吕贝克的所有建筑，进行了长达 250 年的漫长修筑的教堂直到 15 世纪中期才完全竣工。马利亚教堂也是"二战"中，罗斯托克唯一保存完好的教堂。教堂西侧的塔楼比中殿大出 3 倍面积。还有一座能与布拉格老城区广场上的那座著名灯塔媲美的天文大钟。它是 1472 年由纽伦堡的杜林格制造的。大钟可以一直使用到 2017 年。罗斯托克大学已经准备了一个新的替换者。

新集市广场

马利亚教堂不远处是新集市广场。这里最耀眼的建筑就是建于 13 世纪的壮丽的巴洛克风格的市政大厅。广场往南是施泰因大门。这是老城中最著名的大门，也是老城墙仅存的 2 扇大门之一。

克鲁普林街

克鲁普林街从新市场延伸到克鲁普林门，是城市主要的步行街，是罗斯托克最有活力

TIPS

📍 **地址** 德国北部梅克伦堡—前波美拉尼亚州，瓦尔诺河畔。

📍 **贴士** 1. 巴洛克风格的粉色市政厅格外壮丽，背后的七座尖塔乃代表罗斯托克的七个德文字母。
2. 罗斯托克大学是德国北部及波罗的海沿岸最古老的大学，是世界前500强大学之一。

的街道。两边遍布 15 ～ 16 世纪的房屋，以及建于 17 ～ 19 世纪的教堂。

大学广场

位于这条街道中心的大学广场是罗斯托克大学的学生们最钟爱的欢聚地。广场旁建有一座布吕歇尔纪念像。

瓦尔讷明德

临海的瓦尔讷明德是罗斯托克自然景色最美的地方。漫长而宽阔的白色沙滩以及 19 世纪的灯塔形成了这里凝固的美景，令人向往。

克鲁普林街是罗斯托克最有活力的街道

吕根岛 RÜGEN

11

最美理由 /
　　这是德国最大的岛屿，这里有陡峭的海岸悬崖以及遍布林木和沼泽的山林。这里也有美丽的白色沙滩、一直延伸至海的茂密森林。因为1818年浪漫主义画家卡斯帕·大卫·弗里德里希而名垂千古。

最美季节 / 夏季
最美看点 / 宾茨 普特布斯 亚斯蒙德岛国家公园 阿科纳角
最美搜索 / 梅克伦堡—前波美拉尼亚州

白色的白垩岩峭壁从湛蓝的大海中拔地而起，浓密的橡树林和山毛榉树林连绵不断，亚斯蒙德岛国家公园因卡斯帕·大卫·弗里德里希的作品而名扬

926 平方公里的吕根岛是德国最大的岛屿。它美丽的风景曾经吸引了俾斯麦、托马斯·曼和爱因斯坦前来度假。甚至连希特勒也曾在这里选择了一处最美丽的沙滩为其忠诚的部队修建规模庞大的度假村，由此可见其魅力。

宾茨

宾茨是吕根岛最受欢迎、规模最大的海滨旅游胜地。这里有 19 世纪的白色别墅、洁白的沙滩和湛蓝海水，以及繁华的步行街、富丽堂皇的饭店、一流的游泳馆。很多人来吕根岛就是为了来宾茨享受奢华悠闲的假日时光。

普特布斯

吕根岛南部的普特布斯始建于 1807 年，是欧洲最后一个作为皇族所在地而建造的存在至今的城镇，也是吕根岛的文化中心。这座以竞技场为中心的小镇，16 栋白色的新古典风格的建筑环绕在竞技场周围，而岛上唯一的剧院是其中最杰出的建筑作品。镇上还有一座 75 公顷的英式花园，值得参观游览。

岛南部的格伦拥有吕根最美丽的海滩，有宾茨一样的海景，只是因为交通不是很方

TIPS

◎ **地址** 位于德国东北部的波罗的海之滨，属于梅克伦堡-前波美拉尼亚州。

◎ **贴士** 1.吕根岛的拉尔斯维克镇的施特特贝克节日庆典每年6月底至9月初在雅斯蒙德大浅滩海湾举行，是德国最成功的露天剧院之一。
2.吕根岛内每天都有古老的罗兰快速蒸汽列车往返于普特布斯和格伦之间，停靠站包括宾茨。3.吕根岛也是长达2500公里的德国林荫大道之路的起点。

便，游人不是很多，反而成就了一番宁静的天空。

亚斯蒙德岛国家公园

亚斯蒙德岛国家公园因 19 世纪早期的浪漫主义画家卡斯帕·大卫·弗里德里希的作品而名扬。白色的白垩岩峭壁从湛蓝的大海中拔地而起，浓密的橡树林和山毛榉树林连绵不断，一直延伸到海边。

阿科纳角

吕根岛从南至北，延伸到卡普的阿科纳角后终于结束了自己的旅行。阿科纳角犬牙交错的悬崖、崎岖险峻的海角、海边金黄灿烂的油菜花田、洁白细软的沙滩、古老敦实的灯塔成为徒步爱好者的天堂。

项目策划：王　颖
责任编辑：王欣艳
文　　字：《图行世界》编辑部 大肚猫 刘樱姝 贾欣
图片提供：全景 黄橙 CFP 阿文 刘樱姝 达雅 Lee 叶子 Shutterstock/易图购
装帧设计：何　睦
责任印制：闫立中

图书在版编目（C I P）数据

全球最美的地方特辑. 德国／《图行世界》编辑部
编著. --2版. --北京：中国旅游出版社，2016.3（2022.1重印）
（图行世界）
ISBN 978-7-5032-5539-7

Ⅰ.①全… Ⅱ.①图… Ⅲ.①旅游指南－德国 Ⅳ.
①K919

中国版本图书馆CIP数据核字（2016）第017917号

书　　名：全球最美的地方特辑 德国
作　　者：《图行世界》编辑部编著
出版发行：中国旅游出版社
　　　　　（北京静安东里6号　邮编：100028）
　　　　　http://www.cttp.net.cn　Email:cttp@mct.gov.cn
　　　　　营销中心电话：010-57377108
经　　销：全国各地新华书店
排　　版：北京精彩世纪印刷科技有限公司
印　　刷：三河市同力彩印有限公司
版　　次：2016年3月第2版　2022年1月第2次印刷
开　　本：787毫米×1092毫米　1/16
印　　张：16.5
字　　数：280千
定　　价：59.00元

ISBN 978-7-5032-5539-7